职工维权实务操作及案例精析

ZHIGONG WEIQUAN
SHIWU CAOZUO JI
ANLI JINGXI

杜　伟◎主编

中国工人出版社

图书在版编目（CIP）数据

职工维权实务操作及案例精析 / 杜伟主编. —北京：中国工人出版社, 2017.5
ISBN 978-7-5008-6683-1

Ⅰ.①职…　Ⅱ.①杜…　Ⅲ.①劳动法－案例－中国　Ⅳ.①D922.505

中国版本图书馆CIP数据核字（2017）第115077号

职工维权实务操作及案例精析

出 版 人	芮宗金
责任编辑	罗荣波
责任校对	孙遒伟
责任印制	栾征宇
出版发行	中国工人出版社
地　　址	北京市东城区鼓楼外大街45号　邮编：100120
网　　址	http://www.wp-china.com
电　　话	（010）62005043（总编室）　（010）62005039（出版物流部） （010）82075935（工会与劳动关系分社）
发行热线	（010）62004002　（010）82081553（传真）
经　　销	各地书店
印　　制	北京市密东印刷有限公司
开　　本	700 毫米 × 1000 毫米　1/16
印　　张	14.25
字　　数	220 千字
版　　次	2017年7月第1版　2020年4月第2次印刷
定　　价	38.00 元

本书编委会

主　　编　杜　伟
副 主 编　李长春　张　涛　王恩慧
编　　委　何小舟　张媛媛　杨　丽　税清蓉
　　　　　李　楠　汤　洵

序　言

佟丽华*

非常高兴能为杜伟这本新书作序。在我17年多的公益法律服务工作中，感触最深的就是“千军易得、一将难求”，简单来说，中国公益法律领域缺乏优秀的领军型的人才。杜伟律师富有理想和激情，勇于探索，具备开拓创新能力，勤奋务实，经过10余年的打磨，他已经成长为非常优秀的公益法律领域的领军型人才。

2006年年初，党中央、国务院相继发布了三个重要文件：《关于推进社会主义新农村建设的若干意见》《关于构建社会主义和谐社会若干重大问题的意见》《关于推进农民工法律援助工作的意见》。为落实文件精神，中华全国律师协会专门下发了《关于推动农民工法律援助工作的意见》，文件明确提出：“全国律协将与地方律协合作，在司法行政机关的支持下，力争用两年时间，在所有省、自治区、直辖市至少建立一家农民工维权律师服务机构，进而探索建立由公益律师为中坚力量、覆盖广泛的农民工维权志愿者网络。”

在此背景下，四川·成都农民工法律援助工作站于2006年9月成立。从成立至今，这个机构接待各类法律咨询近2万次，涉及金额4.5亿余元，办结法律援助案件2500件左右，涉及人数近3000人，帮助职工（农民工）等困难群众讨回工资、工伤赔偿金等经济损失近6000万元。除此以外，他们还编写了《农民工维权诉讼与技巧》《农民工维权手册》《灾后重建法律援助适用手册》等书籍和普法手册，开展法治宣传教育培训活动900余场，发放法

* 佟丽华，党的十八大代表，中华全国律师协会法律援助委员会主任，致诚公益团队总负责人。

律宣传资料20余万份，累计直接受益群众20余万人。为了更好地开展维权活动，工作站与四川省三级工会进行了广泛而深入的合作，承接了四川省总工会职工法律援助中心与成都市总工会职工法律援助中心的维权工作，职工维权工作成效显著。

经过10余年的成长，四川·成都农民工法律援助工作站发展成为了一家成熟的公益法律服务机构。自2009年执行“中央专项彩票公益金法律援助项目”以来，工作站将受援人群扩大至农民工、未成年人、残疾人、妇女、老年人五类群体。2015年4月，以“公益创业”、“公益法律服务创新”为目标，工作站主任杜伟律师发起成立了四川省首家以专职从事公益法律服务和法律援助为主业的律师事务所——四川伟旭律师事务所。事务所积极探索实现公益法律服务的多种途径，通过与工会、团委、妇联等群团组织合作，承接四川省委省政府信访办接访工作、四川省司法局项目等，有效扩展了律师提供公益法律服务的内容。

10余年的公益法律服务工作，使得四川·成都农民工法律援助工作站得到了党委、政府和社会各界的认可。工作站在2010年获得四川省司法厅和四川省律师协会颁发的“先进集体”称号；2015年获得四川省首届十大法律援助案例“优秀组织奖”、中国法学教育研究会诊所教育委员会“优秀合作机构”、“成华区法律服务先进集体”等荣誉；2016年获得司法部颁发的“全国法律援助先进集体”称号。工作站名誉主任李铁、主任杜伟先后被评为全国、四川省维护职工权益杰出律师并获得全国、四川省五一劳动奖章；执行主任王恩慧被评为四川省维护职工权益杰出律师，获得四川省五一劳动奖章。这样一批优秀公益律师的成长为律师行业树立了良好形象。20世纪90年代初，中国律师制度改革将律师这一行业推向了市场，除了极少数偏远地区外，我国城市里基本没有国办律师事务所，国家通过市场催生了一支从事法律工作的重要力量。但是，经济困难的弱势群体的权利受到侵害时不能够仅仅靠市场解决，政府法律援助制度虽然在维护弱势群体权益方面发挥了一定作用，但是当前分散指派律师办案的方式难以体现出专职、专业律师办案的优势，降低了法律援助的效果。

伴随着国家对加强和创新社会管理工作的高度重视，推进公益法律服务建设、建立新型公益法律服务机制日益成为党和政府以及社会各界关注的焦点问题。2016年6月，中共中央办公厅、国务院办公厅印发了《关于深化律师制度改革的意见》，对深化律师制度改革作出全面部署。该《意见》指出，要充分发挥律师在服务和保障民生中的重要作用，积极开展公益法律服务活动，发展公益法律服务机构和公益律师队伍，这为推动我国公益法律服务提供了重要指引。

随着我国经济新常态的到来，利益诉求日益多元，职工维权意识有了很大提高，劳资矛盾的处理在未来需要大量的专业律师参与其中。总结四川·成都农民工法律援助工作站成立10余年的工作经验，经四川省总工会支持，杜伟律师推出了以专职公益律师办理的典型劳动争议案件为主要内容的《职工维权实务操作与案例精析》一书，该书通过通俗化解读，概述基本案情，精选裁判观点，归纳办案技巧，指明法律依据，使事实、焦点、技巧、法律形成相互映照、互相支撑，为劳动争议案件的参与者呈现了一个案件办理的全态，给读者勾画出一个“理论与实践互动”的图景，希望这本书不仅对法官、仲裁员、政府官员和律师办理类似案件有所帮助，也对司法行政部门和工会开展普法工作有所帮助。

作为中国公益法律领域的一名老兵，我向四川有关方面对杜伟律师及他所推动的公益法事业的支持表示感谢，对杜伟律师为维护农民工合法权益、推进中国法治建设所作出的贡献表示感谢！期待四川公益法律事业的发展能对推动全国公益法律事业的发展作出更大的贡献。

2017年7月

目 录

第一章　劳动者入职风险防范

本章导读

劳动者入职是劳动者开始被纳入劳动法律法规保护的第一环节，也是劳动者最先可能遭遇到法律风险的结点。在本章中，读者可以了解到以下重要的法律要点：

1. 劳动者在签订劳动合同时，应当重点审查劳动合同的必备条款、劳动合同期限、工作内容、劳动保护和劳动条件、劳动报酬、劳动纪律、劳动合同终止的条件、违反劳动合同的责任等事项，同时要注意代签劳动合同所引发的风险。

2. 法律对试用期进行了明确的规定。劳动者在入职时要谨防用人单位故意将试用期与实习期、见习期相混淆，明确试用期的最长期限、劳动者在试用期内的待遇以及试用期的约定次数。

第一节　劳动合同订立的风险防范

劳动合同是劳动者与用人单位确立劳动关系，明确双方权利和义务关系的协议，也是维护劳动者和用人单位合法权益的法律保障。但由于现实社会中用人单位和劳动者双方当事人掌握劳动法规相关信息程度的不对等，劳动者与用人单位相比明显处于劣势。因此，对于劳动者来说，签订一份完备、公平、合理的劳动合同显得尤为重要。

订立劳动合同不得违反法律、法规的规定，并要遵循平等自愿、协商一致的原则。在订立劳动合同的过程中，劳动合同的双方当事人都必须具备法定的资格。因此，在订立劳动合同时应该遵循以下几项原则：一是合法原则。无论是合同的当事人、内容和形式，还是订立合同的程序，都必须符合相关劳动法规和劳动政策的要求。二是平等自愿原则。劳动合同的双方当事人在订立劳动合同时，其法律地位是平等的，都有权选择对方。同时，合同的订立应该出于双方当事人自愿，任何一方都不得强迫另一方接受自己的意志。三是协商一致原则。在劳动合同的订立过程中，劳动合同的内容必须是在双方协商一致的基础上去确立。

案例1 职工要警惕代签劳动合同的法律风险

案情简介

赵某自2011年11月8日起至今一直以劳务派遣方式在第三人甲公司处工作，工资由乙公司通过银行转账支付。2012年5月，赵某向劳动行政部门投诉后，乙公司为赵某补缴了社会保险并一直正常缴纳。赵某2012年11月的工资为2162.9元。其后，赵某与乙公司发生争议，赵某认为其与乙公司签订的劳动合同不是其本人签订的，是公司代签的，要求乙公司支付未签订书面劳动合同的二倍工资差额25947.6元。

乙公司为证明其已与赵某签订了书面的劳动合同，提供了如下证据：①2011年11月7日，乙公司（甲方）与“赵某”（乙方）签订的《劳动合同书》一份，劳动合同上载明约定合同期自2011年11月7日起至2013年11月6日止，从乙方到接受派遣单位正式工作之日起开始；甲方派遣乙方的用工单位名称为甲公司。该合同还对工作内容、工作时间、休息休假、劳动报酬、社保福利等作了约定。乙公司认为乙方处“赵某”的签名为赵某之妻黄某代签。②陈某的证人证言。陈某为乙公司员工，负责甲公司的派遣事务，经办了赵某的派遣事宜。乙公司录用赵某后需要签订合同，因赵某称自己不太会写字，就由其妻代为签字。

乙公司申请对《劳动合同书》上“赵某”的签名是否为其妻黄某代签进行鉴定。原审法院遂依法委托南京师范大学司法鉴定中心对《劳动合同书》上“赵某”的签名是否由黄某代签进行鉴定。南京师范大学司法鉴定中心于2013年8月21日出具《鉴定意见书》，《鉴定意见书》载明，依据现有材料检验条件，倾向认为“2011年11月7日”的《劳动合同书》中乙方“赵某”的签名与委托方提供的黄某字迹样本是同一人书写。针对上述鉴定意见，乙公司对此无异议。赵某认为乙方处签名为复印形成，黄某未在《劳动合同书》

代赵某签名，但未提供相关证据。

裁判结果

苏州市吴中区人民法院作出〔2013〕吴度民初字第0224号民事判决书，判决乙公司无须支付赵某未签订书面劳动合同的双倍工资差额人民币25947.6元。

判决作出后，赵某向苏州市中级人民法院提起上诉。苏州市中级人民法院经过依法审理后，作出〔2014〕苏中民终字第0059号民事判决书，判决原审判决认定事实清楚，适用法律正确，应予维持。

律师分析

2007年6月29日通过的《劳动合同法》第十六条第一款规定：劳动合同由用人单位与劳动者协商一致，并经用人单位与劳动者在劳动合同文本上签字或者盖章生效。该条法律的规定是否能够解决司法实践中代签劳动合同的效力问题，学理上存在两种不同的观点。

一种观点认为，《民法通则》第六十六条第一款规定：没有代理权、超越代理权或者代理权终止后的行为，只有经过被代理人的追认，被代理人才承担民事责任。未经追认的行为，由行为人承担民事责任。本人知道他人以本人名义实施民事行为而不作否认表示的，视为同意。根据该条规定，若劳动者明知用人单位或者他人为其代签劳动合同而不明确表示反对的话，将被视为追认该无权代理的行为，使得劳动合同依法成立。

另一种观点认为，《合同法》第四十八条第二款规定：相对人可以催告被代理人在一个月内予以追认。被代理人未作表示的，视为拒绝追认。合同被追认之前，善意相对人有撤销的权利。撤销应当以通知的方式作出。这一规定对于劳动者而言较为有利。

本案中，赵某认为，《鉴定意见书》依据的检材不真实，无法保证落款"赵某"签名是原件，鉴定内容并未对"赵某"签名是否原始书写进行鉴定，故该《鉴定意见书》不具意义。赵某已当庭表示劳动合同绝非其妻子黄某代签，"赵某"签名可能为复印或其他技术手段形成。在用人单位自认"赵某"非本人签名，赵某不承认系其妻子代签的情况下，乙公司对合同成立负有举证义务。现有证据无法证明劳动合同中"赵某"是赵某妻子直接书写，也不能证明该书写经过赵某同意，赵某妻子在乙公司处以简历形式曾经留有笔迹，故不排除乙公司利用其他非法手段获得了赵某妻子笔迹的可能，完全具有复印、扫描赵某妻子笔迹的条件。乙公司称签订劳动合同时双方均在场，但并没有在一审说明劳动合同签订的具体时间、地点、其他在场人员等，上述事实原审法院并未调查，而直接用明显存疑的证据进行判定，明显草率和有失公正。本案中即便存在赵某妻子代签，根据《劳动合同法》的规定，劳动合同中劳动者本人签字方为生效条件，他人代签无效，劳动关系不适用代理。

一审法院认为，鉴于赵某确认如果《劳动合同书》系黄某代签，则无须乙公司支付未签订书面劳动合同的双倍工资，对此，应认定赵某认可其妻黄某有权代其签订劳动合同。经鉴定，《劳动合同书》中的“赵某”签名为黄某所写，结合乙公司提供的证人证言，应认定赵某之妻黄某代赵某与乙公司签订了书面劳动合同。赵某虽对此有异议，但未能提供证据证明，一审法院对赵某关于《劳动合同书》非黄某所签的答辩意见不予采信。乙公司无须向赵某支付未签订书面劳动合同的双倍工资差额 25947.6 元。据此，依照《劳动合同法》第十条、《劳动合同法实施条例》第六条的规定，判处乙公司无须支付赵某未签订书面劳动合同的双倍工资差额人民币 25947.6 元。

二审法院认为，本案原审法院第一次开庭时赵某本人到庭，并作充分陈述，原审法院并未剥夺其诉讼权利。《鉴定意见书》鉴定机构及鉴定人员具备相应鉴定资质，鉴定程序合法，原审庭审中对该《鉴定意见书》进行质证时亦未发现不能作为证据使用的情形，故本院认定该《鉴定意见书》可作为本案定案证据。《鉴定意见书》载明的检材为签署期“2011 年 11 月 7 日”的《劳动合同书》原件一页，南京师范大学司法鉴定中心根据黄某提供的其亲笔书写的样本进行比对，并作出鉴定结论。赵某否认上述《鉴定意见书》中的检材“赵某”签名为其妻子黄某所代签，系复印或扫描赵某妻子笔迹形成，但赵某在本案仲裁阶段及原审法院第一次开庭和鉴定调查阶段均未提出诉争劳动合同中“赵某”签字系复印或扫描之说，相反还在原审法院 2013 年 6 月 8 日对其调查时称：如果劳动合同中的签名为黄某所签，就不要乙公司支付未签订劳动合同的双倍工资，并愿意承担鉴定费用。根据法院查明的事实，赵某在原审庭审中认可其在乙公司为其缴纳社保的时候已见过诉争劳动合同，乙公司在 2012 年 5 月赵某向劳动行政部门投诉后，为赵某补缴了社会保险并一直正常缴纳，在此期间，赵某从未对有他人代其签订劳动合同的事实提出过异议，赵某的行为可视为其以实际行为表明接受所代签劳动合同的内容。

综合上述分析，法院认为赵某在本案中的上诉请求无事实和法律依据，法院不予支持，原审法院认定乙公司无须支付赵某未签订书面劳动合同的双倍工资差额并无不当。

从一审法院与二审法院的裁判观点来看，司法实践中，法院倾向于采纳第一种观点，即适用《民法通则》第六十六条第一款的规定，若劳动者明知用人单位或者他人为其代签劳动合同而不明确表示反对的话，将被视为追认该无权代理的行为，使得劳动合同依法成立。

实务指南

长期以来，我国劳动力市场不甚规范，企业用工不签订书面劳动合同的现象较为突出，但因此而涉诉的情况较少。自 2008 年 1 月 1 日《劳动合同法》颁布施行以来，以“未签订书面劳动合同双倍工资差额”为诉讼标的的劳动争议案件呈现“井喷式”增长。在司法实践中，因代签劳动合同引发的争议十分广泛，应注意以下几点：

第一，与代签劳动合同效力直接相关的法律，是《劳动合同法》第十六条第一款，“劳动合同由用人单位与劳动者协商一致，并经用人单位与劳动者在劳动合同文本上签字或者盖章生效”。但是在适用该条法律时，还要结合《劳动合同法》第二十六条第一款的规定，“下列劳动合同无效或者部分无效：（一）以欺诈、胁迫的手段或者乘人之危，使对方在违背真实意思的情况下订立或者变更劳动合同的；（二）用人单位免除自己的法定责任、排除劳动者权利的；（三）违反法律、行政法规强制性规定的”。从该条法律的规定来看，无效劳动合同包括因违法而无效与因违背当事人真实意思表示而无效两种。用人单位私下代签劳动合同可以归入违背法律、行政法规等强制性规定一类，因为其违反了《劳动合同法》第三条第一款“订立劳动合同，应当遵循合法、公平、平等自愿、协商一致、诚实信用的原则”的规定，同时也与劳动者本人的真实意思相背。

第二，从《劳动合同法》第十六条第一款的规定来看，《劳动合同法》并没有禁止代签劳动合同，劳动者本人委托他人代签劳动合同，属于劳动者真实意思的反映，并不违反法律的规定，应该认定为有效。但是，对于实践中用人单位私下安排其他人代签劳动合同，且违背了劳动者的真实意思表示，劳动者可以根据《劳动合同法》第二十六条的规定否定该劳动合同的效力。

第三，劳动者在面对代签劳动合同时，要明确三个问题：一是代签的劳动合同并非一律无效，前文已经作了分析；二是用人单位是否依法履行了合同义务，如劳动报酬的支付、加班工资的支付、社会保险的办理等义务；三是如果代签是劳动者一方造成，非用人单位找人恶意排除自身责任，用人单位无须支付未签劳动合同双倍工资。

关联法规

《劳动合同法》

第三条 订立劳动合同，应当遵循合法、公平、平等自愿、协商一致、诚实信用的原则。

依法订立的劳动合同具有约束力，用人单位与劳动者应当履行劳动合同约定的义务。

第十六条 劳动合同由用人单位与劳动者协商一致，并经用人单位与劳动者在劳动合同文本上签字或者盖章生效。

劳动合同文本由用人单位和劳动者各执一份。

第二十六条 下列劳动合同无效或者部分无效：

（一）以欺诈、胁迫的手段或者乘人之危，使对方在违背真实意思的情况下订立或者变更劳动合同的；

（二）用人单位免除自己的法定责任、排除劳动者权利的；

（三）违反法律、行政法规强制性规定的。

对劳动合同的无效或者部分无效有争议的，由劳动争议仲裁机构或者人民法院确认。

案例2　职工要警惕劳动合同中的格式条款

案情简介

陈某于2011年5月1日入职武汉某科技股份有限公司，担任司机，工作地点位于北京市朝阳区，双方签订的劳动合同期限为2011年5月1日至2014年4月30日（甲方为某科技公司，乙方为陈某），合同第十二条约定：“劳动争议的程序为……不服仲裁裁决的一方，可在收到仲裁裁决书即日起十五天内，向甲方所在地人民法院起诉。”

某科技公司的所在地为湖北省武汉市蔡甸区，上述劳动合同第十二条系格式条款。在合同履行中，双方发生纠纷。2012 年 9 月 19 日，陈某向北京市朝阳区劳动人事争议仲裁委员会申请仲裁，要求某科技公司支付其违法解除劳动关系的赔偿金 103950 元。2013 年 3 月 8 日，仲裁委作出裁决：①某科技公司支付陈某违法解除劳动合同的赔偿金 20790 元；②驳回陈某的其他仲裁请求。陈某对仲裁裁决不服，起诉至北京市朝阳区人民法院，某科技公司未起诉。

一审法院向某科技公司送达起诉书及开庭传票，某科技公司在答辩期内提出管辖异议，并主张依据其与陈某签订的劳动合同，不服仲裁裁决的，由被告所在地的人民法院管辖，被告所在地为湖北省武汉市蔡甸区，故北京市朝阳区人民法院对此案无管辖权，申请北京市朝阳区人民法院将此案移送至有管辖权的人民法院，或报请上级人民法院指定管辖。

裁判结果

北京市朝阳区人民法院于 2014 年 5 月 12 日作出〔2013〕朝民初字第 13408 号民事裁定书，判决：驳回被告武汉某科技股份有限公司对本案管辖权提出的异议。

判决作出后，某科技公司向北京市第三中级人民法院提起上诉。2014 年 8 月 6 日，北京市第三中级人民法院作出〔2014〕三中民终字第 10006 号裁定书，判决驳回上诉，维持原裁定。

律师分析

格式合同是伴随着我国经济的快速发展、各种交易的大量增长、单纯依靠双方当事人个别磋商的传统缔约模式已经无法适应现代交易的发展需要而应运而生的，是双方当事人以预先拟定的格式条款作为合同内容来订立合同的缔约新形态。现实生活中诸如保险、运输、银行、电信等行业和燃气、热力、水电等公用事业以及旅游、零售、房产中介等日常服务行业均普遍适用格式合同，因此缩短了交易过程、节约了交易成本、提高了交易效率，格式合同有助于经济发展的正面效应是显而易见的。

当然，我们也应看到，预先拟定格式条款的一方当事人可能利用其优势地位在合同中设立不合理条款，减轻或免除自己的责任，侵害对方当事人的利益，作为一方当事人的用人单位在预先拟定格式条款并将格式条款订入劳动合同时亦同样可能存在着这一问题，媒体曾多次披露的用人单位与劳动者签订的劳动合同中包含有用人单位对工伤事故概不负责的格式条款就是明证。

本案中，某科技公司与陈某签订劳动合同，《劳动合同书》约定，双方之间的劳动争议纠纷应由某科技公司所在地的劳动争议仲裁委员会管辖，不服仲裁裁决的，进而由某科技公司所在地的人民法院管辖。但是，双方劳动合同的履行地为北京市朝阳区，而劳动争议案件应由用人单位所在地或者劳动合同履行地的基层人民法院管辖，双方劳动合同中约定管辖的条款排除了劳动者的诉讼权利，该条款应属无效。因此，一审法院、二审法院对本案依法具有管辖权，遂驳回了某科技公司的诉讼请求。

实务指南

格式条款订入劳动合同固然有其可行性与必要性，但是格式条款一旦订入合同，合同相对方就不得不附合对方提出的格式条款，在以格式条款为内容的合同中的地位具有附从性，不能对合同内容自由表达自己的意志，合同相对方是否会因此丧失作为合同一方当事人的平等地位？格式条款订入劳动合同时亦存在着同样的顾虑。

劳动合同中常见的条款之一就是对发生劳动争议后管辖权的约定。很多用人单位为了便于自己诉讼，会在劳动合同中约定：发生劳动争议后，劳动者向用人单位所在地的仲裁委申请仲裁，不服仲裁裁决的，向用人单位所在地的法院提起诉讼。依据《最高人民法院关于审理劳动争议案件适用法律若干问题的解释》第八条第一款的规定：劳动争议案件由用人单位所在地或者劳动合同履行地的基层人民法管辖。由此可见，劳动争议的管辖地有两个：一是劳动合同履行地，二是用人单位所在地。如果劳动合同履行地与用人单位所在地属于同一地方，劳动合同中约定只能在用人单位所在地进行仲裁或诉讼，对劳动者并不会产生实质影响。但是如果劳动合同履行地与用人单位所在地不一致，这样的约定则属于排除劳动者的选择权，不符合法律的规定。在此提醒劳动者，在签订劳动合同时，对合同中的格式条款一定要格外注意。

关联法规

《最高人民法院关于审理劳动争议案件适用法律若干问题的解释》

第八条 劳动争议案件由用人单位所在地或者劳动合同履行地的基层人民法院管辖。

劳动合同履行地不明确的，由用人单位所在地的基层人民法院管辖。

案例3 职工使用虚假身份签订劳动合同要担责

案情简介

2007年7月，陈甲以其姐陈乙的身份经招聘进入某公司从事转序工作，陈甲月平均工资为3025.83元。陈甲以陈乙的身份和该公司签订了劳动合同，该公司为“陈乙”缴纳了社会保险。2013年年底，该公司得知陈甲的真实姓名、身份后，停缴了“陈乙”的社会保险。2014年11月，该公司仍与陈甲以虚假身份“陈乙”签订劳动合同。2015年5月12日，该公司以陈甲提供虚假身份信息为由提出与陈甲解除劳动关系。次日，陈甲离开该公司。陈甲月平均工资为3025.83元。陈甲向劳动人事争议仲裁委员会申请仲裁，仲裁委开庭审理后，裁决公司支付陈甲经济补偿4538.75元，驳回陈甲其他仲裁请求。陈甲、公司均对仲裁裁决不服，引起诉讼。

裁判结果

十堰市茅箭区人民法院依照《劳动合同法》第二十六条、第三十九条、第四十六条、第四十七条、第八十六条的规定，作出〔2015〕鄂茅箭民一初字第02252号民事判决书，判决：①某公司支付陈甲经济补偿4538.75元。②驳回陈甲的其他诉讼请求。③驳回某公司的其他诉讼请求。

判决作出后，陈甲向十堰市中级人民法院提起上诉。十堰市中级人民法院开庭审理后，作出〔2016〕鄂03民终305号民事判决书，判决：一审判决认定事实清楚，适用法律正确，审判程序合法，实体处理得当，驳回上诉，维持原判。

律师分析

诚信原则作为人类社会的一项基本道德准则，被民法学者称为“帝王条款”，其适用的领域是全面的，我国《劳动合同法》也引入了这一原则。《劳动合同法》第三条第一款规定：订立劳动合同，应当遵循合法、公平、平等自愿、协商一致、诚实信用的原则。

本案中，陈甲主张，根据《劳动合同法》的规定，用人单位自用工之日起即与劳动者建立劳动关系。即只要有实际用工，就存在劳动关系，用人单位对劳动者是否存在实际用工的事实是双方是否存在劳动关系的唯一标准。劳动力一旦付出，就无法恢复到合同订约前的状态，因为这时劳动者已提供了劳动。某公司对陈甲本人一直在其公司工作并无异议，劳动关系存续期间的双方利益均应得到保护。用人单位疏于对劳动者真实姓名进行审查，应当承担审查不严的后果。且陈甲使用他名，并没对公司造成事实或可能的损害，双方建立劳动关系未违背该公司的真实意思，并不导致合同无效。因此，公司应当按照法律规定支付陈甲经济补偿。

而公司认为，陈甲采用欺诈手段，提供虚假信息，违背公司的真实意思表示与其签订的劳动合同应属无效。公司不应当支付经济补偿。因此，陈甲使用虚假身份与某公司订立的劳动合同是否有效成为本案的争议焦点。

本案中劳动者和用人单位的诚信无疑都存在瑕疵。对于劳动者，本应在入职时将自己的基本情况向用人单位如实说明，陈甲却以虚假身份与公司签订劳动合同，隐瞒了自己的真实身份，双方签订的劳动合同存在主体错误。虽然陈甲在某公司工作期间未给公司造成损害，但认定劳动合同无效是由于劳动者在订立合同时实施了欺诈行为，而非以合同签订后是否给公司造成损害作为认定无效的标准。因此，一审法院、二审法院均认为陈甲与某公司自2007 年签订的劳动合同属于无效劳动合同。

对于用人单位，其已在 2013 年年底知道陈甲的真实身份，其应当在合理期限内作出处理却未作处理，陈甲仍然在其公司正常工作，该公司并于 2014 年 11 月仍与陈甲以虚假身份“陈乙”签订劳动合同，应视为双方于 2014 年 11 月重新建立劳动关系，后公司于 2015 年 5 月以陈甲身份造假为由解除劳动关系，不符合《劳动合同法》的相关规定。因此，一审法院、二审法院判决陈甲与公司从 2014 年 11 月起建立劳动关系，公司应当支付经济补偿，经济补偿的计算年限应当自2014年11月起至双方劳动关系解除之日。

实务指南

本案属于典型的劳动者在订立劳动合同过程中未尽到如实说明义务而导致已经订立的合同无效的情形。在此，也提醒用人单位和劳动者，签署劳动合同一定要遵守诚实信用原则，这也是对劳动者和用人单位知情权的保护。

用人单位在招聘职工时需要了解求职者的一些基本情况，如工作经历、学历、职业技能等，而求职者也需要了解用人单位的一些基本情况，如工作岗位、劳动条件、劳动报酬等，双方通过相互了解和沟通，最后确定是否签订劳动合同。《劳动合同法》也规定了“用人单位的告知义务和劳动者的说明义务”。

《劳动合同法》第八条规定：用人单位招用劳动者时，应当如实告知劳动者工作内容、工作条件、工作地点、职业危害、安全生产状况、劳动报酬，以及劳动者要求了解的其他情况；用人单位有权了解劳动者与劳动合同直接相关的基本情况，劳动者应当如实说明。可以看出，法律保障劳动者的知情权是用人单位的一项义务，无论劳动者是否关心或询问，用人单位都应该主动告知劳动者。劳动者在签订劳动合同时，一定要注意审查合同的内容，对于不同意的条款和事项，不要随意签字确认；在明知合同内容的情况下，一旦签字确认，就无法轻易推脱因此产生的法律后果。

关联法规

《劳动合同法》

第三条 订立劳动合同，应当遵循合法、公平、平等自愿、协商一致、诚实信用的原则。

依法订立的劳动合同具有约束力，用人单位与劳动者应当履行劳动合同约定的义务。

第八条 用人单位招用劳动者时，应当如实告知劳动者工作内容、工作条件、工作地点、职业危害、安全生产状况、劳动报酬，以及劳动者要求了解的其他情况；用人单位有权了解劳动者与劳动合同直接相关的基本情况，劳动者应当如实说明。

第二十六条 下列劳动合同无效或者部分无效：

（一）以欺诈、胁迫的手段或者乘人之危，使对方在违背真实意思的情况下订立或者变更劳动合同的；

（二）用人单位免除自己的法定责任、排除劳动者权利的；

（三）违反法律、行政法规强制性规定的。

对劳动合同的无效或者部分无效有争议的，由劳动争议仲裁机构或者人民法院确认。

第二节　试用期条款约定的风险防范

试用期是指用人单位和劳动者为了互相了解、选择而约定的一定期限的考察期，在试用期间，劳动者和用人单位的劳动关系处于不确定的状态。关于试用期的规定，我国最早在《劳动法》中有所体现，《劳动法》第二十一条规定：劳动合同可以约定试用期。试用期最长不得超过六个月。由此可见，对于试用期的具体内容，早期的法律并没有详细规定，只是规定了一个上限。2008 年《劳动合同法》开始实施后，其中对试用期进行了详细规定。

关于试用期的期限，《劳动合同法》第十九条规定：劳动合同期限三个月以上不满一年的，试用期不得超过一个月；劳动合同期限一年以上不满三年的，试用期不得超过二个月；三年以上固定期限和无固定期限的劳动合同，试用期不得超过六个月。同一用人单位与同一劳动者只能约定一次试用期。以完成一定工作任务为期限的劳动合同或者劳动合同期限不满三个月的，不得约定试用期。试用期包含在劳动合同期限内。劳动合同仅约定试用期的，试用期不成立，该期限为劳动合同期限。

关于试用期工资，《劳动合同法》第二十条规定：劳动者在试用期的工资不得低于本单位相同岗位最低档工资或者劳动合同约定工资的百分之八十，并不得低于用人单位所在地的最低工资标准。

关于试用期内解除劳动合同，《劳动合同法》第二十一条规定：在试用期中，除劳动者有本法第三十九条和第四十条第一项、第二项规定的情形外，用人单位不得解除劳动合同。用人单位在试用期解除劳动合同的，应当向劳动者说明理由。

在劳动合同中约定试用期的目的，总体上是为了维护和平衡劳动者与用人单位双方的利益。对于用人单位来讲，其可以在试用期内考察招聘的员工是否具备工作岗位所要求的各项素质。对于劳动者而言，其可以利用试用期进一步了解用人单位的情况，看其提供的工作条件以及福利待遇是否符合自己的职业要求。但是在就业形势不太乐观的情况下，再加上劳动者试用期的待遇是可以低于转正以后待遇的，很多用人单位就利用这一点，通过试用期来使用廉价的劳动力，既满足了企业对于人才的需求，同时也降低了企业的用工成本，由此而引发的劳动争议也逐渐增多。

案例4 试用期内解除劳动合同，用人单位需证明不符合录用条件

案情简介

2015年8月31日，和某入职某网络公司，任人事专员，劳动合同期限至2018年8月30日，其中试用期3个月。2016年1月22日，公司以“和某在试用期间，不能按时完成工作，不符合转正标准，且工作中顶撞领导，不服从管理”为由，作出辞退决定，口头解除了双方劳动关系。和某认为公司未向其证明不符合录用条件的内容，于是向劳动人事争议委员会提出仲裁申请，要求某网络公司支付违法解除劳动关系赔偿金、2015年12月1日至2016年1月22日期间工资差额、加班费、未提前30日通知解除劳动关系经济补偿、交通补助、餐补等款项。仲裁委经审理，作出仲裁裁决书，裁决：某网络公司向和某支付违法解除劳动合同赔偿金7000元、2015年12月1日至2016年1月22日期间工资差额2800元，驳回和某其他诉讼请求。某网络公司不服该仲裁裁决结果，起诉至法院。

裁判结果

北京市海淀区人民法院依据《劳动合同法》第三十条、第四十七条、第四十八条、第八十七条之规定，作出〔2016〕京0108民初14857号民事判决书，判决：①某网络公司于判决生效之日起7日内一次性向和某支付违法解除劳动合同赔偿金6160元；②某网络公司于判决生效之日起7日内一次性向和某支付2015年12月1日至2016年1月22日期间工资差额2429.89元。

判决作出后，某网络公司向北京市第一中级人民法院提起上诉。北京市第一中级人民法院开庭审理后，作出〔2016〕京01民终5422号民事判决书，

判决：某网络公司的上诉请求不能成立，应予驳回；一审判决认定事实清楚，适用法律正确，应予维持。

律师分析

本案涉及的是劳动合同有关试用期的问题。当事人的争议焦点主要是用人单位在试用期内与劳动者解除劳动关系必须具备何种条件。

试用期是用人单位和劳动者为相互了解、选择而约定的不超过六个月的考察期。签订劳动合同时约定试用期，其目的在于给劳动关系双方一个相互进一步考察的机会，帮助用人单位以最低的成本风险争取优秀劳动者的加入，促进劳动者的风险意识和竞争意识，最终提高劳动者的综合素质和企业的综合竞争能力，将劳动关系双方的风险降到最低。鉴于此，用人单位对劳动者试用期的考察范围应当是相当宽泛的。劳动法律中明确规定，劳动者在被用人单位录用后，双方可以在录用中约定试用期，试用期应包括在劳动合同中。同一用人单位与同一劳动者只能约定一次试用期。以完成一定工作任务为期限的劳动合同或者劳动合同期限不满三个月的，不得约定试用期。劳动合同仅约定试用期的，试用期不成立，该期限为劳动合同期限。非全日制用工双方当事人不得约定试用期。由于试用期是双方互相了解的考察期，保护了劳动者的就业选择权，同时也避免用人单位利用试用期随意解聘劳动者，逃避应尽的义务。《劳动合同法》规定，劳动者在试用期内可以提前三日通知用人单位解除劳动合同，但用人单位在试用期内与劳动者解除劳动关系必须证明该劳动者不符合录用条件。

《最高人民法院关于审理劳动争议案件适用法律若干问题的解释》第十三条规定：因用人单位作出的开除、除名、辞退、解除劳动合同、减少劳动报酬、计算劳动者工作年限等决定而发生的劳动争议，用人单位负举证责任。鉴于此，本案中某网络公司应就其作出的解除决定的合法性以及其主张的和某未通过试用期、不享受转正后工资标准进行举证。

对于解除决定的合法性。某网络公司主张解除事由为和某“工作期间无法完成工作任务，不能与同事配合，顶撞领导，造成不良影响且工作期间三次迟到”，但某网络公司提供的岗位转正标准考核表、员工考核表、证明等一系列材料均无法充分有效证明和某具有上述违纪行为，且某网络公司未能就其公司规章制度及公示等情况进行举证。因此，某网络公司在缺乏事实依据、制度依据的情况下，以口头方式解除与和某的劳动关系，有违法律规定，构成违法解除，故和某要求某网络公司支付违法解除赔偿金，于法有据。

对于2015年12月及2016年1月的工资标准。和某于2015年8月31日入职，试用期三个月，某网络公司主张和某未通过试用期，不享受转正后工资标准，但本案中，某网络公司未能就此进行举证。因此，某网络公司应承担举证不能的不利责任，故法院对某网络公司主张的和某未通过试用期不予采信。进而法院采信了和某所持主张，认定其在2015年12月1日至2016年1月22日期间执行转正后工资标准，故和某基于试用期工资标准及转正后工资标准间差额主张2015年12月及2016年1月工资差额并无不当。

实务指南

根据《劳动合同法》第三十九条的规定，劳动者在试用期间被证明不符合录用条件的，用人单位可以解除劳动合同。但是用人单位在试用期内解除劳动合同需要有以下四个条件：一是用人单位存在录用条件，二是有证据证明劳动者不符合录用条件，三是用人单位解除通知书应当在试用期内作出，四是解除通知书要说明理由并在试用期内交由劳动者签收。缺乏任何一个要件，都会导致试用期解除的不生效。用人单位以“试用期不符合录用条件”为由解除劳动合同时，主要会从以下两个方面来证明劳动者不符合录用条件：

第一，审核劳动者在求职时是否提供了虚假信息。现在有的用人单位会在合同中或者单独要求劳动者签一份协议书，即明确劳动者在被录用以后，用人单位有权利对求职者的背景情况进行调查，如有隐瞒或者提供虚假信息，即被证明不符合录用条件。因此，劳动者在求职过程中的诚实信用品质非常重要，可以为自己抵御劳动合同纠纷、降低求职风险。

第二，用人单位依据绩效考核制度对劳动者进行考核。绩效评估是十分有效的一项书面证据，是用人单位在作出相关决定时的重要依据，如解除劳动合同、降低劳动报酬、调整工作岗位时等。如果劳动者在试用期内没有达到用人单位绩效考核的基本要求，那么用人单位是可以以此作为依据来解除劳动合同的。在这种情况下，按照法律的规定，用人单位必须要事先告知劳动者考核内容以及评分标准，并让劳动者签字确认。因此，如果劳动者并没有签字确认用人单位考核所依据的相关制度，那么劳动者可以主张其行为无效。

劳动者在面对用人单位以“试用期不符合录用条件”为由解除劳动合同

时，需要注意以下两点：

第一，查看用人单位的录用条件是否明确。录用条件一定要明确、细致和具体。劳动者可以查看用人单位是否对自己工作的岗位的工作条件和录用条件作出明确的规定，如教育背景、身体状况、工作经历、是否需要相关证书等。

第二，查看用人单位的录用条件是否公示。简单来讲主要有以下几种情况：一是发放的招聘广告中是否有录用条件的明确要求；二是招聘的时候，用人单位有没有明示录用条件，并要求签字确认；三是劳动合同中是否明确约定了录用条件或者不符合录用条件的情形。

为防止用人单位在试用期内违法辞退，建议劳动者注意做好如下几方面的工作：一是在应聘时要了解清楚招聘职位的要求、完整的录用条件；二是在试用期内要按照录用条件严格要求自己，接受考核；三是得知自己不符合录用条件时，要及时向人事部门拿取证明本人不符合录用条件的证据，以便争取自己的合法权益。

关联法规

《劳动合同法》

第三十九条 劳动者有下列情形之一的，用人单位可以解除劳动合同：

（一）在试用期间被证明不符合录用条件的；

（二）严重违反用人单位的规章制度的；

（三）严重失职，营私舞弊，给用人单位造成重大损害的；

（四）劳动者同时与其他用人单位建立劳动关系，对完成本单位的工作任务造成严重影响，或者经用人单位提出，拒不改正的；

（五）因本法第二十六条第一款第一项规定的情形致使劳动合同无效的；

（六）被依法追究刑事责任的。

第二十一条 在试用期中，除劳动者有本法第三十九条和第四十条第一项、第二项规定的情形外，用人单位不得解除劳动合同。用人单位在试用期解除劳动合同的，应当向劳动者说明理由。

《最高人民法院关于审理劳动争议案件适用法律若干问题的解释》

第十三条 因用人单位作出的开除、除名、辞退、解除劳动合同、减少劳动报酬、计算劳动者工作年限等决定而发生的劳动争议，用人单位负举证责任。

案例5　入职协议只约定试用期，协议性质如何认定

案情简介

2012年6月23日，叶某到某百货有限公司工作。入职时，双方未签订书面劳动合同，但签订了入职协议，叶某向公司提交了正式员工个人档案、入职协议各一份。入职协议约定：叶某的工作岗位为生鲜技工，月平均工资数为2630.4元，工作时间为工作日每天早上6：00至10：00，中午12：00至16：00，共计8.5个小时；法定节假日上班，共计6天。2013年4月15日，叶某以工资太少为由提出辞职申请。2013年8月19日，叶某向劳动人事争议仲裁委员会申请仲裁，要求某百货公司支付2012年7月23日至2013年4月15日期间未签订书面劳动合同的双倍工资23147.52元。仲裁委经开庭审理，依法作出裁决：某百货公司支付叶某未签订劳动合同的双倍工资差额14966.07元。双方均对裁决结果不服，向法院提出诉讼。

裁判结果

广州市白云区人民法院经过开庭审理，认为入职协议已包含了劳动合同的主要条款，可视同为双方已签订了书面劳动合同。法院依法作出〔2014〕民一初字第422号民事判决书，判决：①自判决生效之日起三日内，某百货限公司一次性支付叶某2012年10月26日至2013年4月15日期间未签订劳动合同的双倍工资差额14966.07元、法定节假日加班费差额1738.88元以及2013年4月工资差额203.75元；②驳回叶某的其他诉讼请求；③驳回某百货有限公司的诉讼请求。

判决作出后，叶某向广州市中级人民法院提起上诉。广州市中级人民法院开庭审理后，作出〔2015〕穗中法民一终字第3455号民事判决书，判决：①维持广州市白云区人民法院〔2014〕穗云法民一初字第422号民事判决第二项、第三项；②变更广州市白云区人民法院〔2014〕穗云法民一初字第422号民事判决第一项为自本判决生效之日起三日内，某百货有限公司一次性支付叶某2012年7月23日至2013年4月15日期间未签订劳动合同双倍工资差额23147.52元，延时工作加班费、休息日、节假日加班费差额合计

3174.78 元以及 2013 年 4 月工资差额 203.75 元。

律师分析

本案的争议焦点是入职协议是否等同于劳动合同？

判断入职协议是否属于劳动合同，不能一概而论，应该根据入职协议的具体内容来进行判断。《劳动合同法》第十七条规定："劳动合同应当具备以下条款：（一）用人单位的名称、住所和法定代表人或者主要负责人；（二）劳动者的姓名、住址和居民身份证或者其他有效身份证件号码；（三）劳动合同期限；（四）工作内容和工作地点；（五）工作时间和休息休假；（六）劳动报酬；（七）社会保险；（八）劳动保护、劳动条件和职业危害防护；（九）法律、法规规定应当纳入劳动合同的其他事项。劳动合同除前款规定的必备条款外，用人单位与劳动者可以约定试用期、培训、保守秘密、补充保险和福利待遇等其他事项。"这是劳动合同必备条款的法律依据，换言之，入职协议只要具备了上述内容，就可以认定为书面劳动合同。

本案中，入职协议只是约定了叶某的工作岗位、工资水平、工作时间、试用期等信息，缺乏该条法律中规定的"用人单位的名称、住所和法定代表人或者主要负责人""劳动者的姓名、住址和居民身份证或者其他有效身份证件号码""劳动合同期限"等重要内容。因此，二审法院认为，该入职协议不具备劳动合同的必备条款，不应该认定为书面劳动合同。入职协议仅能够证明劳动者与用工单位之间存在事实劳动关系，但不能视为双方签订了书面劳动合同。只有入职协议在内容上对用工单位与劳动者之间的权利义务作出了全面约定时，才具有书面劳动合同的性质。

实务指南

劳动合同是劳动者与用工单位之间确立劳动关系，明确双方权利和义务的协议。国家强制签订书面劳动合同的目的就是通过书面的形式将各自的权利义务固定下来，在发生纠纷时可以提供有效的依据来保障自身的合法权益。在司法实践中，很多用人单位用"入职协议"取代"劳动合同"。面对"入职协议"，劳动者应该注意以下几个问题：

第一，对照《劳动合同法》的规定，仔细查阅"入职协议"的内容。一旦发现"入职协议"的内容不符合法律的规定，应该及时向用人单位反映，并要求用人单位签订书面劳动合同。

第二，如果“入职协议”符合劳动合同的必备条款，但只约定了试用期，试用期则为劳动合同期限。根据《劳动合同法》第十九条第四款的规定：试用期包含在劳动合同期限内。劳动合同仅约定试用期的，试用期不成立，该期限为劳动合同期限。

第三，如果入职协议试用期到期后，用人单位不签订书面劳动合同，而劳动者依然在继续工作，则劳动者可以主张未签订劳动合同的双倍工资。

关联法规

《劳动合同法》

第十七条 劳动合同应当具备以下条款：

（一）用人单位的名称、住所和法定代表人或者主要负责人；

（二）劳动者的姓名、住址和居民身份证或者其他有效身份证件号码；

（三）劳动合同期限；

（四）工作内容和工作地点；

（五）工作时间和休息休假；

（六）劳动报酬；

（七）社会保险；

（八）劳动保护、劳动条件和职业危害防护；

（九）法律、法规规定应当纳入劳动合同的其他事项。

劳动合同除前款规定的必备条款外，用人单位与劳动者可以约定试用期、培训、保守秘密、补充保险和福利待遇等其他事项。

第十九条 劳动合同期限三个月以上不满一年的，试用期不得超过一个月；劳动合同期限一年以上不满三年的，试用期不得超过二个月；三年以上固定期限和无固定期限的劳动合同，试用期不得超过六个月。

同一用人单位与同一劳动者只能约定一次试用期。

以完成一定工作任务为期限的劳动合同或者劳动合同期限不满三个月的，不得约定试用期。

试用期包含在劳动合同期限内。劳动合同仅约定试用期的，试用期不成立，该期限为劳动合同期限。

第三节　竞业限制条款约定的风险防范

劳动合同中的竞业限制条款则是一种典型的竞业限制约定。竞业限制，又称为竞业禁止，是指用人单位为了使自己的商业秘密等重要信息不受来自特定劳动者在职或者离职后泄露、使用，通过在订立劳动合同时或者订立劳动合同后与该劳动者就其在职或者离职期间的行为予以限制，约定该劳动者不得自己从事或者到与本单位有竞争业务以及其他竞争关系的用人单位从事相应工作，从而保护用人单位的商业秘密不受来自自己的劳动者的侵害。合同一旦签订，劳动者就要依约遵守合同约定，否则就必须承担相应的责任。《劳动合同法》第二十三条第一款规定：用人单位与劳动者可以在劳动合同中约定保守用人单位的商业秘密和与知识产权相关的保密事项。

一、竞业限制的行业范围

《劳动合同法》第二十四条规定：竞业限制的人员限于用人单位的高级管理人员、高级技术人员和其他负有保密义务的人员。竞业限制的范围、地域、期限由用人单位与劳动者约定，竞业限制的约定不得违反法律、法规的规定。在解除或者终止劳动合同后，前款规定的人员到与本单位生产或者经营同类产品、从事同类业务的有竞争关系的其他用人单位，或者自己开业生产或者经营同类产品、从事同类业务的竞业限制期限，不得超过二年。用人单位与劳动者可以在劳动合同中约定保守用人单位的商业秘密和与知识产权相关的保密事项。对负有保守用人单位商业秘密义务的劳动者，用人单位可以在劳动合同或者保密协议中与劳动者约定竞业限制条款。在劳动合同解除后，不得使用或者披露信息的义务包含生产的秘密环节以及足以构成商业秘密的其他信息。

要确定究竟哪些信息在劳动者解除劳动合同后仍然负有不得披露和使用商业秘密的义务，必须考虑以下因素：一是劳动性质。如果劳动过程中要经常性地处理秘密文件，劳动者显然要承担比一般劳动者更多的忠诚义务。也就是说，除了信息类型的限制之外，劳动者的身份和职位也会影响到竞业禁止条款的效力。如果劳动者在劳动过程中由于同客户的接触获知了客户相关的特别信息，用人单位自然可以合法地使用行业限制条款禁止该劳动者在劳动合同终止后拉拢客户。这一原则非常普遍地适用于各种行业。二是信息本身的性质，即用人单位是否使劳动者意识到信息的保密性。虽然用人单位单方面声称某些信息是保密信息本身并不充分，但是用人单位对待这些信息的态度可以帮助其确定信息的性质。英国普通法中规定，在合同没有明确规定的情况下，劳动者在解除劳动合同后并不承担竞业限制的义务。事实上，只有在披露和使用商业秘密的意义上，用人单位才有权对劳动者进行竞业限制，而商业秘密的判断也通过严格的判断规则被限制在特定的范围内：

第一，竞业限制的人员限于用人单位的高级管理人员、高级技术人员和其他负有保密义务的人员。竞业限制实际上限于知悉用人单位商业秘密和核心技术的人员，不可能面对每个劳动者，企业也无力承受给每人一份经济补偿。

第二，竞业限制的范围要界定清楚。由于竞业限制限制了劳动者的劳动权利，所以竞业限制一旦生效，劳动者要么改行，要么赋闲在家，因此不能任意扩大竞业限制的范围。鉴于商业秘密的范围可大可小，如果任由用人单位来认定，难免有被扩大之虞。原则上，竞业限制的范围、地域应当以能够与用人单位形成实际竞争关系的地域为限。

第三，约定竞业限制必须是保护合法权益所必需。自由竞争和贸易自由是市场经济的基本原则，竞业限制本身是对自由竞争的一种限制。因此，竞业限制的实施必须以正当利益的存在为前提，必须是保护合法权益所必需。约定竞业限制首先应该存在竞争关系，最重要的是不能夸大商业秘密的范围，劳动者承担义务的范围被无限制地扩张会损害劳动者的合法权益。

第四，在解除或者终止劳动合同后，受竞业限制约束的劳动者到与本单位生产或者经营同类产品、业务有竞争关系的其他用人单位工作，或者自己开业生产或者经营与本单位有竞争关系的同类产品，业务的竞业限制期限不得超过 2 年。

二、竞业限制中的经济补偿

《劳动合同法》第二十三条第二款规定，对负有保密义务的劳动者，用人单位可以在劳动合同或者保密协议中与劳动者约定竞业限制条款，并约定在解除或者终止劳动合同后，在竞业限制期限内按月给予劳动者经济补偿。国家法律将用人单位的这种义务规定为法定义务，使得竞业限制协议不再有名无实，劳动者在竞业限制协议约定的竞业限制期限内可以获得一定数额的经济补偿。但是这条规定太过简略，对于竞业限制经济补偿的最低额度及确定方法都没有涉及，而是赋予了用人单位和劳动者自由操作、协商确定的权利，完全尊重劳动关系主体的意思自治。

《最高人民法院关于审理劳动争议案件适用法律若干问题的解释（四）》对竞业限制的经济补偿进行了明确：当事人在劳动合同或者保密协议中约定了竞业限制，但未约定解除或者终止劳动合同后给予劳动者经济补偿，劳动者履行了竞业限制义务，要求用人单位按照劳动者在劳动合同解除或者终止前12个月平均工资的30%按月支付经济补偿的，人民法院应予支持。月平均工资的30%低于劳动合同履行地最低工资标准的，按照劳动合同履行地最低工资标准支付。

当事人在劳动合同或者保密协议中约定了竞业限制和经济补偿，当事人解除劳动合同时，除另有约定外，用人单位要求劳动者履行竞业限制义务，或者劳动者履行了竞业限制义务后要求用人单位支付经济补偿的，人民法院应予支持。当事人在劳动合同或者保密协议中约定了竞业限制和经济补偿，劳动合同解除或者终止后，因用人单位的原因导致3个月未支付经济补偿，劳动者请求解除竞业限制约定的，人民法院应予支持。

三、竞业限制中的违约金

《劳动合同法》第二十三条第二款规定，劳动者违反竞业限制约定的，应当按照约定向用人单位支付违约金。竞业限制协议中约定的违约金是在劳动者不遵守竞业限制义务时所要对用人单位承担的赔偿责任。因此，违约金的约定一定要具有合理性，如果违约金数额远远超出合理范围的话，则可以认定违约金不符合法律关于公平合理、自愿原则的规定，继而可以将其认定为无效条款。例如，如果用人单位为劳动者设定的违约金数额远远超过劳动者违反竞业限制约定义务时给用人单位带来的最大经济损失，并且用人单位给予劳动者的经济补偿过低，与其明显不对等，这种情况下，根据《合同法》第四十条的规定，可以认定用人单位在加重劳动者责任，排除劳动者的主要权利，那么该条应该视为无效条款。竞业限制协议中的违约金只有在遵循公平合理、双方自愿的情况下签订，且其数额也符合一定的合理性标准的时候，才可以在之后产生纠纷时被援引适用。

《最高人民法院关于审理劳动争议案件适用法律若干问题的解释（四）》第十条规定：劳动者违反竞业限制约定，向用人单位支付违约金后，用人单位要求劳动者按照约定继续履行竞业限制义务的，人民法院应予支持。

案例6　用人单位规章制度能否规定竞业限制条款

案情简介

方某从2007年1月开始到甲自动化设备有限公司（2008年1月3日变更名称为乙公司）从事销售员工作。双方最近的一份劳动合同于2010年2月23日签订，约定期限自合同签订之日起至2015年2月22日止，工作内容为业务销售；合同还约定甲自动化设备有限公司的规章制度及劳动生产纪律为合同附件。2011年6月22日，乙公司法定代表人当面交给方某一份关于解除方某劳动合同的决定。该决定载明：由于方某已出去自主创业，严重违反了公司规章制度，决定对其解除劳动合同。方某虽不认可公司解除理由，但同意解除劳动合同。同年9月7日，乙公司向劳动人事争议仲裁委员会申请仲裁，要求方某承担违反竞业限制与保密义务的违约责任。仲裁委逾期未受理。同年9月21日，乙公司又与方某签订了一份清算协议，该协议进一步对销售费用、借款、车辆违章事宜进行了结算。因双方对剩余争议协商未果，乙公司诉至法院。

裁判结果

江苏省江阴市人民法院开庭审理后，作出〔2011〕澄民初字第0838号民事判决书，判决驳回乙公司的诉讼请求。

判决作出后，乙公司向无锡市中级人民法院提起上诉。无锡市中级人民法院开庭审理后，判决驳回上诉，维持原判。

律师分析

本案的争议焦点是方某是否应当承担竞业限制义务？

对负有保密义务的劳动者，用人单位可以在劳动合同或者保密协议中与劳动者约定竞业限制条款，也就是说，竞业限制是基于用人单位与劳动者的约定产生，没有约定则劳动者无须承担竞业限制义务。本案中，乙公司与方某签订的劳动合同对竞业限制没有约定，只是在作为合同附件的规章制度及劳动生产纪律中规定了竞业限制内容，但制定规章制度及劳动生产纪律主要是用人单位单方面的行为，虽然在制定过程中有很多程序上的限制，但用人单位仍然享有比较大的自主权。竞业限制的对象、范围、地点等事项因劳动者的个体差异而不同，不应通过一般的方式诸如并非针对个别事务处理的规章制度等来事先规定，而应该由用人单位与劳动者个别协商，所以乙公司通过劳动合同附件——规章制度及劳动生产纪律的方式来规定竞业限制，这对方某并无约束力。因此，乙公司关于方某应当承担竞业限制义务的主张，没有法律依据。

实务指南

从立法目的来看，用人单位与劳动者之所以可以设立竞业限制合同，是为了平衡劳动者和用人单位之间的权利和义务。一方面，劳动者的择业自由等权利属于基本人权，通常应受到用人单位的充分尊重而不得侵犯；另一方面，由于用人单位通常会形成对本单位具有巨大利益的商业秘密等知识产权，而劳动者在工作期间可能知悉并利用这些信息，从而形成与公司的有力竞争，有违诚实信用和公平竞争的精神。如果对用人单位的经济利益不予以保护，将严重损害公司的利益，进而破坏整个社会经济秩序。为此，法律允许企业与劳动者设立竞业限制合同，用双方共同的意思表示来平衡双方之间的利益关系。由于劳动者依靠劳动在社会上生存和发展，对劳动者选择劳动单位的自由进行限制，用人单位应以竞业限制补偿费等方式支付相应的对价，保证劳动者不因履行约定的竞业限制义务而影响生活质量。

竞业限制制度在保护企业商业秘密及竞争优势的同时，直接关系到劳动者的就业甚至生存，竞业限制在理论和实践上都应当进行严格的限制。实践中，合理竞业限制至少应具备以下要素：一是必须出于保护商业秘密、维护公平竞争的目的，即必须存在竞业限制保护的利益；二是对象、范围和责任的合理性，即员工的工作和职务与用人单位商业秘密的关联度；三是限制劳动者就业的业务领域、地域限制、补偿方式以及违约责任等的合理性。

关联法规

《劳动合同法》

第二十三条 用人单位与劳动者可以在劳动合同中约定保守用人单位的

商业秘密和与知识产权相关的保密事项。

对负有保密义务的劳动者，用人单位可以在劳动合同或者保密协议中与劳动者约定竞业限制条款，并约定在解除或者终止劳动合同后，在竞业限制期限内按月给予劳动者经济补偿。劳动者违反竞业限制约定的，应当按照约定向用人单位支付违约金。

案例7 劳动合同中约定服务事项和竞业限制之外违约金的无效

案情简介

2011年4月26日，某医院二院（甲方）与杨某（乙方）签订了聘用合同，聘用杨某为该院合同制医务人员。合同约定了岗位职责与工作要求、工作时间、报酬、福利待遇，聘用合同的终止、解除及违约责任，并约定聘用合同有效期为2011年5月1日至2012年4月30日。乙方自受聘之日起在甲方领导下，应积极参与医院业务管理，负责全院治疗等工作，年薪140000元，前10月按每月12000元发放，后两个月按每月10000元发放。在合同规定的聘期内，任何一方解除合同，须提前30日以书面形式通知对方，并按有关程序办理解除合同手续。甲、乙双方任何一方擅自解除合同的，违约方须付另一方违约金月工资的12倍（年薪）。2011年5月，某医院二院更名为甲医院，甲医院性质为个人独资企业。2011年11月26日，甲医院以杨某未将其执业医师资格证变更注册到该院，致使该院存在较高的经营风险，杨某未尽职履行治疗工作，且存在营私舞弊、违反竞业限制的行为为由，口头通知杨某解除双方劳动合同关系。为此双方产生劳动争议，杨某向劳动争议仲裁委员会申请仲裁，请求裁决由甲医院赔偿其违约金1680000元。劳动争议仲裁委员会于2012年3月16日作出裁决书；杨某不服，在法定时限内起诉至法院。

裁判结果

云南省永善县人民法院开庭审理后，作出〔2012〕永民初字第281号民事判决书，判决：①由被告甲医院给付原告杨某经济补偿11666.67元，一个月工资11666.67元，共计23333.34元，在判决生效之日付清；②驳回原告杨某的其他诉讼请求。

判决作出后，杨某向云南省昭通市中级人民法院提起上诉。昭通市中级人民法院开庭审理后，作出〔2012〕昭中民二终字第397号民事判决书，判决：驳回上诉，维持原判。

律师分析

本案争议的焦点是，涉案合同约定“甲、乙双方任何一方擅自解除合同的，违约方需付另一方违约金月工资的十二倍（年薪）”是否有效。

某医院二院于2011年4月26日与杨某签订的劳动合同，系双方在平等、自愿的基础上协商一致的结果，属双方真实意思表示，合法有效。在合同履行过程中，某医院二院更名为甲医院。《劳动合同法》第三十三条规定：用人单位变更名称、法定代表人、主要负责人或者投资人等事项，不影响劳动合同的履行。故某医院二院与杨某签订的劳动合同对甲医院与杨某仍具约束力。但双方约定“甲、乙双方任何一方擅自解除合同的，违约方需付另一方违约金月工资的十二倍（年薪）”的内容，并未排除由劳动者承担违约金的情形，且承担违约金的事由是“一方擅自解除合同”，并非《劳动合同法》第二十二条、第二十三条规定的劳动者违反服务期约定，违反保密义务、竞业限制的情形，故该条约定违反法律的禁止性规定，属无效条款。因此，原告杨某主张由被告给付其140000元违约金的请求，没有法律依据，不予支持。

被告以原告未将其执业医师资格证变更注册到该院，致使该院存在较高的经营风险，原告未尽职履行治疗工作，存在营私舞弊、违反竞业限制的行为为由，口头通知原告解除双方劳动合同关系的行为，因被告提交的3份证据不能证明其主张的事实，且双方劳动合同未约定竞业限制的内容，故被告口头通知原告解除双方劳动合同关系的行为，违反了双方约定解除劳动合同的方式，依法应承担民事责任。原告主张的经济补偿符合《劳动合同法》第四十六条、第四十七条规定，原告在甲医院工作6个月以上不满一年，按一年计算，工作每满一年的给付经济补偿按一个月工资标准计算支付。被告未按双方约定的方式解除劳动合同，原告要求被告支付一个月工资，符合《劳动合同法》第四十条的规定，应予支持。

实务指南

《劳动合同法》第二十二条规定：用人单位为劳动者提供专项培训费用，对其进行专业技术培训的，可以与该劳动者订立协议，约定服务期。劳动者违反服务期约定的，应当按照约定向用人单位支付违约金。违约金的数额不得超过用人单位提供的培训费用。用人单位要求劳动者支付的违约金不得超过服务期尚未履行部分所应分摊的培训费用。用人单位与劳动者约定服务期的，不影响按照正常的工资调整机制提高劳动者在服务期期间的劳动报酬。第二十三条规定：用人单位与劳动者可以在劳动合同中约定保守用人单位的商业秘密和与知识产权相关的保密事项。对负有保密义务的劳动者，用人单位可以在劳动合同或者保密协议中与劳动者约定竞业限制条款，并约定在解除或者终止劳动合同后，在竞业限制期限内按月给予劳动者经济补偿。劳动者违反竞业限制约定的，应当按照约定向用人单位支付违约金。第二十五条规定：除本法第二十二条和第二十三条规定的情形外，用人单位不得与劳动者约定由劳动者承担违约金。

据上述规定，违约金是指合同当事人约定在一方不履行合同时向另一方支付一定数额的货币。在劳动合同中，只允许就劳动者服务事项和竞业限制约定违约金，除此之外，用人单位不得与劳动者约定由劳动者承担违约金，即用人单位和劳动者约定的其他情形下的违约金，都将不产生法律效力。

关联法规

《劳动合同法》

第二十二条 用人单位为劳动者提供专项培训费用，对其进行专业技术培训的，可以与该劳动者订立协议，约定服务期。

劳动者违反服务期约定的，应当按照约定向用人单位支付违约金。违约金的数额不得超过用人单位提供的培训费用。用人单位要求劳动者支付的违约金不得超过服务期尚未履行部分所应分摊的培训费用。

用人单位与劳动者约定服务期的，不影响按照正常的工资调整机制提高劳动者在服务期期间的劳动报酬。

第二十三条 用人单位与劳动者可以在劳动合同中约定保守用人单位的商业秘密和与知识产权相关的保密事项。

对负有保密义务的劳动者，用人单位可以在劳动合同或者保密协议中与劳动者约定竞业限制条款，并约定在解除或者终止劳动合同后，在竞业限制期限内按月给予劳动者经济补偿。劳动者违反竞业限制约定的，应当按照约定向用人单位支付违约金。

第二十五条 除本法第二十二条和第二十三条规定的情形外，用人单位不得与劳动者约定由劳动者承担违约金。

第二章　确认劳动关系风险防范

本章导读

劳动关系作为一种社会关系，经过法律的调整，就成为了劳动法律关系。劳动关系与雇佣关系、劳务关系等法律关系有着很大的不同。通过本章的阅读，读者可以了解到以下法律要点：

1. 劳动关系的认定标准。作为劳动法律关系一方当事人的“劳动者”，不但有年龄限制，同时还必须具备劳动能力条件；作为劳动法律关系主体中的“用人单位”，也必须具备合法性。

2. 在未签订书面劳动合同的情况下，劳动者与用人单位之间存在事实劳动关系，劳动者的合法权利同样也是受到法律保护的。

3. 超过法定退休年龄的人员再就业，与新的用人单位之间不能建立劳动关系，而是形成劳务关系，其受《合同法》等民事法律调整，职工的权利也同样可以得到保护。

第一节　劳动关系的认定

我国《劳动法》的立法宗旨是保护劳动者的合法权益，其调整对象是劳动关系以及与劳动关系密切联系的其他关系。当前，劳动者与用人单位主要通过自愿协商、运用劳动合同的法律形式来建立劳动关系，这种自主协商、灵活就业的方式使得一个劳动者与多个用人单位建立多个劳动关系成为现实。同时，由于现时期劳动力供大于求、用人单位追求利益最大化等原因，出现了大量没有书面劳动合同的事实劳动关系。因此，正确把握劳动法律关系及其事实劳动关系的确定标准，严格区分劳动关系与劳务关系，将有助于准确适用《劳动法》，依法保障劳动者的合法权益。

劳动法律关系，是指劳动者与用人单位依据劳动法律规范，在实现社会劳动过程中形成的权利义务关系。它的确定标准主要包括两个方面的内容：劳动法律关系的一方是符合法律规定的劳动者，另一方必须是具备合法用人权的单位。

（一）劳动法律关系主体中“劳动者”的确定

作为劳动法律关系的一方当事人的“劳动者”，是为用人单位提供劳动力的自然人，通常也被称为“职工”“工人”“雇员”。作为劳动者，必须达到法律规定的标准，这些标准具体包括两方面：

第一，年龄标准。《劳动法》规定，公民的最低就业年龄是16周岁。不满16周岁不能就业，不能与用人单位发生劳动法律关系。我国法律禁止用人单位招用未满16周岁的公民就业，否则将承担相应的法律责任。对有可能危害未成年人健康、安全或道德的职业或工作，劳动法规定就业年龄不得低于18周岁，如《劳动法》禁止用人单位使用不满18周岁的劳动者从事过重、有毒、有害的劳动或者危险作业。

第二，具备劳动能力条件。由于劳动者进行劳动只能由劳动者亲自进行，因此要求劳动者必须具有劳动能力。而且，对于一些特定的行业，劳动者的劳动能力还必须满足该行业的特殊要求，如患有传染病的人不能从事餐饮业。在更广泛的意义上，劳动者的劳动能力还应当包括劳动者必须具备的行为自由。因为有劳动能力的公民，还需要具有行为自由，才能以自己的行为去参加劳动。所以，被依法剥夺人身自由的公民，如被劳动教养、被判处有期徒刑的人，不能与用人单位建立劳动关系。另外，我国法律对劳动者的国籍没有限制性规定，我国公民、外国公民和无国籍人，只要具备我国《劳动法》规定的条件，都可以成为我国的劳动者。总之，作为劳动者的主体资格，应当是年龄16周岁以上、具有劳动能力的公民（排除公务员、现役军人、在校学生、家庭保姆等）。

（二）劳动法律关系主体中“用人单位”的确定

用人单位，又称用工单位，通常也被称为“企业主”“资方”“雇主”，它是指依法招用和管理劳动者并对劳动者承担有关义务者。我国的用人单位有几种不同的类型：

第一，在中国境内依法核准登记的企业，包括各种所有制性质、各种组织形式的企业，如国有企业、集体所有制企业、私营企业、外商投资企业、港澳台企业、混合型企业、股份制企业、联营企业、乡镇企业等。

第二，依法核准登记的个体经济组织，即依法取得营业执照的个体工商户，个体工商户可以请帮手、带学徒。

第三，依法成立的事业单位，包括文化、教育、卫生、科研等各种单位，如学校、医院、出版社等。

第四，依法成立的国家机关，它们在法律规定的权限范围内有权使用劳动者。

第五，依法成立的社会团体，包括工会、妇联、研究会、协会等社会团体组织。依法成立的社会团体在法律规定的权限范围内，有权使用劳动者。没有领取营业执照的单位或者普通公民不能成为劳动法律关系中用人单位的主体。

案例8　关联公司混合用工，劳动关系如何认定

案情简介

姜某于2011年11月25日入职某文化公司，入职以后发现某文化公司没有在工商局登记注册，而是以某科技公司的名义在工商局登记注册，某文化公司的名义上的法定代表人为张某，张某同时也是某科技公司的法定代表人，某文化公司与某科技公司的办公地点相同。入职后，某文化公司与某科技公司均未与姜某签订书面劳动合同，双方约定工资为底薪2000元加提成。姜某于2013年3月17日要求将工资提高至3000元加提成，但某科技公司仍一直按2000元发放；2013年7月29日，姜某与某科技公司管理人员张某谈工资相关事宜，未达成一致意见，随后其提出辞职，双方约定于2013年8月29日结清工资。2013年8月29日，某科技公司并未兑现结清工资的承诺。

姜某向劳动人事争议仲裁委员会申请仲裁，仲裁庭于2014年1月28日作出仲裁裁决：①某科技公司与姜某于2011年11月25日至2013年7月29日期间存在劳动合同关系；②某科技公司于裁决书生效之日起10日内，支付姜某2011年11月25日至12月25日工资1500元、2012年10月工资差额500元、2013年3月17日至7月29日工资差额5000元，共计7000元；③某科技公司于裁决书生效之日起10日内，支付姜某2011年12月25日至2012年11月24日未签订劳动合同双倍工资差额22000元；④某科技公司与裁决书生效之日起10日内，支付姜某解除劳动关系经济补偿4000元；⑤驳回姜某的其

他申请请求。某科技公司不服裁决，遂起诉至法院。

裁判结果

北京市东城区人民法院依法开庭审理后，作出〔2014〕东民初字第02511号民事判决书，判决：①确认某科技公司与姜某自2011年11月25日至2013年7月29日期间，存在劳动关系；②某科技公司于判决书生效之日起7日内，支付姜某2011年12月25日至2012年11月24日期间，未签订书面劳动合同双倍工资差额22000元；③某科技公司于判决书生效之日起7日内，支付姜某2011年11月25日至12月25日工资1500元；④某科技公司于判决书生效之日起7日内，支付姜某2012年10月工资差额500元；⑤某科技公司与判决书生效之日起7日内，支付姜某解除劳动关系经济补偿4000元；⑥驳回某科技公司的其他诉讼请求。

判决作出后，某科技公司向北京市第二中级人民法院提起上诉。北京市第二中级人民法院开庭审理后，作出〔2014〕二中民终字第07911号民事判决书，判决：驳回上诉，维持原判。

律师分析

本案的焦点问题即某科技公司与姜某是否存在劳动关系。劳动者的合法权益受法律保护，同时，当事人有责任对自己提出的诉讼请求所依据的事实或者反驳对方诉讼请求所依据的事实提供证据加以证明。没有证据或者证据不足以证明当事人事实主张的，由负有举证责任的当事人承担不利后果。

关联企业是共享利益、共担风险的整体。关联公司虽属独立法人，有独立法人主体资格，但不可否认的是其在出资和组织上的密切联系，其对劳动者的跨公司使用是出于公司的利益，而关联公司的利益具有整体性。在与劳动者的劳动争议中，关联公司作为整体具有共同利益，从整体上来讲可视为共同债务或共同侵权而应承担连带责任。

根据《最高人民法院关于审理劳动争议案件适用法律若干问题的解释(三)》第四条的规定，劳动者与未办理营业执照的用人单位发生争议的，应当将用人单位或者其出资人列为当事人。本案中，首先，某文化公司没有注册，实际注册的是某科技公司，该公司老总是张某，董事长是陈某；其次，根据工商查询材料显示陈某、张某均为某科技公司的股东；再次，某科技公司认可其曾承租鸿运花园，但主张系张某借某科技公司的手续承租的，而对于借用手续一节，某科技公司未能提交证据。基于以上情况，因姜某的实际工作地点系某科技公司承租，且某文化公司的实际控制人张某亦为某科技公司的股东，故某科技公司与某文化公司之间存在紧密联系。法院综合考虑本案实际情况，认定姜某与某科技公司之间存在劳动关系，符合情理。

实务指南

关于事实劳动关系的认定，现在适用的主要法律依据是原劳动和社会保障部发布的《关于确立劳动关系有关事项的通知》。《关于确立劳动关系有关事项的通知》明确规定，用人单位招用劳动者未订立书面劳动合同，但同时具备下列情形的，劳动关系成立：①用人单位和劳动者符合法律、法规规定的主体资格；②用人单位依法制定的各项劳动规章制度适用于劳动者，劳动者受用人单位的劳动管理，从事用人单位安排的有报酬的劳动；③劳动者提供的劳动是用人单位业务的组成部分。

用人单位未与劳动者签订劳动合同，认定双方存在劳动关系时可参照下列凭证：①工资支付凭证或记录（职工工资发放花名册）、缴纳各项社会保险费的记录；②用人单位向劳动者发放的“工作证”“服务证”等能够证明身份的证件；③劳动者填写的用人单位招工招聘“登记表”“报名表”等招用记录；④考勤记录；⑤其他劳动者的证言等。其中，①③④项的有关凭证由用人单位负举证责任。

过去的劳动法理论一直强调的是“劳动关系唯一性”原则，即一个劳动者只能和一家用人单位建立劳动关系，因此他与其他用人单位建立的都是劳务关系。正是在这样的指导思想下，很多企业在关联公司之间流动使用劳动者被认为是没有问题的。但是 2010 年 9 月 14 日起施行的《最高人民法院关于审理劳动争议案件适用法律若干问题的解释（三）》第八条规定，企业停薪留职人员、未达到法定退休年龄的内退人员、下岗待岗人员以及企业经营性停产放长假人员，因与新的用人单位发生用工争议，依法向人民法院提起诉讼的，人民法院应当按劳动关系处理。该项条款被认为是《劳动合同法》之后又一项确认“双重劳动关系”的依据。

所以，基于上述法律的变化导致关联公司之间的人员流动就需要格外注意，凡是涉及劳动关系的证明材料，如工作证、工作服、胸卡、介绍信、任免通知等都可以作为劳动者主张事实劳动关系建立的证据。但是最终是否能够确认事实劳动关系，还需要劳动仲裁员和法官综合案情和证据材料的情况来判断。

关联法规

《劳动合同法实施条例》

第十条 劳动者非因本人原因从原用人单位被安排到新用人单位工作的，劳动者在原用人单位的工作年限合并计算为新用人单位的工作年限。原用人单位已经向劳动者支付经济补偿的，新用人单位在依法解除、终止劳动合同计算支付经济补偿的工作年限时，不再计算劳动者在原用人单位的工作年限。

《最高人民法院关于审理劳动争议案件适用法律若干问题的解释（四）》

第五条 劳动者非因本人原因从原用人单位被安排到新用人单位工作，原用人单位未支付经济补偿，劳动者依照劳动合同法第三十八条规定与新用人单位解除劳动合同，或者新用人单位向劳动者提出解除、终止劳动合同，在计算支付经济补偿或赔偿金的工作年限时，劳动者请求把在原用人单位的工作年限合并计算为新用人单位工作年限的，人民法院应予支持。

用人单位符合下列情形之一的，应当认定属于“劳动者非因本人原因从原用人单位被安排到新用人单位工作”：

（一）劳动者仍在原工作场所、工作岗位工作，劳动合同主体由原用人单位变更为新用人单位；

（二）用人单位以组织委派或任命形式对劳动者进行工作调动；

（三）因用人单位合并、分立等原因导致劳动者工作调动；

（四）用人单位及其关联企业与劳动者轮流订立劳动合同；

（五）其他合理情形。

案例9 确认劳动关系中“用工之日”如何认定

案情简介

2010年5月26日下午，袁某经人介绍到某酒店应聘服务员工作。双方对劳动报酬、劳动内容和劳动时间进行了初步约定，但没有签订劳动合同，也未填写员工登记表。当晚，某酒店将其安排在员工宿舍内住宿。5月27日上午8时20分，袁某按照某酒店的时间要求来到酒店，并在员工签到单上签字。随后，袁某在某酒店内劳动。上午大约10点，袁某在酒店内吃完早餐去厨房洗碗时，不慎滑倒摔伤致残。双方因医疗费用发生争议，袁某遂于2010年8月6日向劳动人事争议仲裁委员会提出劳动仲裁申请，请求确认其与某酒店之间构成劳动关系。仲裁委开庭审理后，作出裁决：确认袁某与某酒店之间存在劳动关系。某酒店不服该仲裁裁决，向法院提起诉讼。

裁判结果

湖南省常德市武陵区人民法院开庭审理后，作出〔2011〕武民初字第963号民事判决书，判决：袁某与某酒店之间存在劳动关系。判决作出后，某酒店向湖南省常德市中级人民法院提起上诉。常德市中级人民法院开庭审理后，作出〔2011〕常民一终字第451号民事判决书，判决：驳回上诉，维持原判。

律师分析

袁某与某酒店虽然没有签订书面劳动合同，但双方对劳动报酬、劳动内容和劳动时间进行了初步约定。袁某在次日早上8时20分依照某酒店的劳动纪律在员工签到单上签名，并在其后1个多小时的时间内一直在酒店内劳动。因此，应认定袁某与某酒店之间形成了劳动用工，建立了劳动关系。某酒店认为双方没有书面劳动合同，袁某的名字亦未记载于员工登记表、工资发放表上，否认双方形成劳动关系。但是，工资支付凭证或记录、员工登记表仅是认定双方是否存在劳动关系的参照之一。袁某在某酒店当日的员工签到表上签字，某酒店3名员工的证言以及调查笔录都表明，袁某在某酒店的监督、管理和指挥下提供了劳动，并遵守了某酒店的劳动纪律，且双方均符合《劳动法》规定的主体资格，上述证据足以认定双方存在劳动关系。某酒店认为袁某尚在考核和培训期内，双方的劳动关系没有建立，其受伤并非在从事某酒店安排的工作过程中，但某酒店未提供充分证据证明双方对岗前培训与考核事项作出了明确约定。即使是在培训与考核期间，某酒店的培训也是针对其劳动岗位的要求而定，培训地点在酒店内，袁某在某酒店的管理与监督下参加培训并提供劳动，虽然没有签订书面劳动合同，也应认定双方存在劳动关系。

袁某与某酒店之间的情形符合《劳动合同法》规定的用工构成条件，应当认定袁某与某酒店形成了劳动用工，建立了劳动关系，2010 年 5 月 27 日即是用工之日。2010 年 5 月 27 日是用工这一持续过程的开端和时间起点，倘若要求劳动者与用人单位之间的关系在2010 年5 月 27 日就具备劳动关系的全部特征或者要素，是不切实际的。因为在这一天，用人单位未必能为劳动者办妥全部手续，或是立即发放劳动报酬等，所以用工之日在构成要件方面不应适用一个完整的用工行为的标准，不要求在用工之日达到其全部标准，而应适当放宽要求，根据最根本的要件来判定。某酒店称建立劳动关系的起算点即用工之日应当界定为劳动者经用人单位培训合格后，正式从事用人单位安排工作的劳动日，不包括报到之日、岗前培训之日，这一观点没有法律依据。

实务指南

劳动关系是劳动领域最基本的关系。如果不存在劳动关系，就谈不上劳动者和用人单位，也谈不上适用劳动法律。因此，研究劳动合同的有效期首先要研究劳动关系什么时候成立。有人认为，从劳动合同签订之日起，劳动关系成立；还有人认为，从实际提供劳动之日起，劳动关系成立。在这里，我们要明确劳动合同签订日期、实际提供劳动日期和劳动关系成立日期三个相关概念的关系。

第一，明确规定建立劳动关系的唯一标准是实际提供劳动。换言之，只要劳动者实际提供劳动，用人单位实际用工，就建立了劳动关系。不论劳动者是否签订了书面劳动合同，都将受到同等的保护。这种理解实际上否定了原来实践中关于事实劳动关系的概念。对于执法部门和司法部门而言，不能因为劳动者没有签订书面劳动合同，而拒绝加以依法保护。

所谓劳动关系，是指劳动者与用人单位在实现劳动过程中建立的社会关系。将实际用工作为建立劳动关系的标准有其合理性，是劳动关系的应有之意，同时也有利于保护劳动者的合法权益。

第二，书面劳动合同签订在前，实际用工在后的，劳动关系自实际提供劳动之日起建立。劳动关系的建立后于书面劳动合同的签订日期，劳动关系建立日期之前的书面劳动合同只具有合同效力。如果合同一方违约，按照民法规定追究其违约责任。

第三，实际用工在前，签订书面劳动合同在后的，劳动关系早于书面劳动合同建立，劳动关系的建立不受未签订书面劳动合同的影响。《劳动合同法》还专门针对这种情形做了规范，通过经济措施，促使用人单位早日与劳动者订立书面劳动合同。

第四，劳动者在实际提供劳动的同时签订书面劳动合同的，劳动合同签订期、劳动关系建立期和实际提供劳动期三者是一致的。

而所谓用工之日，是指劳动者实际提供劳动、用人单位实际使用劳动者之日。不过，需要明确的是，用工实质上是一种与劳动关系相附随的连续性的行为过程，而用工之日是用工这一连续性行为过程的开端和时间起点。劳动者与用人单位之间的关系在用工之日不可能具备劳动关系的全部特征或者要素，用人单位不可能在用工之日为劳动者办妥全部劳动关系手续，或是立即发放劳动报酬。所以，对用工之日在构成要件方面不能适用一个完整的用工行为标准，而应该适用最基本的实质要件来判定。只要劳动者是在用人单位的管理下提供劳动，即可认定用工已经开始。

关联法规

《劳动合同法》

第二条 中华人民共和国境内的企业、个体经济组织、民办非企业单位等组织（以下称用人单位）与劳动者建立劳动关系，订立、履行、变更、解除或者终止劳动合同，适用本法。

国家机关、事业单位、社会团体和与其建立劳动关系的劳动者，订立、履行、变更、解除或者终止劳动合同，依照本法执行。

第七条 用人单位自用工之日起即与劳动者建立劳动关系。用人单位应当建立职工名册备查。

《劳动法》

第二条 在中华人民共和国境内的企业、个体经济组织（以下统称用人单位）和与之形成劳动关系的劳动者，适用本法。

国家机关、事业组织、社会团体和与之建立劳动合同关系的劳动者，依照本法执行。

第二节 事实劳动关系的认定

事实劳动关系是指无书面合同或无有效书面合同形成的劳动雇佣关系以及口头协议达成的劳动雇佣关系，事实劳动关系的确认需存在雇佣劳动的事实。“事实劳动关系”的合法地位，确认了劳动关系不依赖书面合同的存在而存在，扩大了劳动保护范围，对不签劳动合同的雇主有了更大约束，更多地维护了劳动者的合法权益。

事实劳动关系是劳动争议处理和工伤认定工作中经常被用到的概念，原劳动部《关于贯彻执行〈中华人民共和国劳动法〉若干问题的意见》第十七条第一次在立法中使用了“事实劳动关系”这一概念，而《工伤保险条例》把事实劳动关系推到了最前沿，使劳动保障部门无法回避这一问题。《工伤保险条例》第十八条、第六十一条规定，劳动关系包括事实劳动关系。这进一步明确了事实劳动关系作为劳动关系的存在。《最高人民法院关于审理劳动争议案件适用法律若干问题的解释》第十六条第一款规定：“劳动合同期满后，劳动者仍在原用人单位工作，原用人单位未表示异议的，视为双方同意以原条件继续履行劳动合同……”这表明对于用人单位与劳动者以前签订过劳动合同，劳动合同到期后形成的事实劳动关系，用人单位与劳动者均继续享有原劳动合同约定的权利，并应履行原劳动合同约定的义务。

其实，事实劳动关系与劳动关系相比，只是欠缺了有效的书面合同这一形式要件，但并不影响劳动关系的成立。目前，立法认定用人单位故意拖延不订立劳动合同但形成事实劳动关系的，劳动者享有劳动保障法律法规所规定的一切权利，并应履行劳动保障法律法规所规定的一切义务。从立法沿革来看，法律赋予“事实劳动关系”合法地位，更多是为了维护劳动者的合法权益，进而维护整个社会的稳定。存在事实劳动关系的劳动者在劳动保障权益受到用人单位侵害时，同签订劳动合同的劳动者一样，可以通过劳动保障监察、劳动争议仲裁、向人民法院起诉等途径，依法维护自身的合法权益。

案例10 未签书面劳动合同，劳动关系依然认定

案情简介

2013年4月，税某到某火锅店工作，主要从事的是厨师墩子工作。入职以后，火锅店没有与税某签订书面劳动合同，也没有给税某购买社会保险，只是达成口头协议，约定税某每月的工资为人民币1750元。2013年7月30日下午，税某在工作过程中，不慎被蹿起的火苗烧伤，随即被送往医院进行治疗。经过医院诊断为全身多处30% Ⅱ°～Ⅲ°火焰烧伤。住院期间，火锅店支付了医疗费。治疗结束以后，税某向人社局申请工伤认定。人社局认为税某没有证据证明其与火锅店之间存在劳动关系，因此建议其先向仲裁委申请劳动仲裁，确认其与火锅店之间的劳动关系。

裁判结果

仲裁委进行了开庭审理，裁决税某与火锅店之间存在事实劳动关系。

律师分析

事实劳动关系是一个法律概念，它没有在我国《劳动法》的条文中被提到，但原劳动部《关于贯彻执行〈中华人民共和国劳动法〉若干问题的意见》明确规定：用人单位与劳动者之间形成事实劳动关系，而用人单位故意拖延不订立劳动合同，劳动行政部门应予以纠正。用人单位因此给劳动者造成损害的，应按劳动部《违反〈劳动法〉有关劳动合同规定的赔偿办法》（劳部发［1995］223号）的规定进行赔偿。这是我国《劳动法》颁布后第一个提出事实劳动关系及其问题处理的政策规定。所谓事实劳动关系，是相对于由劳动合同调整的劳动法律关系而言的，指的是劳动关系双方当事人在建立劳动关系或变更原劳动关系时，没有按照法律的要求签订书面劳动合同，但双方在实际工作中存在劳动关系的状态。它既包括有口头合同的真实存在的事实劳动过程，又包括无口头合同或无法举证证明的真实存在的事实劳动过程。在司法实践中，应当按如下原则确定事实劳动关系：

第一，主体合法。劳动力的提供者应当具有劳动权利能力和劳动行为能力，用人单位应当具备用人资格。否则，这种劳动关系本身就是无效的，应当直接按照我国《劳动法》关于无效劳动关系的规定来处理，有关规范文件也没有提出事实劳动关系之必要。

第二，劳动行为已经发生。劳动关系的标的是劳动行为，该行为的存在和终结是形成劳动关系的重要标准。只有劳动者按照用人单位的要求，付出一定的体力和智力，完成了工作内容，才意味着劳动者已向用人单位让渡自己的劳动力使用权，提供了有偿劳动，从法律上形成一种劳动关系。否则，既无口头约定又无实际付出劳动，不可能形成劳动关系。因此，劳动行为发生是判断是否存在事实劳动关系的重要标志之一。

第三，从属关系已经形成。劳动者与用人单位的生产资料相结合，进行特定的生产工作，将人身自由在一定时空范围内归用人单位支配，服从劳动分工和工作安排，遵守劳动纪律和规章制度，接受用人单位的管理和监督，并从用人单位处获得劳动报酬和有关福利待遇。因而，在一定时期内，劳动者从属于用人单位，两者形成一种稳定的管理与被管理关系。这是事实劳动关系的重要构成要件之一。如未形成这种特殊的从属关系，则不构成事实劳动关系，甚至也不构成劳动关系。身份上的从属性也是判断是否存在事实劳动关系的重要标准之一。

第四，默认的意思表示。劳资双方之间须存在意思表示的合意，这种合意或是通过口头约定或是通过行为默认而成的，劳资双方存在的从属关系的事实在客观上等同于双方当事人间通过契约订立的意思表示，如此才能在理论上保持一贯性并符合现实的情况。

第五，欠缺法定的形式要件。如前所述，在事实劳动关系中，用人单位提供劳动条件和规定的劳动标准，劳动者提供有偿劳动，两者之间存在的意思表示，或通过口头约定，或通过行为默认而形成。因此，从法律上看，事实劳动关系具备了主体、内容和意思表示三个要素，双方之间形成了劳动关系，只是未形成书面合同，欠缺法定的形式要件，这也是事实劳动关系区别于劳动法律关系之所在。

本案中，火锅店是经依法登记注册的个体经济组织，具备用人单位的主体资格，符合《劳动合同法》第二条第一款的规定：中华人民共和国境内的企业、个体经济组织、民办非企业单位等组织（以下称用人单位）与劳动者建立劳动关系，订立、履行、变更、解除或者终止劳动合同，适用本法。税某的身份证证明，其是已满 18 周岁未到法定退休年龄的自然人，且税某具有劳动能力，是完全民事行为能力人，符合法律、法规规定的劳动者的主体要件。税某按照火锅店的要求按时上下班、参加安全培训，利用火锅店提供的劳动工具在火锅店安排的岗位从事厨师墩子工作，与火锅店口头约定了每月工资为 1750 元，符合《关于确立劳动关系有关事项的通知》第一条第（二）项中“劳动者受用人单位的劳动管理，从事用人单位安排的有报酬的劳动”的要求。因此，税某与火锅店之间存在事实劳动关系。

实务指南

怎样证明是否存在事实劳动关系？证明存在事实劳动关系很简单。用人单位未与劳动者签订劳动合同，认定双方存在劳动关系时可参照下列凭证。

第一，用人单位招用劳动者未订立书面劳动合同，但同时具备下列情形的，劳动关系成立：

①用人单位和劳动者符合法律、法规规定的主体资格；②用人单位依法制定的各项劳动规章制度适用于劳动者，劳动者受用人单位的劳动管理，从事用人单位安排的有报酬的劳动；③劳动者提供的劳动是用人单位业务的组成部分。

第二，用人单位未与劳动者签订劳动合同，认定双方存在劳动关系时可参照下列凭证：

①工资支付凭证或记录（职工工资发放花名册）、缴纳各项社会保险费的记录；②用人单位向劳动者发放的“工作证”“服务证”等能够证明身份的证件；③劳动者填写的用人单位招工招聘“登记表”“报名表”等招用记录；④考勤记录；⑤其他劳动者的证言等。

其中，①③④项的有关凭证由用人单位负举证责任。

广大劳动者在用人单位不签订劳动合同的情况下，除了要勇敢向劳动监察部门投诉用人单位的违法行为外，还要注意收集证据，如保留用人单位发放的工作证，与用人单位签订的用工登记表、职工花名册、考勤记录等，以备在劳动仲裁过程中有证据支持自己的主张，更好地维护自己的劳动权益。

案例 11　内部承包合同不能否认事实劳动关系

案情简介

某纺织有限公司服装水洗厂于2004年4月5日成立，后办理工商登记并领取了营业执照，其隶属于某纺织有限公司，具备用工主体资格。2011年2月14日，某纺织有限公司将某服装水洗厂下设的压皱车间发包给案外人吴某经营，双方签订一份“压皱车间承包协议”，约定“服装水洗厂的压皱车间由吴某承包经营，生产设备由某纺织有限公司提供，员工受公司统一管理、应当遵守公司的规章制度，考勤制度、卫生制度，如有违规需接受公司处罚；某纺织有限公司提供承包方所有操作人员每月每人外来从业人员综合保险费，由承包方负责自行交讫，若有工伤或医疗纠纷，由承包方全部承担”。该车间的人员工资由吴某发放。2011年2月21日，余某与吴某签订协议，内容为：“余某主管压皱部门（打样、看大货、泡树脂），月底3000元加提成每条0.03元一个月。开工日期2011年2月17日开始”。协议签订当日余某即到某服装水洗厂的压皱车间上班。2011年3月12日，压皱车间的储气罐爆炸致在工作的余某受伤。余某向劳动人事争议仲裁委员会申请仲裁，要求确认其与某纺织有限公司服装水洗厂存在劳动关系。仲裁委开庭审理后，作出裁决：确认余某与某纺织有限公司服装水洗厂存在劳动关系。某纺织有限公司不服裁决，向法院提起诉讼。

裁判结果

江苏省沭阳县人民法院开庭审理后，作出〔2011〕沭民初字2740号民事判决书，判决余某自2011年2月17日起与某纺织有限公司服装水洗厂形成事实劳动关系。

判决作出后，某纺织有限公司服装水洗厂向江苏省宿迁市中级人民法院提起上诉。宿迁市中级人民法院开庭审理后，作出〔2011〕宿中民终字第1398号民事判决书，判决：驳回上诉，维持原判。

律师分析

本案的争议焦点是余某与某纺织有限公司服装水洗厂是否存在劳动关系？

一方面，原告某纺织有限公司服装水洗厂将其内部的压皱车间发包给吴某个人，是其内部的经营方式。该车间的工人虽由吴某招聘并支付工资，但吴某不具备用工资质，且其经营的车间业务属于某纺织有限公司服装水洗厂业务的组成部分，车间工人亦受某纺织有限公司服装水洗厂的统一管理（承包协议中已明确约定员工受公司统一管理，且被告余某的上岗证亦由某纺织有限公司服装水洗厂提供）。据此，应当认定某纺织有限公司服装水洗厂与余某之间建立了事实劳动关系。

另一方面，《劳动法》第三条规定，劳动者享有平等就业和选择职业的权利、取得劳动报酬的权利、休息休假的权利、获得劳动安全卫生保护的权利、接受职业技能培训的权利、享受社会保险和福利的权利、提请劳动争议处理的权利以及法律规定的其他劳动权利。第四条规定，用人单位应当依法建立和完善规章制度，保障劳动者享有劳动权利和履行劳动义务。据此，保障劳动者获取劳动报酬、获得安全卫生保障、享受社会保险和福利是劳动法对用人单位的基本要求，也是用人单位不可推卸的法定义务。

本案中，虽然某纺织有限公司与案外人吴某约定，承包方所有从业人员综合保险费，由承包方负责自行交讫，若有工伤或医疗纠纷，由承包方全部承担，但这仅是原告与承包人之间关于责任承担的约定，原告不能据此免除其应当向劳动者承担的法定义务，更不能以此否定其与劳动者形成的劳动关系。

实务指南

劳动关系是指劳动者与用人单位（包括各类企业、个体工商户、事业单位等）在实现劳动过程中建立的社会经济关系，是指用人单位招用劳动者为其成员，劳动者在用人单位的管理下提供有报酬的劳动而产生的权利义务关系。劳动关系的具体特征可概括为以下几个方面：

第一，劳动关系是一种劳动力与生产资料的结合关系。劳动关系的本质是强调劳动者将其劳动力与用人单位的生产资料相结合。这种结合关系从用人单位的角度观察就是对劳动力的使用，将劳动者提供的劳动力作为一种生产要素纳入其生产过程。在劳动关系中，劳动力始终作为一种生产要素而存在，而非产品。

第二，劳动关系是具有显著从属性的劳动组织关系。劳动关系一旦形成，作为劳动关系一方的劳动者，就要成为另一方用人单位的成员。所以，虽然双方的劳动关系是建立在平等自愿、协商一致的基础上，但劳动关系一旦建立，双方在职责上就有了从属关系。用人单位作为劳动力使用者，要安排劳动者在组织内与生产资料结合；而劳动者则要通过运用自身的劳动能力，完成用人单位交给的各项生产任务，并遵守用人单位内部的规章制度。这使得劳动关系具有很强的隶属性，即具有隶属主体间的以指挥和服从为特征的管理关系。

第三，劳动关系兼具人身关系和财产关系的属性。由于劳动力的存在和支出与劳动者人身不可分离，劳动者向用人单位提供劳动力，实际上就是劳动者将其人身在一定限度上交给用人单位，因而劳动关系就其本质意义上来说是一种人身关系。但是，由于劳动者是以让渡劳动力使用权来换取生活资料，用人单位要向劳动者支付工资等物质待遇，因此，在此种意义上来说，劳动关系又是一种以劳动力交易为内容的财产关系。

企业承包租赁给个人的，应当根据《关于贯彻执行〈中华人民共和国劳动法〉若干问题的意见》中的规定，承包租赁协议只是对企业与承包人（承租人）有效，并不影响劳动者与原用人单位之间的劳动关系。

企业将业务承包给自己的劳动者，目的在于通过不同于工资形式的薪酬激励机制，使劳动者能更快更好地完成工作任务。但企业与劳动者之间的本质关系并没改变，劳动者仍然要服从其监督管理，获得的报酬也是劳动所得。

原劳动部办公厅在《关于履行企业内部承包责任合同的争议是否受理的复函》中也明确答复："职工与企业因执行承包合同中有关劳动权利义务方面的规定发生的争议，属于劳动争议。"因此，企业内部承包经营的，并不改变企业与劳动者之间的劳动关系。

关联法规

《关于履行企业内部承包责任合同的争议是否受理的复函》

宁波市劳动局：

你局《关于履行企业内部承包责任合同的争议是否受理的请示》（甬劳仲函字〔1993〕第011号）收悉。经研究，函复如下：

企业实行内部责任制后与职工签订的承包合同与劳动合同有很大差别，

一般不属于劳动合同，因此在工作中应防止用承包合同代替劳动合同的倾向。但是，如果承包合同中包含有工资福利等应在劳动合同中规定的劳动权利义务方面的内容，则该合同带有劳动合同的某些属性。职工与企业因执行承包合同中有关劳动权利义务方面的规定发生的争议，属于劳动争议。当地仲裁委员会可根据《中华人民共和国企业劳动争议处理条例》规定的受案范围予以受理。

《关于贯彻执行〈中华人民共和国劳动法〉若干问题的意见》

二、劳动合同和集体合同

15. 租赁经营（生产）、承包经营（生产）的企业，所有权并没有发生改变，法人名称未变，在与职工订立劳动合同时，该企业仍为用人单位一方。依据租赁合同或承包合同，租赁人、承包人如果作为该企业的法定代表人或者该法定代表人的授权委托人时，可代表该企业（用人单位）与劳动者订立劳动合同。

第三节　劳动关系和劳务关系

随着《劳动法》《劳动合同法》等劳动法律的相继出台与实施，关于用人单位与劳动者之间的劳动关系或劳务关系的规定都已明确确立，但在实践中存在几种特殊的劳动关系和劳务关系是《劳动法》和《劳动合同法》未明确规定的。为了维护劳动力市场的正常秩序、保障劳动者的合法权益，上海市劳动和社会保障局于 2003 年 4 月 25 日下发了《关于特殊劳动关系有关问题的通知》（以下简称《通知》）。《通知》所称的特殊劳动关系，是指现行劳动法律调整的标准劳动关系和民事法律调整的民事劳务关系以外的特殊用工关系，其劳动者一方在用人单位从事有偿劳动，接受管理，但与另一用人单位存有劳动合同关系或不符合劳动法律规定的主体条件，其对象主要有：①协议保留社会保险关系人员；②企业内部退养人员；③停薪留职人员；④专业劳务公司输出人员；⑤退休人员；⑥符合前述规定的其他人员等。

2010 年 9 月 13 日，《最高人民法院关于审理劳动争议案件适用法律若干问题的解释（三）》公布，并自 2010 年 9 月 14 日起开始施行。其中第七条规定：用人单位与其招用的已经依法享受养老保险待遇或领取退休金的人员发生用工争议，向人民法院提起诉讼的，人民法院应当按劳务关系处理。所以，原先囊括在“特殊劳动关系”中的“退休人员”如果被单位返聘继续工作，则其与聘用单位之间的关系被明确为“劳务关系”，将受民事法律的调整，而不再是“特殊劳动关系”，不再遵循部分受劳动法律调整、部分受民法调整的方式了。

案例12 已办理正式退休手续的劳动者与聘用单位不构成劳动关系

案情简介

金某自2004年9月被某银行武侯支行聘用，从事资产保全、不良贷款清收等工作，月均工资4200元。双方未签订书面劳动合同。2012年8月29日金某年满60周岁，在某银行武侯支行办理正式退休手续。2013年1月，某银行成都分行决定清退下属各支行返聘人员，将“员工离行审批表”转发给金某，金某按要求签字上报，办理离行手续。因某银行武侯支行尚有部分遗留工作需要金某处理和交接，金某继续工作至2013年9月27日，某银行武侯支行未支付金某2013年9月份的工资。金某于2013年11月申请仲裁，要求某银行武侯支行支付双倍工资、经济补偿、未休年休假工资、2013年9月份工资等。仲裁委以当事人主体不适格为由，作出不予受理通知书。金某不服，遂诉至法院。

裁判结果

成都市武侯区人民法院开庭审理后，作出〔2014〕武侯民初字第79号民事判决书，判决：①某银行武侯支行于判决书生效之日起5日内支付金某2013年9月份劳动报酬3780元；②驳回金某的其他诉讼请求。

判决作出后，金某向成都市中级人民法院提起上诉。成都市中级人民法院开庭审理后，作出〔2014〕成民终字第3277号民事判决书，判决：驳回上诉，维持原判。

律师分析

我国实行法定退休制度。根据《劳动合同法》第四十四条第（二）项

“劳动者开始依法享受基本养老保险待遇的”及《劳动合同法实施条例》第二十一条“劳动者达到法定退休年龄的，劳动合同终止”的规定，劳动者达到法定退休年龄时，无论劳动者是否能够享受基本养老保险待遇，劳动合同均终止，且无论何种情形对于达到法定退休年龄的劳动者与用人单位仅建立劳务关系。本案中，金某在达到法定退休年龄以后，办理了退休手续且享受了养老金待遇，故金某与某银行武侯支行在年满60周岁以后建立的是劳务关系，而不是劳动关系。

根据《劳动合同法》第四十六条的规定：“有下列情形之一的，用人单位应当向劳动者支付经济补偿：（一）劳动者依照本法第三十八条规定解除劳动合同的；（二）用人单位依照本法第三十六条规定向劳动者提出解除劳动合同并与劳动者协商一致解除劳动合同的；（三）用人单位依照本法第四十条规定解除劳动合同的；（四）用人单位依照本法第四十一条第一款规定解除劳动合同的；（五）除用人单位维持或者提高劳动合同约定条件续订劳动合同，劳动者不同意续订的情形外，依照本法第四十四条第一项规定终止固定期限劳动合同的；（六）依照本法第四十四条第四项、第五项规定终止劳动合同的；（七）法律、行政法规规定的其他情形。”因此，达到法定退休年龄的，劳动者与用人单位依法终止劳动合同，用人单位无须支付经济补偿，金某主张经济补偿显然也没有法律依据。

实务指南

《劳动合同法实施条例》明确规定，劳动者达到法定退休年龄的，劳动合同终止。即使用人单位与超过退休年龄的老年人签订了劳动合同，该合同也是无效的。退休后老年人也不再享受工伤保险待遇。《工伤保险条例》明确规定，职工才是工伤事故的主体；老年人不是法律意义上的劳动者，自然不再是职工，也不受《工伤保险条例》保护。退休后的劳动者被辞退没有经济补偿。经济补偿是在劳动合同解除或终止后，用人单位依法一次性支付给劳动者的经济补助。退休人员已享有退休金，被辞退时，企业不需要支付经济补偿。

目前，我国对退休人员参加工作的劳动权益如何保护还没有明确规定，存在一些法律空白。我国《劳动法》《劳动合同法》未把退休返聘劳动者纳入保护范围，用人单位和返聘人员不构成劳动法律关系，双方均不能依据

《劳动法》及《劳动合同法》主张权利和承担义务。

劳动者如果退休以后继续工作，可与用人单位签订内容翔实的劳务合同，明确雇佣期间的工作内容、报酬、医疗及其他权利义务。如果在工作中受伤，依据相关规定，雇员在从事雇佣活动中遭受人身损害，雇主应当承担赔偿责任，可以按照“提供劳务者受害”来进行维权。离退休老人返聘前一定要多加注意，强化自我保护意识，千万不能碍于情面而不与聘用方签订聘用合同。

关联法规

《劳动合同法》

第四十四条　有下列情形之一的，劳动合同终止：

（一）劳动合同期满的；

（二）劳动者开始依法享受基本养老保险待遇的；

（三）劳动者死亡，或者被人民法院宣告死亡或者宣告失踪的；

（四）用人单位被依法宣告破产的；

（五）用人单位被吊销营业执照、责令关闭、撤销或者用人单位决定提前解散的；

（六）法律、行政法规规定的其他情形。

《劳动合同法实施条例》

第二十一条　劳动者达到法定退休年龄的，劳动合同终止。

《最高人民法院关于审理劳动争议案件适用法律若干问题的解释（三）》

第七条　用人单位与其招用的已经依法享受养老保险待遇或领取退休金的人员发生用工争议，向人民法院提起诉讼的，人民法院应当按劳务关系处理。

第三章　劳动合同履行与变更的风险防范

本章导读

劳动合同只要依法订立就立即具有法律约束力，用人单位与劳动者应当履行劳动合同规定的义务。也就是说，劳动合同一经依法订立即具有法律效力，受法律保护，双方当事人应当切实履行，以实现劳动合同双方当事人订立劳动合同时的预期目的。这是市场经济秩序得以维护的基本要求，也是现代法治社会的基本要求。

劳动合同的全面履行要求劳动合同的主体必须亲自履行劳动合同，这是因为劳动关系是具有人身关系性质的社会关系，劳动合同是特定主体间的合同。劳动者选择用人单位，是基于自身经济、个人发展等各方面利益关系的需要；而用人单位之所以选择该劳动者，也是由于该劳动者具备用人单位所需要的基本素质和要求。劳动关系确立后，劳动者不能将应由自己完成的工作交由第三方代办，用人单位也不能将应由自己对劳动者承担的义务转嫁给其他第三方承担。未经劳动者同意，用人单位不能随意变更劳动者的工作性质、岗位，更不能擅自将劳动者调到其他用人单位工作。

第一节　劳动合同的履行

劳动合同的履行是指劳动者和用人单位按照劳动合同的具体要求，履行劳动合同规定的义务，从而保证对方享有合法权利，实现劳动过程与合法权益的过程。劳动合同从签订到最终完成包括许多程序，劳动合同的履行虽然只是其中的一个环节，但它却在整个劳动合同中居于核心地位。我国《劳动合同法》第二十九条规定：用人单位与劳动者应当按照劳动合同的约定，全面履行各自的义务。

一、劳动合同履行的重要性

第一，劳动合同的履行是构成劳动合同法律效力的主要内容。依法签订的劳动合同要想真正实现，必须依靠双方当事人认真履行合同。《劳动法》第十七条第二款规定：劳动合同依法订立即具有法律效力，当事人必须履行劳动合同规定的义务。可见，履行劳动合同规定的义务，是双方当事人的法定义务。如果一方当事人不按合同规定履行义务，就会违反法律规定，应承担一定的法律责任。

第二，劳动合同的履行是实现劳动合同目的的必然手段。劳动合同成立的目的在于使劳动合同当事人双方的各自利益得到实现。劳动者必须根据劳动合同规定履行义务，并实现劳动法律规定的各种权利。因此，劳动者必须认真履行劳动合同；用人单位也只有认真履行劳动合同，才能调动劳动者的积极性，促进劳动生产率的提高，从而在竞争激烈的市场经济中立于不败之地。

第三，劳动合同的履行是实现合同双方当事人权利和义务的前提。在劳动合同履行过程中，劳动合同一方面可以使劳动合同当事人自劳动合同成立生效之时起，关注自己和对方履行合同义务的情况，确保双方当事人正确行使权利，确保劳动合同义务得到全面、正确的履行；另一方面又可使双方当事人及时发现对方不能履行、不完全履行、单方不履行劳动合同义务的情况，以便采取相应措施，减少和防止发生劳动争议。

二、劳动合同履行的原则

（一）亲自履行原则

亲自履行是指劳动合同当事人必须自己履行劳动合同规定的义务。劳动法律关系是劳动者与用人单位依法形成的权利义务关系。劳动者提供劳动力、用人单位使用劳动力的特点，决定了劳动合同当事人享有的权利必须亲自享受而不得转让，义务必须亲自履行而不得代行或转移。这与《合同法》中规定的合同当事人履行的债权债务可以转让或代替不同。因此，劳动合同当事人双方必须亲自履行劳动合同规定的义务。

劳动关系是具有人身关系性质的社会关系，劳动合同是特定主体间的合同。劳动者选择用人单位，是基于自身经济、个人发展等各方面利益关系的需要；而用人单位之所以选择该劳动者，也是由于该劳动者具备用人单位需要的基本素质和要求。劳动关系确立后，劳动者不能将应由自己完成的工作交由第三方代办，用人单位也不能将应由自己对劳动者承担的义务转嫁给其他第三方承担。未经劳动者同意，用人单位不能随意变更劳动者的工作性质、岗位，更不能擅自将劳动者调到其他用人单位工作。

（二）全面履行原则

履行劳动合同的依据是劳动合同规定的内容，即合同条款。这些条款具有内在联系，是不可割裂的统一整体，当事人任何一方不得分割履行某些条款规定的义务或不按劳动合同约定履行。当事人双方必须按照劳动合同约定的条件、时间、地点和方式，全面履行劳动合同规定的各项义务。只有当事人双方按约全面履行自己的义务，才能保证劳动合同得以全面、正确的履行，才能使各自所享有的全部权利得到实现。

劳动合同的全面履行要求劳动合同的当事人双方必须按照合同约定的时间、期限、地点，用约定的方式，按质、按量全部履行自己承担的义务：既不能只履行部分义务而将其他义务置之不顾，也不得擅自变更合同，更不得任意不履行合同或者解除合同。对于用人单位而言，必须按照合同的约定向劳动者提供适当的工作场所和劳动安全卫生条件、相关工作岗位，并按照约定的金额和支付方式按时向劳动者支付劳动报酬；对于劳动者而言，必须遵守用人单位的规章制度和劳动纪律，认真履行自己的劳动职责，并且亲自完成劳动合同约定的工作任务。在劳动合同关系中，劳动者提供劳动力，而用人单位则使用该劳动力。劳动合同作为具有人身关系性质的合同，其所规定的条款相互之间有其内在联系，不能割裂，因此，全面履行劳动合同也是劳动合同的基本要求。

劳动合同的全面履行，还需要劳动合同双方当事人之间的相互理解和配合，相互协作履行。这一方面要求劳动者应自觉遵守用人单位的规章制度和劳动纪律，以主人翁的姿态关心用人单位的利益和发展，理解用人单位的困难，为本单位发展献策出力；另一方面也要求用人单位爱护劳动者，体谅劳动者的实际困难和需要。具体而言，劳动合同的协作履行要求当事人双方应当做到以下方面：

第一，当事人双方应按照劳动合同的约定和劳动纪律的规定，履行自己应尽的义务，并为对方履行义务创造条件。

第二，当事人双方应互相关心，通过生产经营管理和民主管理，互相督促，发现问题并及时协商解决。

第三，无论是用人单位还是劳动者遇到问题时，双方都应在法律允许的范围内尽力给予对方帮助，协助对方尽快解决问题。

第四，劳动者违纪，用人单位应依法进行教育，帮助劳动者改正；用人单位违约，劳动者要及时发现问题，尽快协助纠正，并设法防止和减少损失。

第五，在履行过程中发生了劳动争议，当事人双方都应从大局出发，根据《劳动合同法》和《劳动法》等法律法规的有关规定，结合实际情况，及时协商解决，从而建立起和谐稳定的劳动关系。

案例 13　职工在 QQ 上被骗造成公司损失，法院判决非故意不赔偿

案情简介

王某是刚毕业的一位大学毕业生，2014 年 6 月底应聘到某科技有限公司上班，担任行政专员，7 月公司老板安排她兼任出纳。同年 8 月 1 日，王某收到公司老板的 QQ 信息，让其给刘某转账 29700 元，她照办后，才发现对话 QQ 为骗子冒充老板，王某当即向公安机关报警，同时向银行告知此事。原来，骗子不知通过何种渠道成为王某的 QQ 好友，并将自己的 QQ 昵称、头像、心情更新为与公司老板的一模一样。公司将王某告上法庭，要求其赔偿公司的经济损失，并解除其劳动合同。

裁判结果

法院经过开庭审理，认为王某在本次事件中不存在任何过错，因此，不需要承担任何赔偿责任。

律师分析

本案的争议焦点是劳动者过失造成公司损失是否需要赔偿。我们认为，劳动法律法规并没有直接规定劳动者过失造成公司损失是否需要赔偿，根据法律精神，只要劳动者不存在故意或重大过失，仅是一般过失，是不需要赔偿的。

《工资支付暂行规定》第十六条规定：因劳动者本人原因给用人单位造成经济损失的，用人单位可按照劳动合同的约定要求其赔偿经济损失。经济损失的赔偿，可从劳动者本人的工资中扣除。但每月扣除的部分不得超过劳动者当月工资的20%。若扣除后的剩余工资部分低于当地月最低工资标准，则按最低工资标准支付。本案经济损失的造成源于公司使用QQ安排打款事宜这一不规范的财务管理与内部管理制度，王某已经做到尽职尽责，不存在故意或重大过失。同时，本案中王某将公司的钱转账给了骗子，但是该行为属于职务工作，根据报偿责任理论，适用风险责任由用人单位负担的原则，王某的职务行为带来的风险与责任应当由公司来承担。

综上所述，法院判决王某不承担赔偿责任。

实务指南

劳动者的职务行为给用人单位造成损失，用人单位要求员工赔偿，并以此解除劳动合同，劳动者该如何维权？应该注意哪些法律要点呢？

1. 明确劳动者自身的过错大小

过错分为故意和过失。对于劳动者工作中过错的认定，应当遵循最基本的过错责任原则，"谁主张，谁举证"，由用人单位负举证责任。这是对劳动者工作过程中责任认定的首要前提。劳动者工作中过错的认定需要有具体的规定，即用人单位的各项规章制度或是劳动者与用人单位进行的有效约定。

根据《工资支付暂行规定》第十六条的规定，因劳动者本人原因给用人单位造成经济损失的，用人单位可按照劳动合同的约定要求其赔偿经济损失。经济损失的赔偿，可从劳动者本人的工资中扣除。但每月扣除的部分不得超过劳动者当月工资的20%。若扣除后的剩余工资部分低于当地月最低工资标准，则按最低工资标准支付。由此可见，因劳动者本人原因给用人单位造成损害，用人单位可向劳动者追偿。此外，根据《劳动合同法》第三十九条第（三）项的规定，严重失职，营私舞弊，给用人单位造成重大损害的，用人单位可以解除劳动合同。

2. 明确责任的大小

劳动者责任承担问题，是在劳动者确实存在过错行为，且过错认定依据合法有效，用人单位确因劳动者过程行为而遭受损失时，劳动者如何对此承担相应责任的问题。劳动争议中，劳动者的过错行为毕竟发生于工作之中，根据“谁受益，谁负责”的原则，用人单位不应过分苛求劳动者对其一切过错行为负担全部责任，也不能要求劳动者在工作中不存在任何失误，因此，用人单位应当承担起一定的责任。

同时也要提醒劳动者，劳动者应当就恶意行为和对用人单位造成损失的重大过失行为承担相应责任。

关联法规

《劳动合同法》

第三十九条 劳动者有下列情形之一的，用人单位可以解除劳动合同：

（一）在试用期间被证明不符合录用条件的；

（二）严重违反用人单位的规章制度的；

（三）严重失职，营私舞弊，给用人单位造成重大损害的；

（四）劳动者同时与其他用人单位建立劳动关系，对完成本单位的工作任务造成严重影响，或者经用人单位提出，拒不改正的；

（五）因本法第二十六条第一款第一项规定的情形致使劳动合同无效的；

（六）被依法追究刑事责任的。

《工资支付暂行规定》

第十六条 因劳动者本人原因给用人单位造成经济损失的，用人单位可按照劳动合同的约定要求其赔偿经济损失。经济损失的赔偿，可从劳动者本人的工资中扣除。但每月扣除的部分不得超过劳动者当月工资的20%。若扣除后的剩余工资部分低于当地月最低工资标准，则按最低工资标准支付。

案例14 职工履行职务行为造成用人单位损失是否要赔偿

案情简介

马某系某运输有限公司的员工，从事司机工作。2013年5月1日，马某驾驶车辆为客户运输水稳料，途经河堤路时与洪某驾驶的车辆相撞，马某、对方车主洪某及乘坐车辆的曲某受伤。公安局交通警察支队作出交通事故认定书，认定马某在该起交通事故中负全部责任。马某驾驶的车辆受损后进行了维修，保险公司对维修费用进行了赔付，洪某及曲某受伤治疗花费的医药费除去保险公司赔付部分共742元，由某运输有限公司进行了赔偿。某运输有限公司认为马某违反交通规则超速驾驶导致事故发生，对事故负有重大过错，应当对事故负有全部责任，赔偿某运输有限公司的损失。2015年4月27日，某运输有限公司向劳动人事争议仲裁委员会申请仲裁，要求马某赔偿货物损失、违约金、租车费、医药费、盖板维修费等。该委员会以某运输有限公司的仲裁请求不属于劳动人事争议处理范围，不符合受理条件为由，决定不予受理。某运输有限公司向法院提起诉讼。

裁判结果

沈阳市浑南区人民法院开庭审理后，作出〔2015〕浑南民五初字第00852号民事判决书，判决：①被告马某于本判决生效之日起十日内向原告某运输有限公司支付医药费223元；②驳回原告某运输有限公司的其他诉讼请求。

判决作出后，某运输有限公司向沈阳市中级人民法院提起上诉。沈阳市中级人民法院开庭审理后，作出〔2015〕沈中民五终字第02713号民事判决书，判决：驳回上诉，维持原判。

律师分析

我国《劳动合同法》中关于劳动者的赔偿责任的规定仅限于两种情况：一是劳动者提前解约及双方存在竞业限制约定；二是劳动者参加培训且与用人单位约定了服务期，却提前解约。对劳动者在工作中存在过失情况下的赔偿责任未作明确规定，而只是规定了劳动者存在严重失职、营私舞弊、给用人单位造成重大损害的情形下，用人单位可以解除劳动合同。本案中，某运输有限公司与马某之间存在劳动关系。劳动关系虽然属于民事法律关系，但由于建立劳动关系的双方存在不对等性而具有特殊性。作为劳动者的马某为某运输有限公司提供劳动而获得劳动报酬，而某运输有限公司作为用人单位可以享有马某的劳动成果并有依法对马某进行管理的权利。因为存在此种不对等性，按普通民事法律关系的一般原则，要求双方的权利义务完全平等对马某显然是不公平的，作为劳动者，马某负有的义务应与其享有的权利相对等，才符合公平原则的要求。

考虑到对用人单位的公平问题，劳动者如存在故意或重大过失致使用人单位遭受损失情形，既然用人单位可以解除与劳动者的劳动关系，则当然可以要求劳动者承担一定的赔偿责任。另外，《侵权责任法》中规定，行为人因过错侵害他人民事权益的，应当承担侵权责任。《最高人民法院关于审理人身损害赔偿案件适用法律若干问题的解释》中规定，雇员在从事雇佣活动中致人损害的，雇主应当承担赔偿责任；雇员因故意或者重大过失致人损害的，应当与雇主承担连带赔偿责任，雇主承担连带赔偿责任的，可以向雇员追偿。虽然《劳动合同法》中未明确规定劳动者存在重大过失情形下的赔偿责任，但可以类推适用上述法律及司法解释的规定。

本案中，马某发生交通事故是在履行职务过程中，某运输有限公司作为用人单位应对马某的行为承担责任，但马某在交通事故中负全部责任，已经公安部门认定，即存在重大过失，应对某运输有限公司的损失给予一定比例的赔偿。但赔偿的范围应限于因交通事故造成的直接损失而不包括间接损失，否则会导致劳动者的责任被过度放大而与其享有的权利不对等，造成不公平，且本案双方未就相关问题在劳动合同中作出约定，因此，对某运输有限公司主张的违约金及租车费这两项间接损失，没有法律依据。

实务指南

劳动者在履行职务行为时，劳动者与用人单位之间的权利义务并不对等，劳动者受用人单位的支配和命令。因此，劳动者履行职务行为给用人单位造成损害时，双方不是简单的平等民事主体之间的侵权关系。

劳动者和用人单位之间的关系并非平等的民事主体之间的关系，双方具有权利义务上的非对等性。劳动者执行职务时，用人单位既是劳动者职务行为的获益方，同时又可能是劳动者职务行为受损害方；劳动者履行职务行为受用人单位指派和管理，其履行职务行为并无独立的意志和利益；劳动者的工资与劳动者的职务行为对用人单位所创造的价值不平等；企业经营本身存在经营风险；劳动者履行职务行为亦不是其单独的个体行为，而需要和管理层及其他劳动者的配合。因此，在劳动者履行职务行为对用人单位造成损失时，不能简单地适用平等民事主体之间的过错责任原则。通常情况下，只有在劳动者履行职务行为时存在故意或重大过失且给用人单位造成经济损失的情况下，劳动者才负赔偿责任。

关联法规

《劳动合同法》

第二十五条 除本法第二十二条和第二十三条规定的情形外，用人单位不得与劳动者约定由劳动者承担违约金。

第二十九条 用人单位与劳动者应当按照劳动合同的约定，全面履行各自的义务。

《侵权责任法》

第六条 行为人因过错侵害他人民事权益，应当承担侵权责任。

根据法律规定推定行为人有过错，行为人不能证明自己没有过错的，应当承担侵权责任。

《最高人民法院关于审理人身损害赔偿案件适用法律若干问题的解释》

第八条 法人或者其他组织的法定代表人、负责人以及工作人员，在执行职务中致人损害的，依照民法通则第一百二十一条的规定，由该法人或者其他组织承担民事责任。上述人员实施与职务无关的行为致人损害的，应当由行为人承担赔偿责任。

属于《国家赔偿法》赔偿事由的，依照《国家赔偿法》的规定处理。

第九条 雇员在从事雇佣活动中致人损害的，雇主应当承担赔偿责任；雇员因故意或者重大过失致人损害的，应当与雇主承担连带赔偿责任。雇主承担连带赔偿责任的，可以向雇员追偿。

前款所称“从事雇佣活动”，是指从事雇主授权或者指示范围内的生产经营活动或者其他劳务活动。雇员的行为超出授权范围，但其表现形式是履行职务或者与履行职务有内在联系的，应当认定为“从事雇佣活动”。

第二节 劳动合同的变更

劳动合同的变更，包括广义和狭义两种理解。广义上的变更泛指与劳动合同有关情况发生的改变，包括合同当事人的变更与合同内容的变更两个方面。狭义上的变更仅仅指劳动合同内容的变更，即指劳动合同依法订立后，在合同尚未履行或者尚未履行完毕之前，经用人单位和劳动者双方当事人协商同意，对劳动合同内容做部分修改、补充或者删减的法律行为。劳动合同的变更是原劳动合同的派生，是双方已存在的劳动权利义务关系的发展。《劳动合同法》对狭义上的变更与广义上的变更都进行了规定。

一、劳动合同主体变更

《劳动合同法》第三十三条规定，用人单位变更名称、法定代表人、主要负责人或者投资人等事项，不影响劳动合同的履行。第三十四条规定，用人单位发生合并或者分立等情况，原劳动合同继续有效，劳动合同由承继其权利和义务的用人单位继续履行。这是关于劳动合同依法订立后用人单位发生变化时劳动合同如何履行的规定。

（一）用人单位变更名称、法定代表人

劳动合同订立后，用人单位一方当事人发生变化后的劳动合同的履行在实践中存在这种情况：有些企业、公司或者事业单位等用人单位因更改了名称或者更换法定代表人、主要负责人而拒绝履行劳动合同，还有的用人单位也借口投资主体发生了变化而拒绝履行劳动合同。这是法律所不允许的。

用人单位的名称只是代表一个用人单位的称谓符号，用人单位的名称发生变更，也只是这一称谓符号发生了变化，而用人单位这一实体组织及其内部机构、人员并没有发生任何变动，这当然不会也不应该影响劳动合同的履行。

根据我国《民法通则》和其他有关法律的规定，用人单位的法定代表人或者主要负责人的职务行为都是代表用人单位这个实体组织的行为。根据《民法通则》第三十六条的规定，法人是具有民事权利能力和民事行为能力，依法独立享有民事权利和承担民事义务的组织。根据《民法通则》第三十八条的规定，法人的法定代表人，是“依照法律或者法人组织章程的规定，代表法人行使职权的负责人”。法人对它的法定代表人和其他工作人员的经营活动承担责任。可见，法人是独立于自然人的一类法律主体，它的内部由决定机构、执行机构和监督机构等组成。法定代表人是其中最为突出的一个机构，其虽然由自然人担任，但自然人的职务行为属于法人的行为，其一切法律后果由法人承担。担任法定代表人的自然人可以变动，但法定代表人职务行为的归属却不能变，也就是说，法定代表人的行为即法人的行为没有变。只要法人存在，原法定代表人与职工依法签订的劳动合同就依然有效。因此，劳动合同依法订立后，用人单位的法定代表人或者主要负责人变更的，原法定

代表人或者主要负责人与劳动者订立劳动合同的职务行为的后果也仍然要由用人单位承担。

至于投资人的变更，也不会改变用人单位这个实体组织独立承担民事责任的性质，用人单位仍要继续履行其与劳动者已经订立的劳动合同。

综上所述，用人单位变更名称、法定代表人、主要负责人或者投资人等事项，不影响劳动合同的履行。

（二）用人单位发生合并、分立

用人单位的合并一般指两种情况：一种情况是指用人单位与其他法人、组织联合成立一个新的法人或者其他组织，承担被合并的用人单位的权利和义务；另一种情况是指一个用人单位被撤销后，将其权利和义务一并转给另一个法人或者其他组织。在这两种情况下，原用人单位在合并后均不再存在。为了保护原用人单位劳动者的合法权益，合并后的法人或者其他组织作为一个新的用人单位承继了原用人单位所有的权利和义务，包括原用人单位对其劳动者的权利和义务。因此，用人单位订立劳动合同后合并的，原劳动合同继续有效，由合并后的新的用人单位继续履行该劳动合同。

用人单位发生分立，是指在订立劳动合同后，用人单位由一个法人或者其他组织分裂为两个或者两个以上的法人或者其他组织，即由一个用人单位分裂为两个或者两个以上用人单位。用人单位的分立分为两种情况：一种情况是原用人单位只是分出一部分财产设立了新的用人单位，原用人单位不因分出财产而终止；另一种情况是原用人单位分解为两个以上的用人单位，原用人单位随之解体终止。为了充分保护劳动者的权利，用人单位发生分立的，原劳动合同继续有效，防止用人单位以分立后原用人单位不存在或者劳动者权利和义务已经转移到新的用人单位为由损害劳动者的合法权益。用人单位分立后，劳动合同由承继其权利和义务的用人单位继续履行。目前有的用人单位采用“金蝉脱壳”的办法逃避债务或者逃避对其劳动者的其他义务，即不转移债务，而只是把资金转移到新设立的法人或者其他组织，使原来的用人单位丧失承担义务的能力，拒绝履行劳动合同或者对劳动者负责。但根据法律的规定，只要新成立的用人单位继承了原用人单位的权利，就应当同时承担其作为用人单位的义务，继续履行原劳动合同并对劳动者负责。

用人单位的合并和分立不仅是现实中经常出现的情况，也是容易产生各种债权债务纠纷和劳动争议的问题。在我国市场经济秩序还未完全建成的情况下，为了防止一些用人单位假借合并和分立转移债务，逃避应当承担的各种法律责任，包括对劳动者的义务，我国《民法通则》第四十四条第二款规定：企业法人分立、合并，它的权利和义务由变更后的法人享有和承担。这一规定就是要在法人或者其他组织合并或者分立时，尽最大可能地保护对方当事人的合法权益。《劳动合同法》关于用人单位合并和分立的规定，是《民法通则》对于上述立法精神在劳动法领域里的具体体现，即尽最大可能保护劳动者的合法权益。

近些年来，随着经济改革的进一步深入，不少用人单位根据市场要求和国家的政策，进行了重组和改建。一些用人单位被兼并或者被撤销，另一些用人单位分立为新的用人单位。无论用人单位的这些改变是出于何种原因，其合并或者分立后，原劳动合同都继续有效，都应该按照《劳动合同法》的规定得到继续履行。

二、劳动合同内容变更

《劳动合同法》第三十五条规定：用人单位与劳动者协商一致，可以变更劳动合同约定的内容。变更劳动合同，应当采用书面形式。变更后的劳动合同文本由用人单位和劳动者各执一份。由此可见，劳动合同内容变更是在原合同的基础上对原劳动合同内容作部分修改、补充或者删减，而不是签订新的劳动合同。原劳动合同未变更的部分仍然有效，变更后的内容取代了原合同的相关内容，新达成的变更协议条款与原合同中其他条款具有同等法律效力，对双方当事人都有约束力。

（一）变更条件

在一般情况下，只要用人单位与劳动者协商一致，即可变更劳动合同约定的内容。也就是说，首先，劳动合同是劳动关系双方协商达成的协议，当然也可以协商变更；对于劳动合同约定的内容，只要是经双方当事人协商一致而达成的，都可以经协商一致予以变更。其次，对变更劳动合同，用人单位和劳动者之间应当采取自愿协商的方式，不允许合同的一方当事人未经协商单方变更劳动合同。一方当事人未经对方当事人同意任意改变合同内容的，在法律上是无效行为，变更后的内容对另一方没有约束力，而且这种擅自改变合同的做法也是一种违约行为。再次，劳动合同的变更只是对原劳动合同的部分内容做修改、补充或者删减，而不是全部变更合同内容。对劳动合同所要变更的部分内容，当事人双方通过协商后，必须达成一致。如果在协商过程中，有任何一方当事人不同意所要变更的内容，则就该部分内容的合同变更就不能成立，原有的合同就依然具有法律效力。最后，在变更过程中必须遵循与订立劳动合同时同样的原则，即遵循合法、公平、平等自愿、协商一致、诚实信用的原则。

根据《劳动合同法》第四十条第（三）项的规定，劳动合同订立时所依据的客观情况发生重大变化，致使劳动合同无法履行，经用人单位与劳动者协商，未能就变更劳动合同内容达成协议的，用人单位需提前30日以书面形式通知劳动者本人或者额外支付劳动者1个月工资后，可以解除劳动合同。由此可以确定，劳动合同订立时所依据的客观情况发生重大变化，是劳动合同变更的一个重要事由。所谓“劳动合同订立时所依据的客观情况发生重大变化”，主要是指以下方面：

第一，订立劳动合同所依据的法律、法规已经修改或者废止。劳动合同的签订和履行必须以不违反法律、法规的规定为前提。如果合同签订时所依据的法律、法规发生修改或者废止，合同如果不变更，就可能出现与法律、法规不相符甚至违反法律、法规的情况，导致合同因违法而无效。因此，根据法律、法规的变化而变更劳动合同的相关内容是必要而且是必需的。

第二，用人单位方面的原因。用人单位经上级主管部门批准或者根据市场变化决定转产、调整生产任务或者生产经营项目等。用人单位的生产经营不是一成不变的，而是根据上级主管部门批准或者根据市场变化可能会经常调整自己的经营策略和产品结构，这就不可避免地发生转产、调整生产任务或者生产经营项目的情况。在这些情况下，有些工种、产品生产岗位就可能因此而撤销，或者为其他新的工种、岗位所替代，原劳动合同就可能因签订条件的改变而发生变更。

第三，劳动者方面的原因。如劳动者的身体健康状况发生变化、劳动能力部分丧失、所在岗位与其职业技能不相适应、职业技能提高了一定等级等，造成原劳动合同不能履行或者如果继续履行原合同规定的义务对劳动者明显不公平。

第四，客观方面的原因。这种客观原因的出现使得当事人原来在劳动合同中约定的权利义务的履行成为不必要或者不可能。这时应当允许当事人对劳动合同有关内容进行变更。其主要有以下方面：①由于不可抗力的发生，使得原来合同的履行成为不可能或者失去意义。不可抗力是指当事人所不能预见、不能避免并不能克服的客观情况，如自然灾害、意外事故、战争等。②由于物价大幅度上升等客观经济情况变化致使劳动合同的履行会花费太大代价而失去经济上的价值。这是民法中的情势变更原则在劳动合同履行中的运用。

（二）注意事项

第一，必须在劳动合同依法订立之后、在合同没有履行或者尚未履行完毕之前的有效时间内进行。劳动合同双方当事人已经存在劳动合同关系，如果劳动合同尚未订立或者是已经履行完毕，则不存在劳动合同的变更问题。

第二，变更劳动合同必须坚持平等自愿、协商一致的原则，即劳动合同的变更必须经用人单位和劳动者双方当事人的同意。平等自愿、协商一致是劳动合同订立的原则，也是其变更应遵循的原则。劳动合同关系是通过劳动者与用人单位协商一致而形成的，其变更当然应当通过双方协商一致才能进行。劳动合同允许变更，但不允许单方变更，任何单方变更劳动合同的行为都是无效的。

在实践中，有些用人单位为达到变更劳动合同的目的，采取了许多变通的手段。如某用人单位根据工作的需要，决定采取公开考试的办法，对考试通不过的职工，一律另行安排工作岗位或予以辞退。这种形式是否合法呢？我们认为，劳动合同的变更需要经过双方当事人协商一致，否则不能变更。采取公开考试的办法看似公平，但在未经劳动者同意的情况下，对劳动者不具有约束力，用人单位对原合同仍应履行。

第三，变更劳动合同必须合法，不得违反法律、法规的强制性规定。劳动合同的变更并非是任意的，用人单位和劳动者约定的变更内容必须符合国家法律、法规的相关规定。

第四，变更劳动合同必须采用书面形式。劳动合同双方当事人经协商后，对劳动合同中的约定内容的变更达成一致意见时，必须达成变更劳动合同的书面协议，任何口头形式达成的变更协议都是无效的。劳动合同变更的书面协议应当指明对劳动合同的哪些条款作出变更，并应订立明确劳动合同变更协议的生效日期，书面协议经用人单位和劳动者双方当事人签字盖章后生效。

第五，劳动合同的变更也要及时进行。提出变更劳动合同的主体可以是用人单位，也可以是劳动者。无论是哪一方要求变更劳动合同的，都应当及时向对方提出变更劳动合同的要求，说明变更劳动合同的理由、内容和条件等。如果应该变更的劳动合同内容没有及时变更，导致原订立条款继续有效，往往使劳动合同不适应变化了的新情况，从而引起不必要的争议。当事人一方得知对方变更劳动合同的要求后，应在对方规定的合理期限内及时作出答复，不得对对方提出的变更劳动合同的要求置之不理。因为根据《劳动法》第二十六条和《劳动合同法》第四十条的规定，劳动合同订立时所依据的客观情况发生重大变化，致使劳动合同无法履行时，如果用人单位经与劳动者协商，未能就变更劳动合同内容达成协议，用人单位可以单方解除劳动合同。

案例 15　非因本人原因从原用人单位安排到新用人单位工作，工龄应当连续计算

案情简介

金某于 2004 年 12 月入职甲公司，双方连续签订了五份固定期限劳动合同，最后一份劳动合同期限至 2010 年 12 月 24 日止，其中“工作内容”部分约定“甲公司聘任金某担任超市公司十里河店防损组组长”。该劳动合同到期后，甲公司未与金某就双方的劳动关系作出任何处理，亦未向金某支付经济补偿。次日，甲公司安排金某到乙公司工作，金某与乙公司签订了为期两年的劳动合同，其中“工作内容”部分约定“乙公司聘任金某担任防损组组长”，但金某的工作地点及工作内容均未发生变化。2011 年 7 月 29 日，乙公司对金某工作岗位进行调整，并降低了其薪资，金某认为乙公司此行为违法，故于 2011 年 9 月告知两家公司解除劳动合同，并申请仲裁，要求支付金某在甲公司和乙公司期间的违法解除劳动合同经济补偿金，仲裁委支持了金某的请求。甲、乙公司不服，提起诉讼。

裁判结果

法院经审理后认为，金某从甲公司到乙公司的工作岗位变动系“劳动者非因本人原因从原用人单位被安排到新用人单位”，故认定金某在甲公司的工作年限应与在乙公司的工作年限合并计算，判令乙公司支付相应期间的违法

解除劳动合同经济补偿金。

律师分析

工龄是指职工以工资收入为生活资料的全部或者主要来源的工作年限。劳动者在本单位的工作年限是劳动者享受本单位职工福利、用人单位辞退劳动者计发经济补偿的重要因素之一。《劳动法》第四十五条规定：国家实行带薪年休假制度。劳动者连续工作一年以上的，享受带薪年休假。具体办法由国务院规定。《职工带薪年休假条例》第三条第一款规定：职工累计工作已满1年不满10年的，年休假5天；已满10年不满20年的，年休假10天；已满20年的，年休假15天。

实践中，一些用人单位为防止劳动者将原工作年限计入新工作单位，往往会采取各种不同手段来迫使劳动者将“工作年限清零”，从而达到重新计算劳动者工作年限的目的，该做法无疑损害了劳动者的合法权益。但同时，用人单位根据市场经营需要和自身经营状况进行企业改革和机构调整也是正常现象，由此不可避免地导致用人单位的主体发生变动。如何避免用人单位主体变动对劳动者合法权益的影响，是司法实践中经常遇到的问题。

《劳动合同法实施条例》第十条规定：劳动者非因本人原因从原用人单位被安排到新用人单位工作的，劳动者在原用人单位的工作年限合并计算为新用人单位的工作年限。原用人单位已经向劳动者支付经济补偿的，新用人单位在依法解除、终止劳动合同计算支付经济补偿的工作年限时，不再计算劳动者在原用人单位的工作年限。其中，非因本人原因从原用人单位被依法安排到新用人单位，是指因行政命令、业务划转、公司分立等原因造成的劳动者转换工作单位的情况，这种转换并非员工本人原因促成，而是“依法安排”导致的。

《最高人民法院关于审理劳动争议案件适用法律若干问题的解释（四）》第五条第一款规定，劳动者非因本人原因从原用人单位被安排到新用人单位工作，原用人单位未支付经济补偿，劳动者依照劳动合同法第三十八条规定与新用人单位解除劳动合同，或者新用人单位向劳动者提出解除、终止劳动合同，在计算支付经济补偿或赔偿金的工作年限时，劳动者请求把在原用人单位的工作年限合并计算为新用人单位工作年限的，人民法院应予支持。

从上述法律法规和司法解释的规定来看，对非因劳动者本人意愿而发生的劳动合同主体变更，无论是劳动者依法解除劳动合同，还是新用人单位合法、违法提出与劳动者解除劳动合同，劳动者要求新用人单位依法支付经济补偿或赔偿金，而原用人单位未支付经济补偿或赔偿金的，都应当把劳动者在原用人单位的工作年限合并计算为新用人单位工作年限，以确定经济补偿或赔偿金的具体数额。

本案中，金某与乙公司签订了为期两年的劳动合同，其中“工作内容”部分约定“乙公司聘任金某担任防损组组长”，但金某的工作地点及工作内容均未发生变化，符合“劳动者仍在原工作场所、工作岗位工作，劳动合同主体由原用人单位变更为新用人单位”的规定，应当认定属于“劳动者非因本人原因从原用人单位被安排到新用人单位工作”。因此，金某的工作年限应该合并计算，并由乙公司支付经济补偿。

实务指南

劳动者面对非因本人意愿变更劳动合同主体，但在工作地点、工作时间、工作内容没有发生变化的情况下，在维护自己的合法权益时，应该注意哪些法律要点？

第一，保存好能够证明劳动关系的证据。现实生活中，有很多用人单位在与劳动者签订劳动合同以后，就把劳动合同收回单位了，这导致劳动者在举证证明自己与原公司存在劳动关系时，缺乏有力的证据，因此自己的主张得不到支持。劳动者在面对这种情况时，一定要让用人单位把劳动合同给自己；在与单位协商不成的情况下，可以向劳动监察部门反映。

第二，原用人单位支付了经济补偿，新用人单位将不再连续计算工龄。经济补偿按劳动者在本单位工作的年限，每满一年支付一个月工资的标准向劳动者支付；六个月以上不满一年的，按一年计算；不满六个月的，向劳动者支付半个月工资的经济补偿。对于“本单位工作年限”的理解，根据《劳动合同实施条例》第十条的规定，劳动者非因本人原因从原用人单位被安排到新用人单位工作的，劳动者在原用人单位的工作年限合并计算为新用人单位的工作年限。原用人单位已经向劳动者支付经济补偿的，新用人单位在依法解除、终止劳动合同，计算支付经济补偿的工作年限时，不再计算劳动者在原用人单位的工作年限。

关联法规

《劳动合同法实施条例》

第十条 劳动者非因本人原因从原用人单位被安排到新用人单位工作的，劳动者在原用人单位的工作年限合并计算为新用人单位的工作年限。原用人单位已经向劳动者支付经济补偿的，新用人单位在依法解除、终止劳动合同计算支付经济补偿的工作年限时，不再计算劳动者在原用人单位的工作年限。

《最高人民法院关于审理劳动争议案件适用法律若干问题的解释（四）》

第五条 劳动者非因本人原因从原用人单位被安排到新用人单位工作，原用人单位未支付经济补偿，劳动者依照劳动合同法第三十八条规定与新用人单位解除劳动合同，或者新用人单位向劳动者提出解除、终止劳动合同，在计算支付经济补偿或赔偿金的工作年限时，劳动者请求把在原用人单位的工作年限合并计算为新用人单位工作年限的，人民法院应予支持。

用人单位符合下列情形之一的，应当认定属于“劳动者非因本人原因从原用人单位被安排到新用人单位工作”：

（一）劳动者仍在原工作场所、工作岗位工作，劳动合同主体由原用人单位变更为新用人单位；

（二）用人单位以组织委派或任命形式对劳动者进行工作调动；

（三）因用人单位合并、分立等原因导致劳动者工作调动；

（四）用人单位及其关联企业与劳动者轮流订立劳动合同；

（五）其他合理情形。

案例16 用人单位分立前后均无劳动合同，双倍工资如何计算

案情简介

甲乳业有限责任公司（以下简称甲公司）是乙乳业（集团）股份有限公司的全资子公司。2013年12月6日，甲公司分立为甲公司和丙乳制品有限责任公司（以下简称丙公司）。丙公司为新设公司。甲公司与丙公司签订的《存续分立协议》的第六条约定，双方同意按如下办法，对原公司的职工进行安

置：原在本公司常温业务工作的员工，其劳动合同由承继本公司（甲公司）权利和义务的新设公司——丙公司继续履行。该员工的劳动报酬等待遇均不变，新设公司成立后，本公司（甲公司）将依法与新设公司办理社会保险的转移接续等法定手续。

刘某于2007年7月入职甲公司，在公司餐厅从事厨师工作；2011年3月至2012年9月期间，其用人单位为某人才管理顾问有限公司；2012年10月至2014年1月期间，其工作关系又回到甲公司；2014年2月，刘某被告知其工作关系被转到丙公司，但其工作岗位未发生变化。刘某的“个人社会保险险种查询表”显示，2008年7月至2009年12月，其社会保险由甲公司缴纳；2010年1月至2011年2月，其社会保险缴纳单位显示为流动虚拟单位，但该期间刘某并未自行在个人流动窗口办理社会保险；2011年3月至2012年9月，其社会保险由某人才管理顾问有限公司缴纳；2012年10月至2014年1月，其社会保险由甲公司缴纳；2014年2月至2014年8月，其社会保险由丙公司缴纳。刘某的银行交易明细显示，从2012年8月至2014年7月，刘某的工资一直由甲公司发放。2014年7月30日，因丙公司通知其与新劳务公司签订劳动合同，刘某拒绝，双方解除劳动关系。刘某离职前的平均工资为3477.07元/月。

2014年12月26日，刘某向劳动人事争议仲裁委员会申请劳动仲裁，请求裁决甲公司支付未签订劳动合同期间的双倍工资。该仲裁委员会于同日作出“不予受理案件通知书”，以刘某的仲裁请求超过仲裁时效为由，不予受理该案。刘某不服上述仲裁裁决，诉至法院，请求判令甲公司支付2012年9月至2013年8月共计11个月的双倍工资差额34817.31元。

裁判结果

武汉市东西湖区人民法院开庭审理后，作出〔2015〕鄂东西湖民初字第00066号民事判决书，判决：①甲公司于判决生效之日起15日内向刘某支付2013年8月的未签订劳动合同的双倍工资差额3477.07元；②驳回刘某的其他诉讼请求。

判决作出后，刘某向武汉市中级人民法院提起上诉。武汉市中级人民法院开庭审理后，作出判决〔2015〕鄂武汉中民商终字第01550号民事判决书，判决：驳回上诉，维持原判。

律师分析

《劳动合同法》第三十四条规定，用人单位发生合并或者分立等情况，原劳动合同继续有效，劳动合同由承继其权利和义务的用人单位继续履行。上述条款是为了充分保护劳动者权利，用人单位分立后，劳动合同由承继其权利义务的用人单位继续履行。

刘某认为：甲公司应支付2012年9月至2013年7月期间的双倍工资，2012年8月至2013年7月刘某与甲公司建立劳动关系，2014年2月至7月刘某与丙公司建立劳动关系，两个阶段都没有签订劳动合同，2014年7月30日被解除了劳动关系，2014年12月26日刘某提出仲裁，未超过一年仲裁时效法律规定。

《劳动合同法》第八十二条第一款规定，用人单位自用工之日起超过一个月不满一年未与劳动者订立书面劳动合同的，应当向劳动者每月支付二倍的工资。《劳动合同法实施条例》第七条规定，用人单位自用工之日起满一年未与劳动者订立书面劳动合同的，自用工之日起满一个月的次日至满一年的前一日应当依照《劳动合同法》第八十二条的规定向劳动者每月支付两倍的工资，并视为自用工之日起满一年的当日已经与劳动者订立无固定期限劳动合同，应当立即与劳动者补订书面劳动合同。刘某从2007年7月入职甲公司后，无论是甲公司还是丙公司均未与刘某签订劳动合同，根据《劳动合同法》第八十二条的规定，甲公司及丙公司应当向其支付未签订劳动合同的双倍工资差额，结合《劳动合同法实施条例》第七条的规定，《劳动合同法》关于用人单位未签订劳动合同应支付双倍工资差额的期限应以11个月为支付上限。刘某虽认为甲公司与丙公司系两个独立的民事责任主体，对外独立承担民事责任，并分别向甲公司和丙公司提出了未签订劳动合同双倍工资差额的请求。丙公司系由甲公司分立而新设的公司，结合甲公司与丙公司签订的《存续分立协议》第六条的约定，刘某的劳动合同实际是由丙公司继续履行。也就是说，刘某的劳动合同履行应是一个整体的连续的过程，虽然其劳动合同履行过程中用人单位发生变更，但变更后的用人单位是由原用人单位分立设立的，故未签订劳动合同双倍工资责任应由甲公司和丙公司共同承担，且承担责任的上限应为11个月。刘某的用人单位从2014年2月后变更为丙公司，即自2014年3月至2014年7月期间的双倍工资差额应由丙公司承担，从2013年8月至2014年1月的双倍工资差额应由甲公司承担。而刘某主张甲公司承担双倍工资差额的期限是自2012年9月至2013年8月，其主张的2012

年9月至2013年7月期间的双倍工资差额已超过劳动仲裁一年的时效，不应该得到支持。甲公司应支付2013年8月的双倍工资3477.07元。

实务指南

劳动者所在用人单位发生了合并、分立等情况时，工作年限应该如何计算？劳动者从原用人单位到新用人单位工作，这个过程存在两个法律行为：其一是劳动者与原用人单位劳动关系的解除，其二是劳动者与新用人单位劳动关系的建立。就劳动关系解除赔偿理论而言，如果原用人单位与劳动者解除劳动关系，同时符合支付经济补偿的条件，原用人单位应该依法向劳动者支付经济补偿。

《劳动合同法实施条例》第十条规定，劳动者非因本人原因从原用人单位被安排到新用人单位工作的，劳动者在原用人单位的工作年限合并计算为新用人单位的工作年限。原用人单位已经向劳动者支付经济补偿的，新用人单位在依法解除、终止劳动合同计算支付经济补偿的工作年限时，不再计算劳动者在原用人单位的工作年限。《最高人民法院关于审理劳动争议案件适用法律若干问题的解释（四）》第五条规定，因用人单位合并、分立等原因导致劳动者工作调动，应当认定属于“劳动者非因本人原因从原用人单位被安排到新用人单位工作”。由此可见，在“非因本人原因”发生劳动合同主体变更的情况下，如果原用人单位没有支付经济补偿，就应当将劳动者在原用人单位的工作年限合并计算为新用人单位的工作年限。

关联法规

《劳动合同法》

第三十四条 用人单位发生合并或者分立等情况，原劳动合同继续有效，劳动合同由承继其权利和义务的用人单位继续履行。

《劳动合同法实施条例》

第十条 劳动者非因本人原因从原用人单位被安排到新用人单位工作的，劳动者在原用人单位的工作年限合并计算为新用人单位的工作年限。原用人单位已经向劳动者支付经济补偿的，新用人单位在依法解除、终止劳动合同计算支付经济补偿的工作年限时，不再计算劳动者在原用人单位的工作年限。

第四章　解除劳动关系风险防范

本章导读

劳动合同的解除分为双方解除和单方解除两种类型。劳动合同的解除是劳动合同履行中的一个重要部分，也是最容易发生劳动争议的部分，读者通过本章的阅读，可以了解到以下要点：

1. 用人单位单方解除劳动合同，分为过失性辞退、非过失性辞退和经济性裁员。《劳动合同法》第三十九条、第四十条、第四十一条分别对这三种情形进行了规定。同时，用人单位解除劳动合同，还要符合法律规定的程序。用人单位单方解除劳动合同，应当事先将理由通知工会。用人单位违反法律、行政法规规定或者劳动合同约定的，工会有权要求用人单位纠正。用人单位应当研究工会的意见，并将处理结果书面通知工会。

2. 劳动者单方解除劳动关系，分为预告解除和非预告解除。劳动者预告解除权是劳动合同期限届满前，无须经用人单位同意，劳动者单方即可解除劳动合同的权利，与需满足特定条件的非预告解除（即时解除权）对称。《劳动合同法》第三十七条、三十八条分别具体规定了这两方面的内容。

3. 根据法律的规定，用人单位提出解除劳动合同，经双方协商一致，在非过失性解除、劳动者非预告解除、用人单位依法宣告破产、被依法吊销营业执照、责令关闭等情况下，用人单位应该向劳动者支付经济补偿。经济补偿应当按照劳动者在本单位的工作年限，每年满1年支付1个月工资的标准向劳动者支付；6个月以上不满1年的，按照一年计算；不满6个月的，向劳动者支付半个月工资的经济补偿。

第一节 用人单位解除劳动关系

劳动合同的解除，是指在劳动合同订立后，尚未全部履行前，劳动合同双方当事人或者一方当事人依法提前终止劳动合同的法律效力的法律行为。劳动合同的解除，可以分为协议解除和单方解除。协议解除，即劳动合同双方当事人只要达成一致意见，就可以解除劳动合同。单方解除，是指劳动合同的一方当事人在法定事由出现时，无须另一方当事人同意，可以单方面行使劳动合同的解除权。劳动合同的单方解除根据解除主体的不同，可以分为用人单位单方解除劳动合同和劳动者单方解除劳动合同。

用人单位解除劳动合同，是指在劳动合同订立以后，尚未全部履行前，用人单位单方解除劳动合同，提前消灭劳动关系的一种法律行为。用人单位单方解除劳动合同与劳动者的切身利益密切相关，为了保护劳动者的合法权益不被侵犯，法律对用人单位单方解除劳动合同的实体要件和程序要件都做了明确的规定。根据我国现行劳动法律、法规的规定，用人单位依法可以解除劳动合同的情形有以下几种。

（一）劳动者有过错

1.《劳动法》的相关规定

有过错劳动解除主要体现在《劳动法》第二十五条的规定上，主要包括四种情况：①在试用期不符合录用条件的；②严重违反劳动纪律或者用人单位规章制度的；③严重失职，营私舞弊，给用人单位造成重大损害的；④被依法追究刑事责任的。概言之，由于劳动者的过错，从而使用人单位有权不经过提前预告而直接单方解除劳动合同的行为，法律上也可称为即时解雇。对于“即时”二字，虽然《劳动法》第二十五条并没有直接规定，但由于第二十六条对无过失解除的规定要求必须提前30天通知劳动者，便可推知如果劳动者存在过失，用人单位可以不经任何通知直接解除劳动合同关系。

2.《劳动合同法》的相关规定

《劳动合同法》第三十九条规定：“劳动者有下列情形之一的，用人单位可以解除劳动合同：（一）在试用期间被证明不符合录用条件的；（二）严重违反用人单位的规章制度的；（三）严重失职，营私舞弊，给用人单位造成重大损害的；（四）劳动者同时与其他用人单位建立劳动关系，对完成本单位的工作任务造成严重影响，或者经用人单位提出，拒不改正的；（五）因本法第二十六条第一款第一项规定的情形致使劳动合同无效的；（六）被依法追究刑事责任的。”

“在试用期间被证明不符合录用条件的”，适用此项条款首先要注意以下几点：首先，用人单位规定的试用期期间符合法律规定。《劳动合同法》第十九条第一款规定：劳动合同期限三个月以上不满一年的，试用期不得超过一个月；劳动合同期限一年以上不满三年的，试用期不得超过二个月；三年以上固定期限和无固定期限的劳动合同，试用期不得超过六个月。用人单位只能在此范围内约定试用期。其次，是否在试用期间。试用期间的确定应当以劳动合同的约定为准。若劳动合同约定的试用期超出法定最长时间，则以法定最长时间为准；若试用期满后仍未办理劳动者转正手续，则不能认为还处在试用期间，用人单位不能以试用期不符合录用条件为由与其解除劳动合同。再次，对是否符合录用条件的认定。劳动者是否符合录用条件，是用人单位在试用期间，单方与劳动者解除劳动合同的前提条件。如果没有这个前提条件，用人单位无权在试用期内单方解除劳动合同。一般情况下录用条件应当以法律、法规规定的基本录用条件和用人单位在招聘时规定的知识文化、技术水平、身体状况、思想品质等条件为准。最后，对于劳动者在试用期间不符合录用条件的，用人单位必须提供有效的证明。如果用人单位没有证据证明劳动者在试用期间不符合录用条件，用人单位就不能解除劳动合同，否则，需承担因违法解除劳动合同所带来的一切法律后果。所谓证据，实践中主要看两方面：一是看用人单位对某一岗位的工作职能及要求有没有作出描述，二是看用人单位对员工在试用期内的表现有没有客观的记录和评价。

“严重违反用人单位的规章制度的”，适用这一项要符合以下三个条件：首先，规章制度的内容必须是符合法律、法规规定的，而且是通过民主程序公之于众的。其次，劳动者的行为客观存在，并且是属于“严重”违反用人单位的规章制度。何为“严重”，一般应根据劳动法规所规定的限度和用人单位内部的规章制度所规定的具体界限为准。例如，违反操作规程，损坏生产、经营设备造成经济损失，不服从用人单位正常工作调动，不服从用人单位的劳动人事管理，无理取闹，打架斗殴，散布谣言损害企业声誉等，这些都给用人单位的正常生产经营秩序和管理秩序带来了严重损害。最后，用人单位对劳动者的处理是按照本单位规章制度规定的程序办理的，并符合相关法律、法规的规定。

“严重失职，营私舞弊，给用人单位造成重大损害的”，这是指劳动者在履行劳动合同期间，没有按照岗位职责履行自己的义务，违反其忠于职守、维护和增进用人单位利益的义务，有未尽职责的严重过失行为或者利用职务之便谋取私利的故意行为，使用人单位的有形财产、无形财产遭受重大损害，但不够刑罚处罚的程度。例如，因粗心大意、玩忽职守而造成事故，因工作不负责而经常产生废品、损坏工具设备、浪费原材料或能源等。劳动者的行为符合此种情形的，用人单位可以与其解除劳动合同。

“劳动者同时与其他用人单位建立劳动关系，对完成本单位的工作任务造成严重影响，或者经用人单位提出，拒不改正的”，劳动者同时与其他用人单位建立劳动关系，即我们通常所说的“兼职”。我国有关劳动方面的法律、法规虽然没有对“兼职”作禁止性的规定，但作为劳动者而言，完成本职工作是其应尽的义务。从事兼职工作，在时间上、精力上必然会影响本职工作。作为用人单位来讲，对一个不能全心全意为本单位工作并严重影响工作任务完成的人员，有权与其解除劳动合同。根据该条规定，符合下列情形之一的，用人单位可以单方面解除劳动合同：一是劳动者同时与其他用人单位建立劳动关系，对完成本单位的工作任务造成严重影响的；二是劳动者同时与其他用人单位建立劳动关系，经用人单位提出，拒不改正的。需要注意的是，必须是给用人单位造成“严重”影响的，如果影响轻微，用人单位不能以此为由与劳动者解除劳动合同。

“因本法第二十六条第一款第一项规定的情形致使劳动合同无效的”，根据《劳动合同法》第二十六条的规定，以欺诈、胁迫的手段或者乘人之危，使对方在违背其真实意思的情况下订立或者变更的劳动合同的，属于无效或部分无效劳动合同。所谓“欺诈”，是指一方当事人故意告知对方当事人虚假的情况，或者故意隐瞒真实的情况，诱使对方当事人作出错误意思表示，并基于这种错误的认识而签订了劳动合同。“胁迫”是指以给公民及其亲友的生命健康、荣誉、名誉、财产等造成损害为要挟，迫使对方作出违背真实的意思表示的行为，并签订了劳动合同。“乘人之危”是指行为人利用他人的危难处境或紧迫需要，为牟取不正当利益，迫使对方违背自己的真实意愿而签订的劳动合同。《劳动合同法》第三条规定，订立劳动合同，应当遵循合法、公平、平等自愿、协商一致、诚实信用的原则。任何一方利用任何一种行为手段而使对方在违背真实意思的情况下订立或者变更劳动合同，均违反了意思自治的基本原则，是被法律所禁止的，因此当然允许利益受损者解除当事人之间的劳动合同关系。

“被依法追究刑事责任的”，根据原劳动部《关于贯彻执行〈中华人民共和国劳动法〉若干问题的意见》第二十九条的规定，“被依法追究刑事责任”是指：被人民检察院免予起诉的、被人民法院判处刑罚的、被人民法院依据刑法第三十二条免予刑事处分的。劳动者被人民法院判处拘役、三年以下有期徒刑缓刑的，用人单位可以解除劳动合同。

（二）劳动者无过错

1.《劳动法》的相关规定

《劳动法》第二十六条规定：“有下列情形之一的，用人单位可以解除劳动合同，但是应当提前三十日以书面形式通知劳动者本人：（一）劳动者患病或者非因工负伤，医疗期满后，不能从事原工作也不能从事由用人单位另行安排的工作的；（二）劳动者不能胜任工作，经过培训或者调整工作岗位，仍不能胜任工作的；（三）劳动合同订立时所依据的客观情况发生重大变化，致使原劳动合同无法履行，经当事人协商不能就变更劳动合同达成协议的。”无过错解除是指劳动者本是无过错，只是履行劳动合同的客观条件发生了变化，使得劳动合同不能继续存续从而解除的情形。法律对无过错解除还规定了预告期限，即用人单位需提前30天书面通知劳动者。因此，从程序要件上看，无过错解除也可称之为预告解除。需要强调的是，上述情形的出现需要用人单位进行举证。

2.《劳动合同法》的相关规定

《劳动合同法》第四十条规定：“有下列情形之一的，用人单位提前三十日以书面形式通知劳动者本人或者额外支付劳动者一个月工资后，可以解除劳动合同：（一）劳动者患病或者非因工负伤，在规定的医疗期满后不能从事原工作，也不能从事由用人单位另行安排的工作的；（二）劳动者不能胜任工作，经过培训或者调整工作岗位，仍不能胜任工作的；（三）劳动合同订立时所依据的客观情况发生重大变化，致使劳动合同无法履行，经用人单位与劳动者协商，未能就变更劳动合同内容达成协议的。”由此可见，《劳动合同法》从三方面对无过错解除进行了规定，主要是从实质要件和程序要件上进行规定，大致与《劳动法》第二十六条的规定基本相同，但在程序要件的规定中，除《劳动法》规定的用人单位需提前30天书面通知劳动者本人外，新增了用人单位可以通过支付一个月工资的方式来代替30天提前通知，即代通知金。

对无过错解雇的禁止事项，《劳动合同法》第四十二条对《劳动法》第二十九条进行了补充规定，新增了用人单位不得对劳动者进行无过错解除的情形，主要是针对“三期”女职工、因工负伤劳动者、特殊作业劳动者和疑似病职业劳动者的有关规定。

“劳动者患病或者非因工负伤，在规定的医疗期满后不能从事原工作，也不能从事由用人单位另行安排的工作的”，根据原劳动部颁发的《企业职工患病或非因工负伤医疗期规定》第二条的规定，“医疗期是指企业职工因患病或非因工负伤停止工作治病休息不得解除劳动合同的时限”。这里的“医疗期”，是指劳动者根据其工龄等条件，依法可以享受的停工医疗并发给病假工资的期间，而不是劳动者病伤治愈实际需要的医疗期。劳动者患病或者非因工负伤，有权在医疗期内进行治疗和休息，不从事劳动。但在医疗期满后，劳动者就有义务进行劳动。如果劳动者由于身体健康原因不能胜任工作，用人单位有义务为其调动岗位，选择他力所能及的岗位从事工作。如果劳动者对用人单位重新安排的工作也无法完成，说明劳动者履行合同不能，用人单位需提前30日以书面形式通知其本人或额外支付劳动者一个月工资后，方可解除劳动合同。以便劳动者在心理上和时间上为重新就业做准备。

“劳动者不能胜任工作，经过培训或者调整工作岗位，仍不能胜任工作的”，这里所谓“不能胜任工作”，是指不能按要求完成劳动合同中约定的任务或者同工种、同岗位人员的工作量。但用人单位不得故意提高定额标准，使劳动者无法完成。劳动者没有具备从事某项工作的能力，不能完成某一岗位的工作任务，这时用人单位可以对其进行职业培训，提高其职业技能，也可以将其调换到能够胜任的工作岗位上，这是用人单位负有的协助劳动者适应岗位的义务。如果用人单位尽了这些义务，劳动者仍然不能胜任工作，说明劳动者不具备在该用人单位工作的职业能力，用人单位可以在提前30日书面通知的前提下，解除与该劳动者的劳动合同。需要注意的是，用人单位不能随意调动劳动者工作岗位或提高工作强度，借口劳动者不能胜任工作而解除劳动合同。

“劳动合同订立时所依据的客观情况发生重大变化，致使劳动合同无法履行，经用人单位与劳动者协商，未能就变更劳动合同内容达成协议的”，本项规定是情势变更原则在劳动合同中的体现。这里的“客观情况”是指履行原劳动合同所必要的客观条件，因不可抗力或出现致使劳动合同全部或部分条款无法履行的其他情况，如自然灾害、企业迁移、企业被兼并、企业资产转移等，使原劳动合同不能履行或不必要履行。发生上述情况时，为了使劳动合同能够得到继续履行，必须根据变化后的客观情况，由双方当事人对劳动合同进行协商变更，直到达成一致意见。如果劳动者不同意变更劳动合同，原劳动合同所确立的劳动关系也没有存续的必要，在这种情况下，用人单位也只有解除劳动合同。此外，根据《劳动合同法》的相关规定，用人单位因劳动者的非过失性原因而解除劳动合同的，还应当给予劳动者相应的经济补偿。

案例 17　规章制度未经民主程序不得作为解除依据

案情简介

张某于 2011 年 6 月 1 日进入某酒店工作，从事前台工作。酒店与张某约定工资为 2680 元/月，公司没有和张某签订书面劳动合同，也没有给张某购买社会保险。2015 年 5 月 20 日，酒店以张某违反用人单位规章制度为由，将其辞退，并给她发放了《解除劳动合同通知书》。张某于 2015 年 5 月 20 日到劳动监察大队进行举报，劳动监察部门进行了调解，但是经调解无法达成一致意见。张某遂向劳动争议仲裁委员会申请劳动仲裁，要求酒店支付违法解除劳动合同的赔偿金。

裁判结果

仲裁委进行了开庭审理，庭审中酒店承认其规章制度没有经过民主程序讨论，而是由其人力资源部制定的。在下发到各部门后，也未组织员工进行学习。仲裁委依法认定酒店属于违法解除劳动合同，应该支付张某赔偿金。双方均未向法院提起诉讼。

律师分析

一、酒店的行为属于违法解除劳动关系

第一，酒店的规章制度不符合《劳动合同法》第四条的规定。

《劳动合同法》第四条规定，用人单位应当依法建立和完善劳动规章制

度，保障劳动者享有劳动权利、履行劳动义务。用人单位在制定、修改或者决定有关劳动报酬、工作时间、休息休假、劳动安全卫生、保险福利、职工培训、劳动纪律以及劳动定额管理等直接涉及劳动者切身利益的规章制度或者重大事项时，应当经职工代表大会或者全体职工讨论，提出方案和意见，与工会或者职工代表平等协商确定。在规章制度和重大事项决定实施过程中，工会或者职工认为不适当的，有权向用人单位提出，通过协商予以修改完善。用人单位应当将直接涉及劳动者切身利益的规章制度和重大事项决定公示，或者告知劳动者。

根据《劳动合同法》的规定，用人单位根据该法第四条的规定制定的合法、有效的规章制度才能适用于劳动者。但是，本案例中酒店单位的规章制度系用人单位单方制定，没有经过职工代表大会或全体职工的讨论，没有与工会或职工代表协商确定的过程，也不曾进行过公示和告知，张某进入单位以来从未见过单位有关这方面的规章制度，酒店以一纸未曾公示、不为张某所知的规章作为依据辞退张某的行为严重侵害了劳动者的合法权益。因此，酒店的规章制度不符合《劳动合同法》的规定，酒店以张某违反其规章制度为由辞退张某系违法解除劳动关系，应该承担相应责任。

第二，张某的行为不符合“严重违反用人单位规章制度”。

酒店以《劳动合同法》第三十九条第二款的规定“严重违反用人单位的规章制度的”为由解除与张某的劳动关系。但事实上，张某的行为并不符合这条规定。张某当时的工作环境和工作状态均与周围其他同事相同，且这种工作状态是周围其他同事长期维持的一种状态，甚至是单位默认许可的一种现象，因为单位领导曾经目睹过这些现象但是均默认许可。长久以来，单位的运行也并没有因为这种状态而受到影响。同时，张某从事的工作系酒店的前台，张某是在完成了自己的工作任务以后才进行了适度的放松娱乐活动，劳逸结合才能更好地完成工作，张某的行为没有耽误到其本职工作，并没有给单位造成任何损失，因此可以认定这种行为的性质并未达到“严重”的程度。而根据《劳动合同法》的规定，劳动者只有在严重违反用人单位的规章制度时，用人单位才能单方解除劳动关系。

同时，用人单位在没有任何警告的情况下直接辞退张某，没有给张某改正的机会，也没有与张某进行沟通疏导，而是强行运用自己在劳动关系中的强势地位辞退张某，这是极其不公平的，不符合《劳动法》保护劳动者权益的精神。

第三，酒店辞退张某的行为违反《工会法》和《劳动合同法》的规定。

《工会法》第二十一条第二款规定：企业单方面解除职工劳动合同时，应当事先将理由通知工会，工会认为企业违反法律、法规和有关合同，要求重新研究处理时，企业应当研究工会的意见，并将处理结果书面通知工会。《劳动合同法》第四十三条规定：用人单位单方解除劳动合同，应当事先将理由通知工会。用人单位违反法律、行政法规规定或者劳动合同约定的，工会有权要求用人单位纠正。用人单位应当研究工会的意见，并将处理结果书面通知工会。

根据《工会法》和《劳动合同法》的规定，用人单位单方解除劳动合同，应当事先将理由通知工会。而酒店直接将张某辞退而未通知工会的行为违反了法律规定，属于违法解除劳动关系。

二、酒店违法解除与张某的劳动关系，依法应当支付赔偿金

《劳动合同法》第四十七条规定，经济补偿按劳动者在本单位工作的年限，每满一年支付一个月工资的标准向劳动者支付。六个月以上不满一年的，按一年计算；不满六个月的，向劳动者支付半个月工资的经济补偿。第四十八条规定，用人单位违反本法规定解除或者终止劳动合同，劳动者要求继续履行劳动合同的，用人单位应当继续履行；劳动者不要求继续履行劳动合同或者劳动合同已经不能继续履行的，用人单位应当依照本法第八十七条规定支付赔偿金。第八十七条规定，用人单位违反本法规定解除或者终止劳动合同的，应当依照本法第四十七条规定的经济补偿标准的二倍向劳动者支付赔偿金。因此，酒店依法应当向张某支付违法解除劳动关系赔偿金。

实务指南

在事实劳动关系中，企业如果无故解除劳动合同，应该按照规定支付赔偿金，在这种情况下，劳动者维权应该注意哪些问题呢？

第一，要证明存在事实劳动关系。在发生争议的时候，要注意收集工资单、考勤表、工作证、报销单据等来证明劳动者确实和用人单位存在劳动关系。

第二，面对用人单位违反规章制度解除劳动合同时，要注意以下几点内容：一是规章制度的制定是否经过民主程序；二是规章制度的内容是否合理

合法；三是用人单位是否组织劳动者学习规章制度，劳动者本人是否清楚规章制度的具体内容；四是单位是否有工会组织，用人单位在解除劳动合同之前是否通知工会组织。

第三，取得用人单位单方终止劳动关系的证据，如单位的书面解除劳动关系通知书、谈话记录（电话、短信、微信等聊天记录）、证人证言、用人单位的发文、人力资源部的邮件等。

第四，取得上述证据以后，劳动者可以向当地的劳动监察部门进行举报，通过劳动监察部门的调查，来确认用人单位违法解除劳动关系的事实。可以要求劳动监察部门组织调解，如果调解不能够解决问题，可以申请劳动仲裁。

关联法规

《劳动合同法》

第四条 用人单位应当依法建立和完善劳动规章制度，保障劳动者享有劳动权利、履行劳动义务。

用人单位在制定、修改或者决定有关劳动报酬、工作时间、休息休假、劳动安全卫生、保险福利、职工培训、劳动纪律以及劳动定额管理等直接涉及劳动者切身利益的规章制度或者重大事项时，应当经职工代表大会或者全体职工讨论，提出方案和意见，与工会或者职工代表平等协商确定。

在规章制度和重大事项决定实施过程中，工会或者职工认为不适当的，有权向用人单位提出，通过协商予以修改完善……

第四十三条 用人单位单方解除劳动合同，应当事先将理由通知工会。用人单位违反法律、行政法规规定或者劳动合同约定的，工会有权要求用人单位纠正。用人单位应当研究工会的意见，并将处理结果书面通知工会。

案例18 用人单位未能举证职工严重违反规章制度需赔偿

案情简介

冯某自2005年12月20日进入某饮料有限公司工作，任高级业务代表一职，其间该公司将名称由“广东某饮料食品有限公司”变更为“某某（中国）饮料有限公司”，双方订立了劳动合同，且用人单位为冯某购买了社会保险。2014 年 9 月 1 日，公司虚构了冯某有低价冲货的违规行为，并且根据《营销部奖惩管理办法》《冲货管理制度》的规定，解除了与冯某的劳动合同，并拖欠了冯某 2014 年 8 月的绩效工资。为维护自己的合法权益，冯某向仲裁委申请了劳动仲裁，要求公司支付违法解除劳动合同的赔偿金。

裁判结果

仲裁委进行了开庭审理，认为公司并没有证据证明冯某的行为严重违反了公司规章制度，因此，公司属于违法解除劳动合同，应该支付冯某经济赔偿金。双方均未向法院提起诉讼。

律师分析

本案的焦点有二：一是冯某是否有低价冲货行为，是否严重违反了用人单位的规章制度；二是用人单位是否对解除劳动合同所依据的规章制度进行了充分公示，解除的程序是否合法。

《最高人民法院关于审理劳动争议案件适用法律若干问题的解释》第十三条规定：因用人单位作出的开除、除名、辞退、解除劳动合同、减少劳动报酬、计算劳动者工作年限等决定而发生的劳动争议，用人单位负举证责任。该规定要求用人单位对解除劳动合同的合法性进行举证，其举证责任在用人单位，而不是在劳动者。本案中冯某提供了一份录音证据，通过与案件有关的几方当事人在电话中的叙述证明冯某并未参与也并不知晓用人单位其他员工的低价冲货行为，因而也未违反用人单位的规章制度。

《劳动合同法》第四条、《最高人民法院关于审理劳动争议案件适用法律若干问题的解释》第十九条都对公司规章制度的适用条件作出了规定。适用公司规章制度的条件有三：一是不违反国家法律法规，二是通过民主程序制定，三是已经向劳动者公示。用人单位解除劳动合同所依据的管理规定是否经由民主程序制定不得而知，需要由用人单位举证证明。合法的解除劳动关系不仅要求实体上合法，还要求程序上合法。用人单位未通知工会，使得工会对用人单位的违法行为无法进行有效的监督，是一种程序违法行为，直接影响整个解除劳动合同的合法性。

本案中，从证据“劳动合同”可以看出，用人单位解除劳动合同所依据的《冲货管理制度》并未作为劳动合同的附件，而用人单位提供的制度公告照片无法反映公示的时间、地点，无法证明用人单位制度经过充分的公示，并已经通知到冯某。用人单位提供了《员工手册》及《营销部奖惩管理办法》的培训出勤记录，这说明用人单位有完善的培训记录制度，而本案中，用人单位恰恰不能提供《冲货管理制度》的培训出勤记录表，说明用人单位没有对该制度进行公示，该制度对冯某是不具有效力的。通过《离职/调动手续办理表及移交清单》《奖惩通知书》和《解除劳动合同证明》这三份证据来看，用人单位单方解除劳动合同，也没有将理由通知给该公司工会。

因此，仲裁委认为公司属于违法解除劳动合同，应该支付冯某赔偿金。

实务指南

如果用人单位的规章制度经过民主程序制定，在这种情况下，用人单位以“劳动者严重违反规章制度”解除劳动合同，那么劳动者应该注意哪些法律要点呢？

1. 用人单位对员工严重违反规章制度而解除劳动合同负举证责任

根据《最高人民法院关于审理劳动争议案件适用法律若干问题的解释》第十三条的规定，因用人单位作出的开除、除名、辞退、解除劳动合同、减少劳动报酬、计算劳动者工作年限等决定而发生的劳动争议，用人单位负举证责任。

2. 如何确定严重违反规章制度

违反规章制度是否严重，应当由用人单位来判断，应该符合本单位员工的判断。劳动者应该重点关注规章制度的内容，内容应合法、符合常理。尤其对于严重违反用人单位规章制度而除名的内容的规定更是如此，除名应该属于严重违反单位规章制度的处罚措施，也只有在违反规章制度属于严重的情况下才可以除名。而何为严重是不是可以由用人单位自行随意解释？答案是否定的。严重的评判标准，应在客观、公正的法律框架内来判定，而绝非由用人单位随意解释并强加在劳动者身上。用人单位在制定制度时，对于哪些行为属于一般违纪，哪些行为属于严重违纪，哪些严重违纪行为应开除并不予支付经济补偿等不能随意作出规定。

3. 关注用人单位的举证内容

用人单位在举证时，劳动者要重点关注证据内容是否存在以下几种情形：

(1) 规章制度不健全或根本没有规章制度;(2) 虽有规章制度，但规章制度内容不合法;(3) 规章制度内容虽合法，却不经民主程序制定;(4) 规章制度内容虽合法，也经民主程序制定，但没有向员工进行公示。

关联法规

《劳动争议调解仲裁法》

第六条 发生劳动争议，当事人对自己提出的主张，有责任提供证据。与争议事项有关的证据属于用人单位掌握管理的，用人单位应当提供;用人单位不提供的，应当承担不利后果。

《劳动合同法》

第四条 用人单位应当依法建立和完善劳动规章制度，保障劳动者享有劳动权利、履行劳动义务。用人单位在制定、修改或者决定有关劳动报酬、工作时间、休息休假、劳动安全卫生、保险福利、职工培训、劳动纪律以及劳动定额管理等直接涉及劳动者切身利益的规章制度或者重大事项时，应当经职工代表大会或者全体职工讨论，提出方案和意见，与工会或者职工代表平等协商确定。在规章制度和重大事项决定实施过程中，工会或者职工认为不适当的，有权向用人单位提出，通过协商予以修改完善。用人单位应当将直接涉及劳动者切身利益的规章制度和重大事项决定公示，或者告知劳动者。

《最高人民法院关于审理劳动争议案件适用法律若干问题的解释》

第十三条 因用人单位作出的开除、除名、辞退、解除劳动合同、减少劳动报酬、计算劳动者工作年限等决定而发生的劳动争议，用人单位负举证责任。

案例 19　职工考核中居于末位等次，不等同于“不能胜任工作”

案情简介

2005 年 7 月，王某进入某通讯有限责任公司工作，劳动合同约定王某从事销售工作，基本工资每月 3840 元。该公司的《员工绩效管理办法》规定：员工半年、年度绩效考核分别为 S、A、C1、C2 四个等级，分别代表优秀、良好、价值观不符、业绩待改进，S、A、C（C1、C2）等级的比例分别为20%、70%、10%，不胜任工作原则上考核为C2。王某原在该公司分销科从事销售工作，2009年1月因分销科解散等原因，转岗至华东区从事销售工作。2008年下半年、2009年上半年及2010年下半年，王某的考核结果均为C2。公司认为，王某不能胜任工作，经转岗后，仍不能胜任工作，故在支付了部分经济补偿的情况下解除了公司与王某的劳动合同。

2011年7月27日，王某提起劳动仲裁。同年10月8日，仲裁庭作出裁决：公司支付王某违法解除劳动合同的赔偿金余额36596.28元。公司认为其不存在违法解除劳动合同的行为，并于同年11月1日诉至法院，请求判令不予支付解除劳动合同赔偿金余额。

裁判结果

法院于2011年12月6日作出判决：某通讯（杭州）有限责任公司于判决生效之日起15日内一次性支付公司违法解除王某劳动合同的赔偿金余额36596.28元。宣判后，双方均未上诉，判决发生法律效力。

律师分析

为了保护劳动者的合法权益，构建和发展和谐稳定的劳动关系，《劳动法》《劳动合同法》对用人单位单方解除劳动合同的条件进行了明确限定。

本案中，公司以王某不胜任工作，经转岗后仍不胜任工作为由，解除劳动合同，对此应负举证责任。根据《员工绩效管理办法》的规定，C（C1、C2）考核等级的比例为10%，虽然王某曾经考核结果为C2，但是C2等级并不完全等同于“不能胜任工作”，公司仅凭该考核结果，不能证明劳动者不能胜任工作，不符合据此单方解除劳动合同的法定条件。虽然王某2009年1月从分销科转岗，但是转岗前后均从事销售工作，并存在分销科解散导致王某转岗这一根本原因，故不能证明王某系因不能胜任工作而转岗。

因此，公司主张王某不胜任工作，经转岗后仍然不胜任工作的依据不足，存在违法解除劳动合同的情形，应当依法向王某支付违法解除劳动合同的赔偿金。

实务指南

1. “考核中居于末位等次”不等同于“不能胜任工作”

有的用人单位在与劳动者订立书面劳动合同的时候，把“业绩考核成绩中排到末位”约定为劳动合同终止的条件。对于“末位淘汰”的合法性，我国法律并没有作出明确的规定，但是劳动者应该明确的是，“考核中居于末位等次”不等同于“不能胜任工作”。

根据《劳动合同法》第四十条的规定，劳动者不能胜任工作，经过培训或者调整工作岗位，仍不能胜任工作的，用人单位提前30日以书面形式通知劳动者本人或者额外支付劳动者一个月工资后，可以解除劳动合同。从该条的规定来看，用人单位如以不能胜任工作为由与劳动者解除合同，需满足四个要件：一是劳动者不能胜任工作；二是劳动者要经过培训或者调整工作岗位；三是经过培训或者调整工作岗位仍然不能胜任工作；四是程序上，要依法提前30日通知劳动者本人或者额外支付一个月的工资。四个要件缺一不可，否则都有可能造成违法解除劳动合同。

2. 不能胜任工作解除劳动合同，依然要支付经济补偿

如果用人单位解除劳动合同符合上述四个条件，提醒劳动者的是，用人单位还应该支付经济补偿。《劳动合同法》第四十六条规定，用人单位依照《劳动合同法》第四十条规定解除劳动合同的，用人单位应当向劳动者支付经济补偿。即劳动者不能胜任工作，经过培训或者调整工作岗位，仍不能胜任工作的，用人单位提前30日以书面形式通知劳动者本人或者额外支付劳动者一个月工资后，可以解除劳动合同，同时用人单位还应该向劳动者支付经济补偿。

关联法规

《劳动合同法》

第四十条 有下列情形之一的，用人单位提前三十日以书面形式通知劳动者本人或者额外支付劳动者一个月工资后，可以解除劳动合同：

（一）劳动者患病或者非因工负伤，在规定的医疗期满后不能从事原工作，也不能从事由用人单位另行安排的工作的；

（二）劳动者不能胜任工作，经过培训或者调整工作岗位，仍不能胜任工作的；

（三）劳动合同订立时所依据的客观情况发生重大变化，致使劳动合同无法履行，经用人单位与劳动者协商，未能就变更劳动合同内容达成协议的。

第四十六条 有下列情形之一的，用人单位应当向劳动者支付经济补偿：

（一）劳动者依照本法第三十八条规定解除劳动合同的；

（二）用人单位依照本法第三十六条规定向劳动者提出解除劳动合同并与劳动者协商一致解除劳动合同的；

（三）用人单位依照本法第四十条规定解除劳动合同的；

（四）用人单位依照本法第四十一条第一款规定解除劳动合同的；

（五）除用人单位维持或者提高劳动合同约定条件续订劳动合同，劳动者不同意续订的情形外，依照本法第四十四条第一项规定终止固定期限劳动合同的；

（六）依照本法第四十四条第四项、第五项规定终止劳动合同的；

（七）法律、行政法规规定的其他情形。

案例20 用人单位可否辞退正在哺乳期的女职工

案情简介

李某于2008年11月3日起与某服装销售公司建立劳动合同关系，职务为“采购专员”“管理员”等，双方的劳动合同一直连续延伸到2013年6月30日止。2013年4月18日，李某分娩并处于哺乳期间，依照法律规定处于哺乳期间的女职工劳动合同自然延续到哺乳期结束为止。但该服装销售公司为达到提前解除劳动合同的目的，先是降低李某在生产、哺乳期间三个月的工资，在2013年5月18日又以李某“连续旷工三日以上，已严重违反公司规章制度”为借口，对李某予以免职处分，并限期办理离职手续，尚欠的18天工资也拒不发放。李某为此向劳动人事争议仲裁委员会提出劳动仲裁，但不满意劳动仲裁的结果，此后，李某向人民法院提起诉讼。

裁判结果

法院对本案进行了开庭审理，认为从某服装公司提供的电子邮件、会议纪要、证人证言、考勤记录，以及证人出庭作证的情况来看，上述证据均是公司单方面的意思表示，并没有李某严重违反公司规章制度的直接证据，故法院对公司主张李某存在严重违反公司规章制度的情形不予采信。公司在女职工孕期、产期、哺乳期内擅自解除劳动合同，违反法律规定，理应根据相关劳动法律的规定向劳动者支付赔偿金。

律师分析

本案焦点是女职工特殊劳动保护权利与用人单位经营自主权之间如何达到利益平衡的问题。

对女职工实行特殊劳动保护，现已成为世界各国的立法通例。女职工的特殊劳动保护内容一般包括女职工在特殊生理时期的劳动强度限制及假期的保护等，而对处于孕期、产期、哺乳期（以下简称“三期”）的女职工还有一项重要的保护内容，即用人单位不得与处于“三期”的女职工解除劳动合同。《劳动合同法》第四十二条的规定即为此项保护内容的重要践行。

但是，用人单位是否在任何情况下都不得单方与“三期”女职工解除劳动合同呢？根据《劳动合同法》第三十九条的规定：“劳动者有下列情形之一的，用人单位可以解除劳动合同：（一）在试用期间被证明不符合录用条件的；（二）严重违反用人单位的规章制度的；（三）严重失职，营私舞弊，给用人单位的利益造成重大损害的；（四）劳动者同时与其他用人单位建立劳动关系，对完成本单位的工作任务造成严重影响，或者经用人单位提出，拒不改正的；（五）因本法第二十六条第一款第一项规定的情形致使劳动合同无效的；（六）被依法追究刑事责任的。”

用人单位依据此条单方解除劳动合同通常称为过失性辞退，用人单位可以依据此条规定合法解除劳动合同，且无须支付职工经济补偿。也就是说，如果“三期”女职工存在《劳动合同法》第三十九条规定的某一种“过失”，用人单位还是可以与其解除劳动关系的。对用人单位作出的辞退决定，在举证责任上采举证责任倒置规则，即由用人单位证明劳动者具备辞退的法定事由且程序符合法定规定。

本案中，从某服装销售公司提供的电子邮件、会议纪要、证人证言、考勤记录，以及证人出庭作证的情况来看，上述证据均是公司单方面的意思表示，并没有李某严重违反公司规章制度的直接证据，因此，其在李某哺乳期内与其解除劳动合同，是违反法律规定的，应该支付违法解除劳动合同的经济赔偿金。

实务指南

用人单位过失性辞退“三期”女职工须符合哪些条件，成为司法实践中如何实现《劳动合同法》第四十二条规定体现的对女职工特殊劳动保护立法初衷的关键。过失性辞退哺乳期女职工应符合以下条件。

第一，实质要件。法律赋予用人单位合法单方辞退职工的权利，系对其自主管理经营权的保护，也是对具有过失的职工的一种惩罚，且对职工的过失程度要求较高。法律对此没有作出规定，应综合案件情况作出认定。对此，《国营企业辞退违纪职工暂行规定》《企业职工奖惩条例》虽然已失效，但它们关于职工重大过失的规定可资借鉴，作为职工是否严重违反公司规章制度的实质考查标准。

第二，形式要件。即用人单位合法单方过失性辞退职工必须符合法定程序，具体包括：①书面通知工会；②报企业主管部门和当地劳动人事部门备案；③书面通知劳动者本人，且企业应制作书面决定。企业单方强制解除劳动合同直接关系到职工的切身利益，因此，企业应制作书面决定，并在处分决定书上写明：如对本决定不服的，应在60日内向当地劳动人事争议仲裁委员会申诉。

用人单位单方过失性辞退职工需要同时符合上述实体要件和程序要件，缺一不可，否则即为违法解除。

关联法规

《劳动合同法》

第三十九条 劳动者有下列情形之一的，用人单位可以解除劳动合同：

（一）在试用期间被证明不符合录用条件的；

（二）严重违反用人单位的规章制度的；

（三）严重失职，营私舞弊，给用人单位造成重大损害的；

（四）劳动者同时与其他用人单位建立劳动关系，对完成本单位的工作任务造成严重影响，或者经用人单位提出，拒不改正的；

（五）因本法第二十六条第一款第一项规定的情形致使劳动合同无效的；

（六）被依法追究刑事责任的。

《女职工劳动保护特别规定》

第五条 用人单位不得因女职工怀孕、生育、哺乳降低其工资、予以辞退、与其解除劳动或者聘用合同。

案例 21 怀孕女职工请假程序不符合规定，单位能否解除劳动关系

案情简介

2008 年 9 月 24 日，胡某进入某广告公司工作，双方签订的劳动合同期限为 2008 年 9 月 24 日至 2011 年 12 月 31 日，胡某从事的会计工作，工资为 850 元/月。广告公司的员工手册明确规定：若遇急病或紧急事情需本人亲自处理的，可直接给主管打电话说明情况；在电话也无法通知的情况下，可委托同事向主管请假，事后补办请假手续。员工连续旷工三天视为自行辞职，公司不予支付任何补偿金，不到公司办理离职手续者，公司拒绝发放当月未结算的薪资。

2009 年 2 月 16 日，胡某被确诊怀孕，曾向公司请假，公司亦准过假。3 月 2 日，胡某因感冒去医院就诊，医生建议休息 3 天。3 月 5 日，胡某到医院复查，医生建议休息 3 天。3 月 9 日，医生建议休息一周。在此期间，2009 年 3 月 5 日，胡某的丈夫打电话给公司部门主管，电话未通，后用短信向公司部门主管请假，但没有得到部门主管的回复，之后也没有到公司办理请假手续或补办请假手续。

2009 年 3 月 10 日，公司出具了解除劳动合同通知书，称即日起正式解除与胡某的劳动关系，且不支付任何经济补偿。胡某向劳动人事仲裁委员会申请劳动仲裁，后对仲裁裁决不服，向人民法院提起诉讼。

裁判结果

苏州市相城区人民法院依法开庭审理后，作出〔2009〕相民一初字第 1644 号民事判决书，判决：①被告广告公司应支付胡某工资 3908 元；②驳回胡某其他所有诉讼请求。

判决作出后，胡某向苏州市中级人民法院提起上诉。苏州市中级人民法

院开庭审理后，作出〔2010〕苏中民终字第 0170 号民事判决书，判决：①撤销原审民事判决第一项；②维持原审民事判决第二项；③撤销广告公司作出的解除劳动关系的决定；④广告公司于本判决生效后十日内支付胡某劳动争议期间工资 9918. 83 元；⑤广告公司与胡某的劳动合同于 2010 年 4 月 1 日解除；⑥驳回胡某的其他诉讼请求。

律师分析

本案的争议焦点为，胡某在通过其丈夫向公司打电话请假电话未通的情况下，向其主管发送短信息请假，在未得到主管回应的情况下，直接未去公司上班，是否构成旷工？公司据此直接解除与胡某的劳动合同的决定是否合法？

从本案的事实来看，胡某当时属怀孕时期，且根据医生开具的医事证明书，胡某该段期间的确需要休息。胡某在向公司打电话请假电话未通的情况下，由其丈夫向其主管发送短信请假，在未得到主管回应的情况下，直接未去公司上班的行为，确实不符合公司员工守则的规定。但是，公司在明知胡某怀孕的情形下，即使其主管未收到胡某丈夫发来的请假短信，也应当向胡某了解其缺勤的缘由，并给予其辩解的机会，之后再作出对胡某如何处分的决定，而不应在未履行听取辩解的程序性义务前，直接作出解除劳动合同的决定。因此，公司解除与胡某劳动合同的程序存在瑕疵，其解除劳动合同行为违法，应当予以撤销。

由于胡某在二审中的 2010 年 4 月 1 日明确表示不要求继续履行劳动合同，故应该认定双方的劳动合同在 2010 年 4 月 1 日因胡某的主动请求而解除。广告公司应当支付劳动争议期间（自 2009 年 3 月 11 日至 2010 年 3 月 31 日）的工资，标准按照劳动合同所约定的 850 元/月计算，经计算为 9918. 83 元。

实务指南

国家对女职工进行特殊保护，对处于孕期、产期、哺乳期的女职工，在工作条件、劳动强度、夜班工作、劳动时间、休息时间、工资待遇等各方面都做了详细的规定。但是女职工在这种情况下，也应该遵守单位的规章制度，按照相关的规定行事，以免发生劳动争议。那么，劳动者在请病假时应该注意哪些要点呢？

1. 严格按照用人单位的规章制度或者员工手册履行请假手续

劳动者如果因为生病请假，只要是严格按照用人单位的请假手续进行，一般不会引发争议。但是有时劳动者因为突发事件生病需要请病假，这个时候往往来不及按照用人单位的程序进行请假审批。在这种情况下，建议劳动者可以让自己的亲属向用人单位提交请假手续、补交病假证明，也可以通过微信、QQ、电子邮件先向用人单位提交照片，事件结束以后再提交请假材料。在司法实践中，法院对于这种情况，倾向于认定劳动者已经合理地履行了请假手续。

2. 保存好完整的病假证明

劳动者因病请假，往往会有就诊医院出具的病情证明或者病假证明，由具有执业资格的医生根据劳动者的病情状况确定病假的时间长短，并且签字确认，劳动者要及时向用人单位提交材料。同时也要提醒劳动者，在向用人单位提交病假证明时，最好自己保存好复印件或者扫描件，以免发生劳动争议以后，没有相关的证据予以证明，导致自己要承担不利后果。

关联法规

《女职工劳动保护特别规定》

第五条 用人单位不得因女职工怀孕、生育、哺乳降低其工资、予以辞退、与其解除劳动或者聘用合同。

第二节　劳动者解除劳动关系

我国《劳动合同法》于2008年1月1日起正式施行，在此之前，调整劳动关系的法律主要是1994年制定的《劳动法》，随着中国社会的快速发展和转型，《劳动法》显露出越来越多的缺陷和不足，用人单位在劳动关系中占据过分强大的地位，劳动者的合法权益屡遭损害，由此导致了诸多社会问题的产生。在这个大背景下，《劳动合同法》便应运而生，《劳动合同法》对包括劳动者单方解除权在内的各种制度进行明确规范，对劳动者权利的保护起到了积极的作用。劳动者单方解除权作为一种合同解除权，在法律性质上属于形成权，无须用人单位的同意，劳动者单方即可决定解除劳动关系，恢复“自由身”。鉴于目前我国劳动力市场供大于求的基本状况，为了保护相对较为弱势的劳动者的合法权益不被强势用人单位所侵害，法律赋予了劳动者依法享有单方解除劳动合同的权利，这具有极为重要的意义。

（一）《劳动法》上的相关规定

1. 预告解除

劳动者单方预告解除劳动合同指的是劳动关系宣告结束需要经过一定时间，劳动者在一定时间之前就作出解除劳动合同的意思表示，向用人单位提前预告，预告时间达到后劳动关系才能结束。它以劳动者单方意思表示为构成要件，不需要用人单位的同意，除此之外，劳动者单方预告解除劳动合同还具有以下法律特征。

首先，附期限性。这要求劳动者必须在法定预告期内以法定方式向用人单位提出解除劳动合同的意思表示，才能解除劳动合同。其次，要式性。它是一种要式法律行为，即必须采取一定形式或履行一定程序才可成立的法律行为。纵观世界各国的相关立法，皆规定书面通知是劳动者单方预告解除劳动合同的法定方式，并需经过法定的预告期，才会发生解除劳动合同的法律效果。最后，多适用于相对方即用人单位没有过错的情形。由于单方解除劳动合同影响着劳动关系的稳定性，所以即使遵循相关法律规定，也要在用人单位存在过错的情况下才可赋予劳动者这项权利，这样才能防止用人单位的正当权益遭到非法侵害。《劳动法》第三十一条规定：“劳动者解除劳动合同，应当提前三十日以书面形式通知用人单位。”

2. 即时解除

劳动者单方即时解除劳动合同指的是劳动者通知用人单位解除劳动合同的同时即发生解除劳动合同的法律效果的法律行为。它主要具有以下法律特征：一方面，它是一种附法定条件的法律行为。另一方面，它是一种处分行为，也就是说，法律虽然赋予了劳动者此项权利，但是行使与否完全取决于劳动者自己的意愿。《劳动法》第三十二条规定：“有下列情形之一的，劳动者可以随时通知用人单位解除劳动合同：（一）在试用期内的；（二）用人单位以暴力、威胁或者非法限制人身自由的手段强迫劳动的；（三）用人单位未按照劳动合同约定支付劳动报酬或者提供劳动条件的。”

（二）《劳动合同法》上的相关规定

1. 预告解除

《劳动合同法》第三十七条规定："劳动者提前三十日以书面形式通知用人单位，可以解除劳动合同。劳动者在试用期内提前三日通知用人单位，可以解除劳动合同。"

"劳动者提前三十日"，劳动合同的解除预告期是各国劳动立法的通行做法。劳动者在享有解除劳动合同自主权的同时，也应当遵守解除合同预告期，提前30天通知用人单位。也就是说，劳动者在书面通知用人单位后还应继续工作至少30天，这样便于用人单位及时安排人员接替其工作，保持劳动过程的连续性，确保正常的工作秩序，避免因解除劳动合同影响企业的生产经营活动，给用人单位造成不必要的损失。同时，这样也使劳动者解除劳动合同合法化。否则，将会构成违法解除劳动合同，并可能承担赔偿责任。

"以书面形式通知用人单位"，无论是劳动者还是用人单位在解除劳动合同时，都必须以书面形式告知对方。因为这一时间的确定直接关系解除预告期的起算时间，也关系劳动者的工资等利益，所以必须采用慎重的方式来表达。

"劳动者在试用期内提前三日通知用人单位，可以解除劳动合同"，本条还对劳动者在试用期内与用人单位解除劳动合同作了规定。试用期既是用人单位对新招收职工各方面的情况进行考察的期限，看劳动者是否具备录用条件，也是新招收职工用以考察用人单位的劳动条件、劳动报酬是否符合劳动合同规定的选择期限。在试用期内，劳动者与用人单位的劳动关系处于一种不确定状态，劳动者对是否与用人单位建立正式的劳动关系仍有选择的权利。为此，劳动者在试用期内，发现用人单位的实际情况与订立劳动合同时所介绍的实际情况不相符合，或者发现自己不适于从事该工种工作，以及存在其他不能履行劳动合同的情况，劳动者无须任何理由，可以通知用人单位予以解除劳动合同。但应提前三天通知用人单位，以便用人单位安排人员接替其工作。

2. 即时解除

《劳动合同法》第三十八条规定："用人单位有下列情形之一的，劳动者可以解除劳动合同：（一）未按照劳动合同约定提供劳动保护或者劳动条件的；（二）未及时足额支付劳动报酬的；（三）未依法为劳动者缴纳社会保险费的；（四）用人单位的规章制度违反法律、法规的规定，损害劳动者权益的；（五）因本法第二十六条第一款规定的情形致使劳动合同无效的；（六）法律、行政法规规定劳动者可以解除劳动合同的其他情形。用人单位以暴力、威胁或者非法限制人身自由的手段强迫劳动者劳动的，或者用人单位违章指挥、强令冒险作业危及劳动者人身安全的，劳动者可以立即解除劳动合同，不需事先告知用人单位。”

“未按照劳动合同约定提供劳动保护或者劳动条件的”，保护劳动者在劳动过程中的生命健康安全等是用人单位的基本责任和义务。用人单位为劳动者提供相应的劳动保护是对劳动者基本利益的维护。劳动保护和劳动条件是指在劳动合同中约定的用人单位对劳动者所从事的劳动必须提供的生产、工作条件和劳动安全卫生保护措施，即用人单位保障劳动者完成劳动任务和劳动过程中安全健康保护的基本要求。包括劳动场所和设备、劳动安全卫生设施、劳动防护用品等。根据《劳动合同法》第十七条的规定，劳动保护和劳动条件是劳动合同的必备条款，即提供劳动保护和劳动条件是用人单位应尽的义务，如果用人单位未按照国家规定的标准或劳动合同的规定提供劳动条件，致使劳动安全、劳动卫生条件恶劣，严重危害职工的身体健康，经国家劳动部门、卫生部门确认，劳动者可以与用人单位解除劳动合同。

“未及时足额支付劳动报酬的”，劳动报酬，即我们通常所说的工资，也称为“薪水”“薪金”“薪酬”“薪资”等，是指用人单位依据国家有关规定或劳动合同约定，根据劳动者劳动岗位、技能及工作数量、质量，以货币形式直接支付给劳动者的工资。在劳动者已履行劳动义务的情况下，用人单位应按劳动合同约定或国家法律、法规规定的数额、日期及时足额支付劳动报酬，禁止克扣和无故拖欠劳动者工资。支付劳动报酬，也是劳动合同所规定的必备条款，用人单位未按照劳动合同约定及时足额支付劳动报酬，就是违反劳动合同，也是对劳动者合法权益的侵犯。劳动者有权随时告知用人单位解除劳动合同。

“未依法为劳动者缴纳社会保险费的”，社会保险是指国家对劳动者在患病、伤残、失业、工伤、年老以及其他生活困难情况下，给予物质帮助的制度。它包括养老保险、疾病保险、失业保险、工伤保险和生育保险。《宪法》第四十五条第一款规定：中华人民共和国公民在年老、疾病或者丧失劳动能力的情况下，有从国家和社会获得物质帮助的权利。国家发展为公民享受这些权利所需要的社会保险、社会救济和医疗卫生事业。《宪法》赋予我国公民的这一基本权利，就劳动者而言，主要是通过社会保险实现。根据我国《劳动法》第七十二条的规定：社会保险基金按照保险类型确定资金来源，逐步实行社会统筹。用人单位和劳动者必须依法参加社会保险，缴纳社会保险费。对于拒不依法缴纳或延迟缴纳保险费的用人单位，劳动行政部门可以责令其限期缴纳；逾期不缴的，可以加收滞纳金。因此可以看出，社会保险具有国家强制性，用人单位应当依照有关法律、法规的规定，负责缴纳各项社会保险费用，并负有代扣、代缴本单位劳动者社会保险费的义务。如果用人单位未依法为劳动者缴纳上述社会保险费，则是对劳动者基本权利的侵害，劳动者可以与用人单位解除劳动合同。

“用人单位的规章制度违反法律、法规的规定，损害劳动者权益的”，此项规定包含了两层含义：第一，用人单位的规章制度违反了法律、法规的规定。规章制度是由用人单位制定的旨在保证劳动者履行劳动义务和享有劳动权利的规则和制度。规章制度的内容要合法，即其内容不得违反国家《宪法》《劳动法》《劳动合同法》及其他法律、法规的规定，也不得与劳动合同或集体合同的内容相冲突。这是因为劳动合同、集体合同和规章制度往往都会涉及对劳动条件和劳动待遇的规定，劳动合同和集体合同是劳动者与用人单位双方合意的结果，而规章制度是由用人单位单方面制定的，这就要求规章制度中有关劳动条件和劳动待遇的规定不得低于合同的约定。规章制度的制定和公布的程序要合法。一是要经过一定的民主程序。规章制度的制定权虽然属于用人单位，但规章制度的内容涉及的是劳动者的劳动权利和劳动义务，因此，法律要求用人单位在制定规章制度时，要经过一定的民主程序。二是应当公示。职工作为规章制度的遵守者，有权了解规章制度的内容，法律不要求职工遵守一个自己不知晓或无法知晓的规章制度。《劳动合同法》第四条第四款规定：“用人单位应当将直接涉及劳动者切身利益的规章制度和重大事项决定公示，或者告知劳动者。”因此，公示是规章制度产生效力的必要条件之一。第二，用人单位的规章制度损害了劳动者的权益，即因用人单位没有按法律规定制定规章制度，给劳动者的权益带来了损害。只有同时具备以上两点要求，劳动者才可以此为由通知用人单位解除劳动合同。

“因本法第二十六条第一款规定的情形致使劳动合同无效的”，《劳动合同法》第二十六条第一款规定了劳动合同无效或者部分无效的几种情况。无效的劳动合同从订立的时候起就没有法律约束力，劳动者可以不予履行，对已经履行的，给劳动者造成损害的，用人单位还应承担赔偿责任。

“法律、行政法规规定劳动者可以解除劳动合同的其他情形”，本项是一条兜底条款，以避免遗漏现行法律、法规规定的其他情况，并采用此种方法以使《劳动合同法》和其他法律以及以后颁行的新法相衔接。

“用人单位以暴力、威胁或者非法限制人身自由的手段强迫劳动者劳动的”，本条中的“暴力”是指对劳动者实施捆绑、拉拽、殴打、伤害等行为，“威胁”是指对劳动者施以暴力或者其他强迫手段，“非法限制人身自由”是指采用拘留、禁闭或其他强制方法非法剥夺或限制他人按照自己的意志支配自己的身体活动自由的行为。人身自由是公民各种自由权利当中的一项基本权利，是公民参加社会活动和享受其他权利的先决条件。我国公民的人身自由受《宪法》和法律的保护，《宪法》第三十七条规定：中华人民共和国公民的人身自由不受侵犯。任何公民，非经人民检察院批准或者决定或者人民法院决定，并由公安机关执行，不受逮捕。禁止非法拘禁和以其他方法非法剥夺或者限制公民的人身自由，禁止非法搜查公民的身体。企业采取强迫劳动者劳动，如把劳动者非法拘禁在特定的场所，强迫其劳动，不让他出来，是严重侵犯劳动者人身权利的行为，是非法的，劳动者有权随时解除劳动合同，而无须事先告知用人单位。

“用人单位违章指挥、强令冒险作业危及劳动者人身安全的”，对于用人单位不顾劳动者的人身安全，强令劳动者从事危险作业，如采矿工人、高空作业人员等，在没有安全防护的情况下，强令劳动者进行作业的行为，劳动者有权拒绝并撤离作业场所，并可以立即解除劳动合同。因用人单位的上述行为引发重大伤亡事故时，用人单位和相关责任人应依法被追究行政责任和刑事责任。

案例22 用人单位单方调整工作地点，劳动者能否解除劳动合同

案情简介

2009年7月，夏某与某电器销售公司签订了书面劳动合同，合同期限为2009年7月到2014年7月，合同中约定夏某的工作地点为该公司总部所在地成都市，夏某也一直在公司总部上班。2014年3月，公司人力资源部突然通知夏某，公司因为市场扩展需要，在四川省南充市增加了办事处，夏某自2014年4月起到南充市工作，如果夏某不服从公司的安排，公司将与其解除

劳动合同。因为新的工作地点离家很远，而且福利待遇并没有进行调整，夏某拒绝了公司的调动要求。夏某多次和公司进行协商，但是仍然没有解决问题，公司清除了夏某的工号以及相关的信息，但是并没有给夏某出具解除劳动合同的通知书，也不给夏某安排工作，发放工资。为维护自己的合法权益，夏某向仲裁委申请劳动仲裁，要求解除劳动合同，并要求公司支付经济补偿。

裁判结果

仲裁委进行了开庭审理，认为用人单位招用劳动者时，应当如实告知劳动者工作内容、工作条件、工作地点、职业危害等情况。本案中的情形属于劳动者订立劳动合同时无法预料的客观情况重大变化，公司应与夏某协商一致变更劳动合同履行地点。若双方不能达成一致，可以解除劳动合同，但用人单位应支付经济补偿。裁决作出后，双方均未向法院起诉。

律师分析

本案的争议焦点是员工拒绝工作地点的变动，要求解除劳动合同，用人单位是否需要支付经济补偿?

根据《劳动合同法》第十七条的规定，工作地点是劳动合同的必备条款之一，在劳动者与用人单位签订劳动合同时，双方应当对具体的工作地点作出约定。工作地点是劳动者从事工作、进行生产的地方，工作地点的变更是指劳动者提供劳动的区域发生变化。具体来说，就是劳动者实际工作的地点与劳动合同签订时约定的地点不一致。本案中，夏某与公司签订的劳动合同中对工作地点进行了明确的约定，现在公司因为市场发展要求夏某去南充市工作，夏某的工作地点已与劳动合同约定的地点不一致，属由某一行政区域内向行政区域外调动，构成了工作地点的重大变更，使得劳动合同当事人的法律关系变动甚大，已经无法从原合同中找到合意基础。根据《劳动合同法》第三十五条第一款的规定，用人单位与劳动者协商一致，可以变更劳动合同约定的内容。变更劳动合同，应当采用书面形式。本案中，公司单方变更工作地点，并未与夏某进行协商，已经违反了该条法律的规定。

同时根据《劳动合同法》第四十条的规定，劳动合同订立时所依据的客观情况发生重大变化，致使劳动合同无法履行，经用人单位与劳动者协商，未能就变更劳动合同内容达成协议的，用人单位可以解除劳动合同，并向劳动者支付经济补偿。

综上所述，公司单方面作出工作地点的变更，夏某拒绝工作地点的变动，要求解除劳动合同，公司应该支付经济补偿。

实务指南

在面对用人单位单方面调整工作岗位的时候，如果劳动者不想到新的工作地点工作，劳动者要维护自己的合法权益应该注意哪些法律要点呢？

1. 明确劳动合同对工作地点的约定

根据《劳动合同法》第十七条的规定，工作地点属于劳动合同的必备条款，现实生活中，这一条往往也是由用人单位和劳动者协商一致达成合意来确定的，有的用人单位在签订劳动合同时，对工作地点进行了明确的规定，有的用人单位则在劳动合同中约定：用人单位可以根据单位的具体情况适时调整工作地点，劳动者应该服从用人单位的安排。因此，提醒劳动者在签订劳动合同时，一定要注意该条约定，尽量把工作地点确定下来。

2. 与用人单位进行协商，并收集录音录像资料

现实生活中，有很多劳动者在面对单位作出工作调动时，自己不同意，但是又不积极与用人单位进行协商，就擅自不到岗，最后被用人单位以旷工为由解除劳动合同，使得维权处于被动地位。因此，建议劳动者积极与用人单位进行协商，如果协商不成，可以依据《劳动合同法》第四十条的规定，劳动合同订立时所依据的客观情况发生重大变化，致使劳动合同无法履行，经用人单位与劳动者协商，未能就变更劳动合同内容达成协议的，可以解除劳动合同，用人单位应当向劳动者支付经济补偿。劳动者在收集录音录像证据时，要注意以下两点：一是要保证录音录像资料的原始状态和连贯性，尽量不要用相关软件进行修改；二是要保证录音录像资料信息的完整性，使得双方当事人的相关信息在资料里有所体现。

关联法规

《劳动合同法》

第三十五条 用人单位与劳动者协商一致，可以变更劳动合同约定的内容。变更劳动合同，应当采用书面形式。变更后的劳动合同文本由用人单位和劳动者各执一份。

第四十条 有下列情形之一的，用人单位提前三十日以书面形式通知劳动者本人或者额外支付劳动者一个月工资后，可以解除劳动合同：

（一）劳动者患病或者非因工负伤，在规定的医疗期满后不能从事原工作，也不能从事由用人单位另行安排的工作的；

（二）劳动者不能胜任工作，经过培训或者调整工作岗位，仍不能胜任工作的；

（三）劳动合同订立时所依据的客观情况发生重大变化，致使劳动合同无法履行，经用人单位与劳动者协商，未能就变更劳动合同内容达成协议的。

第四十六条 有下列情形之一的，用人单位应当向劳动者支付经济补偿：

（一）劳动者依照本法第三十八条规定解除劳动合同的；

（二）用人单位依照本法第三十六条规定向劳动者提出解除劳动合同并与劳动者协商一致解除劳动合同的；

（三）用人单位依照本法第四十条规定解除劳动合同的；

（四）用人单位依照本法第四十一条第一款规定解除劳动合同的；

（五）除用人单位维持或者提高劳动合同约定条件续订劳动合同，劳动者不同意续订的情形外，依照本法第四十四条第一项规定终止固定期限劳动合同的；

（六）依照本法第四十四条第四项、第五项规定终止劳动合同的；

（七）法律、行政法规规定的其他情形。

案例23 未依法购买社会保险，劳动者可以解除劳动合同

案情简介

谢某于2009年到成都某物流公司工作，其工作岗位为货运司机。入职以后，双方没有签订劳动合同，工作期间不需要考勤，工资以现金形式发放并签收。关于社会保险，公司和谢某口头约定，工资里面已经包含了社会保险，由谢某个人自行购买，公司就不再为其购买社会保险了。2013年4月，谢某要求公司给自己购买社会保险，公司没有同意。谢某认为公司没有依法为其购买社会保险，严重违反《劳动法》，于2013年5月申请劳动仲裁，要求解除其与公司的劳动关系，并要求公司支付经济补偿。

裁判结果

仲裁委员会进行了开庭审理，认为用人单位应当自用工之日起30日内为劳动者参加社会保险，并按月缴纳社保费，履行用人单位的社会责任。否则，用人单位要承担相应的法律责任。因此，公司应该向谢某支付经济补偿。裁决作出后，双方均未向法院起诉。

律师分析

社会保险是指国家通过立法强制征集专门资金，用于保障劳动者在暂时或者永久丧失劳动能力时，或者在工作的过程中断期间基本生活需求的一种物质帮助制度。在我国，享受社会保险是我国劳动者的一项基本权利。

社会保险制度是经法定程序确定，由政府主管部门组织和管理，劳动者及所在单位共同承担的缴费义务，为使劳动者在年老、患病、工伤、失业、生育等情况下获得经济帮助和补偿而制定的社会保障制度。我国专门出台了《社会保险法》对这一制度进行了详细的规定。

《社会保险法》第四条规定，中华人民共和国境内的用人单位和个人依法缴纳社会保险费，有权查询缴费记录、个人权益记录，要求社会保险经办机构提供社会保险咨询等相关服务。同时，《劳动法》第七十二条也明确规定，社会保险基金按照保险类型确定资金来源，逐步实行社会统筹。用人单位和劳动者必须依法参加社会保险，缴纳社会保险费。因此，依法参加社会保险，缴纳社会保险费用，是用人单位和劳动者的法定责任和义务。

本案中，物流公司作为用人单位，在与谢某签订劳动合同时，虽然双方协商约定暂不参保，社会保险费包含在月工资里面，由劳动者个人自行参保，但仍然不能免除公司法定的缴费义务。根据《劳动合同法》第三十八条的规定，用人单位未依法为劳动者缴纳社会保险费的，劳动者可以解除劳动合同。因此，物流公司以社会保险费已经包含在工资里面不可以免除其为劳动者购买社会保险的法定义务，劳动者也有权依据法律解除劳动合同，并要求用人单位支付经济补偿。

实务指南

劳动者在面对“用人单位未依法购买社会保险”时，应该如何维权？是否均可以要求解除劳动合同，支付经济补偿？这里就涉及如何理解“未依法购买社会保险”了。

1. “未依法购买社会保险”不等于“未足额缴纳社会保险费”

现实生活中，用人单位“不缴”“少缴”“延后缴纳”的现象不少，劳动者的利益受到了严重侵害。在这三种情形下，如果劳动者依据《劳动合同法》第三十八条第（三）项之规定，与用人单位解除劳动合同，用人单位是否需要根据《劳动合同法》第四十六条第（一）项之规定，向劳动者支付经济补偿？司法实践中，很多法院倾向于认为，《劳动合同法》第三十八条第（三）项中的“未依法缴纳”应严格控制在“未缴纳”，而不应该将“未足额缴纳”和“未及时缴纳”也涵盖在内，只有在用人单位未为劳动者缴纳社会保险，劳动者据此解除与用人单位的劳动合同时，用人单位才应当向劳动者支付解除劳动合同的经济补偿。

2. 未足额、未及时缴纳的法律责任是用人单位进行补缴

《社会保险法》第六十三条第一款规定，用人单位未按时足额缴纳社会保险费的，由社会保险费征收机构责令其限期缴纳或者补足。由此可以看出，及时足额地缴纳社会保险费是用人单位的一项基本义务，如果用人单位未及时、未足额为劳动者缴纳社会保险费的，劳动者可以向社会保险费征收机构举报，由社会保险费征收机构责令用人单位限期缴纳或者补足。

3. 用人单位需赔偿因未缴纳社保给劳动者造成的损失

《最高人民法院关于审理劳动争议案件适用法律若干问题的解释（三）》第一条规定，劳动者以用人单位未为其办理社会保险手续，且社会保险经办机构不能补办导致其无法享受社会保险待遇为由，要求用人单位赔偿损失而发生争议的，人民法院应予受理。最高人民法院对这一条的理解和适用作出了如下解释：《劳动争议调解仲裁法》确定了社会保险争议属于劳动争议，但是否应把所有的社会保险争议不加区别的纳入人民法院受案范围，确是一个在实践中争议广泛的问题，需要司法解释进一步明确。我们研究认为，用人单位、劳动者和社保机构就欠费等发生争议，是征收与缴纳之间的纠纷，属于行政管理的范畴，带有社会管理的性质，不是单一的劳动者与用人单位之间的社保争议。因此，对于那些已经由用人单位办理了社保手续，但因用人单位欠缴、拒缴社会保险费或者因缴费年限、缴费基数等发生的争议，应由社保管理部门解决处理，不应纳入人民法院受案范围。对于因用人单位没有为劳动者办理社会保险手续，且社会保险经办机构不能补办导致劳动者不能享受社会保险待遇，要求用人单位赔偿损失的，属于典型的社保争议纠纷，人民法院应依法受理。

4. 对“社会保险经办机构不能补办”需要劳动者举证

社会保险经办机构不能补办社会保险是一种法律事实，对于这一法律事实的举证责任，按照相关法理应该由劳动者进行举证。劳动者想要证明这一事实，可以向社保管理部门申请书面证据。如果社会保险部门因为种种原因不予出具，那么在这种情况下，劳动者能够证明因为用人单位没有补办社会保险导致其发生了损失，在司法实践中，法院一般也会认定劳动者已经履行了举证责任。当然，如果用人单位能够证明社会保险经办机构还能补缴，那么劳动者就应该向劳动行政部门申请解决。

关联法规

《劳动合同法》

第三十八条 用人单位有下列情形之一的，劳动者可以解除劳动合同：

（一）未按照劳动合同约定提供劳动保护或者劳动条件的；

（二）未及时足额支付劳动报酬的；

（三）未依法为劳动者缴纳社会保险费的；

（四）用人单位的规章制度违反法律、法规的规定，损害劳动者权益的；

（五）因本法第二十六条第一款规定的情形致使劳动合同无效的；

（六）法律、行政法规规定劳动者可以解除劳动合同的其他情形。

用人单位以暴力、威胁或者非法限制人身自由的手段强迫劳动者劳动的，或者用人单位违章指挥、强令冒险作业危及劳动者人身安全的，劳动者可以立即解除劳动合同，不需事先告知用人单位。

《社会保险法》

第四条 中华人民共和国境内的用人单位和个人依法缴纳社会保险费，有权查询缴费记录、个人权益记录，要求社会保险经办机构提供社会保险咨询等相关服务。

个人依法享受社会保险待遇，有权监督本单位为其缴费情况。

第六十三条 用人单位未按时足额缴纳社会保险费的，由社会保险费征收机构责令其限期缴纳或者补足。

用人单位逾期仍未缴纳或者补足社会保险费的，社会保险费征收机构可以向银行和其他金融机构查询其存款账户；并可以申请县级以上有关行政部门作出划拨社会保险费的决定，书面通知其开户银行或者其他金融机构划拨社会保险费。用人单位账户余额少于应当缴纳的社会保险费的，社会保险费征收机构可以要求该用人单位提供担保，签订延期缴费协议。

用人单位未足额缴纳社会保险费且未提供担保的，社会保险费征收机构可以申请人民法院扣押、查封、拍卖其价值相当于应当缴纳社会保险费的财产，以拍卖所得抵缴社会保险费。

《劳动法》

第七十二条 社会保险基金按照保险类型确定资金来源，逐步实行社会统筹。用人单位和劳动者必须依法参加社会保险，缴纳社会保险费。

《最高人民法院关于审理劳动争议案件适用法律若干问题的解释（三）》

第一条 劳动者以用人单位未为其办理社会保险手续，且社会保险经办机构不能补办导致其无法享受社会保险待遇为由，要求用人单位赔偿损失而发生争议的，人民法院应予受理。

第五章　索要劳动（务）报酬风险防范

本章导读

工资是用人单位按照法律法规的规定和集体合同与劳动合同的约定，依据劳动者提供的劳动数量和质量直接支付给本单位劳动者的货币报酬。读者通过阅读本章，可以了解以下要点：

1. 工资总额一般包括计时工资、计件工资、奖金、津贴、补贴和加班加点工资，以及特殊情况下支付的工资。当然，劳动者获得的一些其他合法收入，并不完全包含在工资总额之内。用人单位从个人工资中直接为其代扣代缴的社会保险费、个人所得税、住房公积金及其他各类扣款都应计入工资总额，作为缴纳社会保险费工资总额基数。因为工资引发的纠纷，主要是指用人单位不按照相关法律法规的规定，无故克扣、拖欠劳动者的工资。

2. 加班费是劳动者按照用人单位生产和工作的需要在规定工作时间之外继续生产劳动或者工作所获得的劳动报酬。支付加班费的具体标准是：在标准工作日内安排劳动者延长工作时间的，支付不低于工资的150%的工资报酬；休息日安排劳动者工作又不能安排补休的，支付不低于工资的200%的工资报酬；法定休假日安排劳动者工作的，支付不低于工资的300%的工资报酬。同时司法解释也规定，劳动者主张加班费的，应当就加班事实的存在承担举证责任。但劳动者有证据证明用人单位掌握加班事实存在的证据，用人单位不提供的，由用人单位承担不利后果。

3. 劳务报酬一般是根据《合同法》的有关承揽合同、技术合同、居间合同等规定签订合同而取得的报酬，劳动者和用人单位不存在雇佣与被雇佣关系，没有签订劳动合同，其劳务受《合同法》的调整。在公司名称、法定代表人变更的情况下，劳动者被拖欠劳动报酬或者劳务报酬时，主张维权依然具有法律依据。

第一节　索要工资风险防范

劳动报酬即我们通常所说的工资，工资有广义、狭义之分；广义的工资，泛指人们从事各种劳动而获得的货币收入或者有价物；狭义的工资，也称为薪金、薪水、薪酬、薪资，专指劳动法中调整的劳动者基于劳动关系而取得的各种劳动收入，包括计时工资、计件工资、奖金、津贴和补贴、延长工作时间的工资报酬以及特殊情况下支付的工资等。《劳动法》第四十八条规定：国家实行最低工资保障制度。最低工资的具体标准由省、自治区、直辖市人民政府规定，报国务院备案。用人单位支付劳动者的工资不得低于当地最低工资标准。第五十条规定：工资应当以货币形式按月支付给劳动者本人。不得克扣或者无故拖欠劳动者的工资。第五十一条规定：劳动者在法定休假日和婚丧假期间以及依法参加社会活动期间，用人单位应当依法支付工资。上述规定涉及最低工资制度、工资支付的形式、工资支付的时间、特殊情况下的工资支付等内容，共同构成了我国的工资支付保障制度。

一、最低工资制度

最低工资是指在劳动者于法定工作时间内提供正常劳动的前提下，用人单位应支付的最低劳动报酬。其中法定工作时间是指国家规定的工作时间；正常劳动是指劳动者按依法签订的劳动合同的约定，在法定工作时间或劳动合同约定的工作时间内从事的劳动。劳动者依法享受带薪年休假、探亲假、婚丧假、生育（产）假、节育手术假等国家规定的假期期间，以及法定工作时间内依法参加社会活动期间，视为提供了正常劳动。

（一）最低工资标准

最低工资标准是指劳动者在法定工作时间或依法签订的劳动合同约定的工作时间内提供了正常劳动的前提下，用人单位依法应支付的最低劳动报酬。《劳动法》第四十八条规定：国家实行最低工资保障制度。最低工资的具体标准由省、自治区、直辖市人民政府规定，报国务院备案。用人单位支付劳动者的工资不得低于当地最低工资标准。由此可知，我国实行最低工资制度，但是不实行全国统一最低工资标准，由各地根据具体情况来确定其最低工资标准。在劳动者提供正常劳动的情况下，用人单位应支付给劳动者的工资在剔除下列各项以后，不得低于当地最低工资标准：①延长工作时间工资；②中班、夜班、高温、低温、井下、有毒有害等特殊工作环境、条件下的津贴；③法律、法规和国家规定的劳动者福利待遇等。

（二）最低工资标准的形式

根据《最低工资规定》的规定，最低工资标准一般采取月最低工资标准和小时最低工资标准的形式。月最低工资标准适用于全日制就业劳动者，小时最低工资标准适用于非全日制就业劳动者。确定和调整月最低工资标准，应参考当地就业者及其赡养人口的最低生活费用、城镇居民消费价格指数、职工个人缴纳的社会保险费和住房公积金、职工平均工资、经济发展水平、就业状况等因素。确定和调整小时最低工资标准，应在颁布的月最低工资标准的基础上，考虑单位应缴纳的基本养老保险费和基本医疗保险费因素，同时还应适当考虑非全日制劳动者在工作稳定性、劳动条件和劳动强度、福利等方面与全日制就业人员之间的差异。

二、工资总额的范围

1990 年 1 月 1 日，国家统计局发布了《关于工资总额组成的规定》，其中明确规定："工资总额是指各单位在一定时期内直接支付给本单位全部职工的劳动报酬总额……工资总额由下列六个部分组成：（一）计时工资；（二）计件工资；（三）奖金；（四）津贴和补贴；（五）加班加点工资；（六）特殊情况下支付的工资。"

《关于工资总额组成的规定》第十一条规定："下列各项不列入工资总额的范围：（一）根据国务院发布的有关规定颁发的发明创造奖、自然科学奖、科学技术进步奖和支付的合理化建议和技术改进奖以及支付给运动员、教练员的奖金；（二）有关劳动保险和职工福利方面的各项费用；（三）有关离休、退休、退职人员待遇的各项支出；（四）劳动保护的各项支出；（五）稿费、讲课费及其他专门工作报酬；（六）出差伙食补助费、误餐补助、调动工作的旅费和安家费；（七）对自带工具、牲畜来企业工作职工所支付的工具、牲畜等的补偿费用；（八）实行租赁经营单位的承租人的风险性补偿收入；（九）对购买本企业股票和债券的职工所支付的股息（包括股金分红）和利息；（十）劳动合同制职工解除劳动合同时由企业支付的医疗补助费、生活补助费等；（十一）因录用临时工而在工资以外向提供劳动力单位支付的手续费或管理费；（十二）支付给家庭工人的加工费和按加工订货办法支付给承包单位的发包费用；（十三）支付给参加企业劳动的在校学生的补贴；（十四）计划生育独生子女补贴。”

三、工资支付的形式

按照《工资支付暂行规定》的规定，用人单位应将工资支付给劳动者本人。劳动者本人因故不能领取工资时，可由其亲属或委托他人代领。用人单位可委托银行代发工资。不管用人单位采用何种方式支付工资，都应该将工资直接支付给劳动者本人。

工资应当以法定货币支付，不得以实物及有价证券替代货币支付。用人单位必须书面记录支付劳动者工资的数额、时间、领取者的姓名以及签字，并保存两年以上备查。用人单位在支付工资时应向劳动者提供一份其个人的工资清单。单位和劳动者解除劳动关系时，用人单位应该一次性付清劳动者工资。《劳动法》第五十条规定，工资应当以货币形式按月支付给劳动者本人。不得克扣或者无故拖欠劳动者的工资。

四、工资支付的时间

根据《工资支付暂行规定》第七条至第九条的规定：首先，工资必须在用人单位与劳动者约定的日期支付。如遇节假日或休息日，则应提前在最近的工作日支付。工资至少每月支付一次，实行周、日、小时工资制的可按周、日、小时支付工资。其次，对完成一次性临时劳动或某项具体工作的劳动者，用人单位应按有关协议或合同规定在其完成劳动任务后即支付工资。最后，劳动关系双方依法解除或终止劳动合同时，用人单位应在解除或终止劳动合同时一次性付清劳动者工资。

五、特殊情况下的工资支付

《劳动法》《工资支付暂行规定》以及《对〈工资支付暂行规定〉有关问题的补充规定》等现行法律法规中有关特殊情况下工资支付的规定，主要有以下内容。

1. 法定休假日期间的工资支付

《全国年节及纪念日放假办法》第二条规定：“全体公民放假的节日：（一）新年，放假1天（1月1日）；（二）春节，放假3天（农历正月初一、初二、初三)；（三）清明节，放假1天（农历清明当日)；（四）劳动节，放假1天（5月1日)；（五）端午节，放假1天（农历端午当日)；（六）中秋节，放假1天（农历中秋当日)；（七）国庆节，放假3天（10月1日、2日、3日)。”第三条规定：“部分公民放假的节日及纪念日：（一）妇女节（3月8日)，妇女放假半天；（二）青年节（5月4日)，14周岁以上的青年放假半天；（三）儿童节（6月1日)，不满14周岁的少年儿童放假1天；（四）中国人民解放军建军纪念日（8月1日)，现役军人放假半天。”劳动者依照上述规定在法定节假日内休假，用人单位应该依法向劳动者支付工资，否则，即构成克扣劳动者工资的行为。

2. 婚丧假、探亲假期间的工资支付

《工资支付暂行规定》第十一条规定：“劳动者依法享受年休假、探亲假、婚假、丧假期间，用人单位应按劳动合同规定的标准支付劳动者工资。”根据《国家劳动总局、财政部关于国营企业职工请婚丧假和路程假问题的通知》的规定：“一、职工本人结婚或职工的直系亲属（父母、配偶和子女）死亡时，可以根据具体情况，由本单位行政领导批准，酌情给予一至三天的婚丧假。二、职工结婚时双方不在一地工作的；职工在外地的直系亲属死亡时需要职工本人去外地料理丧事的，都可以根据路程远近，另给予路程假。三、在批准的婚丧假和路程假期间，职工的工资照发，途中的车船费等，全部由职工自理。”

3. 依法参加社会活动期间的工资支付

依法参加社会活动是劳动者的政治权利，受法律保护。劳动者在法定工作时间内参加社会活动，应视为提供了正常劳动，用人单位应该向劳动者支付工资。《工资支付暂行规定》第十条规定：劳动者在法定工作时间内依法参加社会活动期间，用人单位应视同其提供了正常劳动而支付工资。社会活动包括：依法行使选举权或被选举权；当选代表出席乡（镇)、区以上政府、党派、工会、青年团、妇女联合会等组织召开的会议；出任人民法庭证明人；出席劳动模范、先进工作者大会；《工会法》规定的不脱产工会基层委员会委员因工作活动占用的生产或工作时间；其它依法参加的社会活动。

4. 非因劳动者原因停工期间的工资支付

《工资支付暂行规定》第十二条规定：非因劳动者原因造成单位停工、停产在一个工资支付周期内的，用人单位应按劳动合同规定的标准支付劳动者工资。超过一个工资支付周期的，若劳动者提供了正常劳动，则支付给劳动者的劳动报酬不得低于当地的最低工资标准；若劳动者没有提供正常劳动，应按国家有关规定办理。

5. 企业破产时的工资支付

《工资支付暂行规定》第十四条规定：用人单位依法破产时，劳动者有权获得其工资。在破产清偿中用人单位应按《中华人民共和国企业破产法》规定的清偿顺序，首先支付欠付本单位劳动者的工资。

6. 特殊人员的工资支付

根据原劳动部关于《对〈工资支付暂行规定〉有关问题的补充规定》的有关规定："1. 劳动者受处分后的工资支付：（1）劳动者受行政处分后仍在原单位工作（如留用察看、降级等）或受刑事处分后重新就业的，应主要由用人单位根据具体情况自主确定其工资报酬；（2）劳动者受刑事处分期间，如收容审查、拘留（羁押）、缓刑、监外执行或劳动教养期间，其待遇按国家有关规定执行。2. 学徒工、熟练工、大中专毕业生在学徒期、熟练期、见习期、试用期及转正定级后的工资待遇由用人单位自主确定。3. 新就业复员军人的工资待遇由用人单位自主确定；分配到企业的军队转业干部的工资待遇，按国家有关规定执行。"

六、工资支付的纠纷形式

因为工资引发的纠纷，主要是指用人单位不按照相关法律法规的规定，无故克扣、拖欠劳动者的工资。

1. 无故克扣工资

无故克扣工资指企业无正当理由扣减员工应得工资。根据原劳动部《对〈工资支付暂行规定〉有关问题的补充规定》的有关规定，"克扣"系指用人单位无正当理由扣减劳动者应得工资（即在劳动者已提供正常劳动的前提下用人单位按劳动合同规定的标准应当支付给劳动者的全部劳动报酬）。

提醒劳动者注意，以下情况不属于无故克扣工资。具体包括：①国家的法律、法规中有明确规定的；②依法签订的劳动合同中有明确规定的；③用人单位依法制定并经职代会批准的厂规、厂纪中有明确规定的；④企业工资总额与经济效益相联系，经济效益下浮时，工资必须下浮的（但支付给劳动者工资不得低于当地最低工资标准）；⑤因劳动者请事假等相应减发工资等。

2. 无故拖欠工资

无故拖欠工资，是指用人单位在没有任何合法甚至合理的原因下拖欠员工工资的行为。提醒劳动者注意，以下情况不属于无故拖欠工资。具体包括：①用人单位遇到非人力所能抗拒的自然灾害、战争等原因，无法按时支付劳动者工资；②用人单位确因生产经营困难、资金周转受到影响，在征得本单位工会同意后，可暂时过期支付劳动者工资，延期时间的最长限制可由各省、自治区、直辖市劳动保障行政部门根据各地情况确定；③其他情况下拖欠工资均为无故拖欠。

七、工资支付的监督制度

根据《工资支付暂行规定》第十七条、第十八条的规定，“用人单位应根据本规定，通过与职工大会、职工代表大会或者其他形式协商制定内部的工资支付制度，并告知本单位全体劳动者，同时抄报当地劳动行政部门备案。各级劳动行政部门有权监察用人单位工资支付的情况。用人单位有下列侵害劳动者合法权益行为的，由劳动行政部门责令其支付劳动者工资和经济补偿，并可责令其支付赔偿金：（一）克扣或者无故拖欠劳动者工资的；（二）拒不支付劳动者延长工作时间工资的；（三）低于当地最低工资标准支付劳动者工资的。经济补偿赔偿金的标准，按国家有关规定执行”。《劳动合同法》第八十五条进一步明确规定：“用人单位有下列情形之一的，由劳动行政部门责令限期支付劳动报酬、加班费或者经济补偿；劳动报酬低于当地最低工资标准的，应当支付其差额部分；逾期不支付的，责令用人单位按应付金额百分之五十以上百分之一百以下的标准向劳动者加付赔偿金：（一）未按照劳动合同的约定或者国家规定及时足额支付劳动者劳动报酬的；（二）低于当地最低工资标准支付劳动者工资的；（三）安排加班不支付加班费的；（四）解除或者终止劳动合同，未依照本法规定向劳动者支付经济补偿的。”

（一）未按照劳动合同的约定或者国家规定及时足额支付劳动者劳动报酬的

依照劳动合同的约定或者依照《劳动合同法》的规定，支付劳动者劳动报酬是用人单位的法定义务，如果其没有依法或者依据合同的约定履行这一法定义务，就要依法承担相应的法律责任。根据《劳动合同法》的规定，用人单位未依照劳动合同的约定或者未依照《劳动合同法》的规定支付劳动者劳动报酬的情形包括以下四种：

1. 用人单位未依照劳动合同的约定或者依照《劳动合同法》的规定按时支付劳动报酬的

如果用人单位与劳动者签订的劳动合同中规定，用人单位应当在每月的2日支付劳动者上个月的工资报酬，但用人单位没有履行这一约定，拖延不予支付的，属于本条所说的违法行为。另外，对于非全日制劳动用工形式，《劳动合同法》第七十二条第二款规定：非全日制用工劳动报酬结算支付周期最长不得超过十五日。如果用人单位违反了这一规定，超过15日给劳动者结算工资报酬，则也属于本条所说的违法行为。

2. 用人单位未依照劳动合同的约定或者依照《劳动合同法》的规定足额支付劳动报酬的

根据《劳动合同法》的规定，用人单位应当按照国家规定和劳动合同约定及时足额给劳动者发放劳动报酬。如果用人单位与劳动者在劳动合同中约定工资为每月1000元，但用人单位却只支付给劳动者950元，则属于未足额发放工资的情形，是违法的。

3. 用人单位支付给试用期间劳动者的工资低于《劳动合同法》规定的

《劳动合同法》第二十条规定：劳动者在试用期的工资不得低于本单位相同岗位最低档工资或者劳动合同约定工资的百分之八十，并不得低于用人单位所在地的最低工资标准。用人单位违反这一规定支付工资的，也属于本条所说的违法行为。

4. 用人单位没有依法提高劳动者在服务期间的劳动报酬的

《劳动合同法》第二十二条第三款规定：用人单位与劳动者约定服务期的，不影响按照正常的工资调整机制提高劳动者在服务期间的劳动报酬。用人单位违反这一规定，没有按照正常的工资调整机制提高劳动者在服务期间的劳动报酬的，则属于违反本条所说的违法行为。

（二）低于当地最低工资标准支付劳动者工资的

《劳动法》第四十八条规定：国家实行最低工资保障制度。最低工资的具体标准由省、自治区、直辖市人民政府规定，报国务院备案。用人单位支付劳动者的工资不得低于当地最低工资标准。实行最低工资保障制度，对于适应社会主义市场经济要求，推动劳动力市场建设和工资分配法制化，充分保障劳动者合法权益具有重要意义。目前，全国各省、自治区、直辖市都制定了本地的最低工资标准。如北京市规定职工每月的最低工资标准为1400元，这一标准无论是对北京市已经签订了正式劳动合同的劳动者，还是处于试用期的劳动者都适用。如果用人单位与劳动者约定的月工资低于这一标准，则是违法的。即使双方已经签订了劳动合同，仍然会因为违反了法律的强制性规定而无效。此外，对于非全日制用工的报酬，《劳动合同法》明确规定，非全日制用工小时计酬标准不得低于用人单位所在地人民政府规定的最低小时工资标准。如果用人单位向劳动者支付的小时工资低于所在地人民政府规定的最低小时工资标准，则也属于低于当地最低工资标准支付劳动者工资的违法行为。

（三）安排加班不支付加班费的

《劳动法》第四十四条规定："有下列情形之一的，用人单位应当按照下列标准支付高于劳动者正常工作时间工资的工资报酬：（一）安排劳动者延长工作时间的，支付不低于工资的百分之一百五十的工资报酬；（二）休息日安排劳动者工作又不能安排补休的，支付不低于工资的百分之二百的工资报酬；（三）法定休假日安排劳动者工作的，支付不低于工资的百分之三百的工资报酬。"如果用人单位安排劳动者加班，却不依据《劳动法》的上述规定支付加班工资的，属于违法行为，应当依法承担法律责任。

（四）解除或者终止劳动合同，未依照本法的规定向劳动者支付经济补偿的

《劳动合同法》第四十六条规定了用人单位应当向劳动者支付经济补偿的六种情形，包括劳动者因用人单位侵犯劳动者合法权益而解除劳动合同的；劳动者因身体或者能力原因以及客观情况发生重大变化等导致劳动合同解除的；用人单位因依法破产重整而与劳动者解除劳动合同的；用人单位与劳动者协商一致解除劳动合同的；在用人单位维持或者提高劳动合同约定条件下，劳动者不同意续订劳动合同的；以及因用人单位破产、解散、被吊销营业执照或者责令关闭而导致的劳动合同终止等。对于发生上述情形的，用人单位应当依照《劳动合同法》第四十七条的规定，根据劳动者在单位工作的年限，按每满1年支付1个月工资的标准向劳动者支付经济补偿，对6个月以上不满1年的，按1年计算补偿金；不满6个月的，向劳动者支付半个月工资的经济补偿。经济补偿由用人单位一次性付给劳动者。如果用人单位没有依法向劳动者支付经济补偿，则属于违法行为，应当依法承担法律责任。

对于上述四类违法行为，法律明确规定了相应的法律责任：由劳动行政部门责令限期支付劳动报酬、加班费或者解除、终止劳动合同的经济补偿；劳动报酬低于当地最低工资标准的，应当支付其差额部分；逾期不支付的，责令用人单位按应付金额50%以上100%以下的标准向劳动者加付赔偿金。

八、农民工工资支付保障制度

（一）政策保障

在司法实践中，每年年底拖欠农民工工资的现象十分常见，尤其是在建筑行业领域，也因此引发了很多群体性事件。

1.《建设领域农民工工资支付管理暂行办法》

2004年9月6日，劳动和社会保障部、建设部发布了《建设领域农民工工资支付管理暂行办法》，以维护建设领域农民工的合法报酬权益，规范建筑业企业工资支付行为。其中规定，县级以上劳动和社会保障行政部门负责企业工资支付的监督管理，建设行政主管部门协助劳动和社会保障行政部门对企业执行本办法的情况进行监督检查。企业必须严格按照《劳动法》《工资支付暂行规定》和《最低工资规定》等有关规定支付农民工工资，不得拖欠或克扣。企业应将工资直接发放给农民工本人，严禁发放给"包工头"或其他不具备用工主体资格的组织和个人。企业支付农民工工资应编制工资支付表，如实记录支付单位、支付时间、支付对象、支付数额等工资支付情况，并保存两年以上备查。业主或工程总承包企业未按合同约定与建设工程承包企业结清工程款，致使建设工程承包企业拖欠农民工工资的，由业主或工程总承包企业先行垫付农民工被拖欠的工资，先行垫付的工资数额以未结清的工程款为限。企业因被拖欠工程款导致拖欠农民工工资的，企业追回的被拖欠工程款，应优先用于支付拖欠的农民工工资。工程总承包企业不得将工程违反规定发包、分包给不具备用工主体资格的组织或个人，否则应承担清偿拖欠工资连带责任。

2.《最高人民法院关于进一步加强拖欠农民工工资纠纷案件审判工作的紧急通知》

2010年2月8日，《最高人民法院关于进一步加强拖欠农民工工资纠纷案件审判工作的紧急通知》中明确规定：对案件事实清楚、法律关系明确的拖欠农民工工资或者劳务报酬纠纷，以及有财产给付内容的涉及农民工的劳动争议纠纷，要着力提高司法保护的效率，在确保公正的前提下，务必做到快立、快审、快结。符合先予执行法定条件的，应当及时裁定先予执行。强化措施，集中开展拖欠工程款和农民工工资案件执行活动。对已经进入执行程序的案件，人民法院应当优先安排人力、物力，加大执行力度，强化执行措施，依法尽快执行。认真研究工作策略，积极探索灵活多样的方式、方法，提高执行效率，增强执行效果，坚决防止因工作失误、方法不当而引发矛盾激化、群体上访等问题。严格落实执行款、物管理的有关规定，对于执行到位的款项和物品，应当及时交付申请执行人，不得截留或挪作他用。

3.《关于促进解决拖欠农民工工资问题的通知》

2015 年 12 月 30 日，中华全国总工会办公厅发布了《关于促进解决拖欠农民工工资问题的通知》，其中明确规定：要切实增强基层工会活力，充分发挥基层工会“第一知情人”的作用，完善欠薪报告制度，企业工会发现企业延期支付工资的当月，应当督促企业行政部门向职代会报告延期支付工资的原因、涉及职工人数、金额及偿还计划，征得职代会同意，并将清偿计划列入厂务公开的内容，同时向当地劳动保障部门和上级工会报告。上级工会要及时跟踪、参与欠薪问题处理。要充分发挥工会法律援助中心、“12351”职工维权热线和工会帮扶中心的作用，加强举报投诉接待力量，确保职工投诉举报渠道的畅通。工会法律服务和法律援助机构要将农民工纳入重点援助范围，依法、及时为他们提供包括法律咨询、代书、代理或代其聘请律师等在内的法律援助和服务，积极引导和帮助职工通过劳动争议仲裁和诉讼等法律手段解决欠薪问题。对个别企业恶意欠薪、以暴力手段对待农民工讨薪的行为，工会要旗帜鲜明地维护农民工的合法权益，要求公安、司法部门依法严厉打击。

4.《关于全面治理拖欠农民工工资问题的意见》

2016 年 1 月 17 日，国务院办公厅发布《关于全面治理拖欠农民工工资问题的意见》，其中明确规定：在工程建设领域，施工总承包企业（包括直接承包建设单位发包工程的专业承包企业，下同）对所承包工程项目的农民工工资支付负总责，分包企业（包括承包施工总承包企业发包工程的专业企业，下同）对所招用农民工的工资支付负直接责任，不得以工程款未到位等为由克扣或拖欠农民工工资，不得将合同应收工程款等经营风险转嫁给农民工。招用农民工的企业承担直接清偿拖欠农民工工资的主体责任。在工程建设领域，建设单位或施工总承包企业未按合同约定及时划拨工程款，致使分包企业拖欠农民工工资的，由建设单位或施工总承包企业以未结清的工程款为限先行垫付农民工工资。建设单位或施工总承包企业将工程违法发包、转包或违法分包致使拖欠农民工工资的，由建设单位或施工总承包企业依法承担清偿责任。

（二）刑法保障

2011 年 5 月 1 日开始实施的《刑法修正案（八）》增加规定了“拒不支付劳动报酬罪”，即在《刑法》第二百七十六条后增加一条，作为第二百七十六条之一：以转移财产、逃匿等方法逃避支付劳动者的劳动报酬或者有能力支付而不支付劳动者的劳动报酬，数额较大，经政府有关部门责令支付仍不支付的，处三年以下有期徒刑或者拘役，并处或者单处罚金；造成严重后果的，处三年以上七年以下有期徒刑，并处罚金。单位犯前款罪的，对单位判处罚金，并对其直接负责的主管人员和其他直接责任人员，依照前款的规定处罚。有前两款行为，尚未造成严重后果，在提起公诉前支付劳动者的劳动报酬，并依法承担相应赔偿责任的，可以减轻或者免除处罚。

2013 年 1 月 16 日，最高人民法院发布了《关于审理拒不支付劳动报酬刑事案件适用法律若干问题的解释》，其中明确规定：劳动者依照《中华人民共和国劳动法》和《中华人民共和国劳动合同法》等法律的规定应得的劳动报酬，包括工资、奖金、津贴、补贴、延长工作时间的工资报酬及特殊情况下支付的工资等，应当认定为《刑法》第二百七十六条之一第一款规定的“劳动者的劳动报酬”。不具备用工主体资格的单位或者个人，违法用工且拒不支付劳动者的劳动报酬，数额较大，经政府有关部门责令支付仍不支付的，应当依照《刑法》第二百七十六条之一的规定，以拒不支付劳动报酬罪追究刑事责任。同时对“以转移财产、逃匿等方法逃避支付劳动者的劳动报酬”“数额较大”“经政府有关部门责令支付”“造成严重后果”等术语进行了解释。

案例 24　单方调整薪酬制度克扣工资，用人单位需担责

案情简介

2014 年 6 月 19 日，黄某入职某服饰有限公司，在公司设计部从事设计师工作，平时以黄乙自称。双方约定黄某的月工资以 12000 元除以月自然天数乘其实际出勤天数为标准发放。实际工资发放以转账形式从公司法定代表人的账户打入户名为黄某的账户内。2014 年 6 月，黄某实际出勤 11 天，工资为

4400 元。2014 年 7 月，实际出勤 22.5 天，工资为 8710 元。2014 年 8 月实际出勤 16 天，工资为 6194 元。2014 年 8 月 28 日，某服饰有限公司向设计部下达通知，即日起公司设计部将实行当月计划完成目标与当月实际完成百分比情况按百分比发放工资。该通知上有某服饰有限公司三位工作人员的签名，但未有黄某抑或黄乙的签名。2014 年 9 月，黄某实际出勤 26 天，工资为 1800 元。2014 年 10 月，实际出勤 26 天，工资为 3960 元。2014 年 11 月 22 日，黄某离职，该月实际出勤天数为 20 天，工资为 1440 元。黄某在职期间，某服饰有限公司未与其签订书面劳动合同，也未为其缴纳社会保险。

黄某向劳动人事争议仲裁委员会申请劳动仲裁，提出以下仲裁请求：①被申请人支付申请人被克扣的工资 40096 元，并支付因违法克扣工资的 25% 经济补偿 10024 元；②被申请人支付申请人未签订劳动合同的双倍工资 48600 元；③被申请人支付申请人违法解除劳动合同的赔偿金 12000 元；④被申请人为申请人补缴 2014 年 6 月至 2014 年 11 月的社会保险；⑤被申请人支付申请人加班工资 5000 元。2015 年 3 月 16 日，劳动人事争议仲裁委员会作出仲裁裁决，裁决：①被申请人支付申请人工资 23651.61 元；②被申请人支付申请人加班工资 5000 元；③被申请人于本裁决书生效之日起三十日内为申请人补缴 2014 年 6 月 19 日至 2014 年 11 月 22 日的医疗和养老保险，个人部分由申请人自行承担；④驳回申请人的其他仲裁请求。黄某对上述裁决不服，于 2015 年 4 月 10 日向法院提起诉讼。

裁判结果

杭州市江干区人民法院开庭审理后，作出〔2015〕杭江民初字第 667 号民事判决书，判决：①某服饰有限公司支付给黄某 2014 年 9 月至 2014 年 11 月 22 日扣发工资人民币 21264.5 元，于判决生效之日起 10 日内付清；②某服饰有限公司支付给黄某 2014 年 7 月 19 日至 2014 年 11 月 22 日未签订书面劳动合同的二倍工资人民币 35819.8 元，于判决生效之日起 10 日内付清；③某服饰有限公司支付给黄某休息日安排劳动者工作又不能安排补休的加班工资人民币 5000 元，于判决生效之日起 10 日内付清；④某服饰有限公司于判决生效之日起 30 日内为黄某补缴 2014 年 6 月 19 日至 2014 年 11 月 22 日的养老、医疗保险（具体补缴金额、时段由社保机构依政策确定），个人应负担部分由个人自行缴纳；⑤驳回黄某的其他诉讼请求。

判决作出后，某服饰有限公司向杭州市中级人民法院提起上诉。杭州市中级人民法院开庭审理后，作出〔2015〕浙杭民终字第2351号民事判决书，判决：驳回上诉，维持原判。

律师分析

本案的争议焦点一：公司单方面变更工资发放的方式，未与劳动者协商一致，应该按照原来的方式发放工资，还是应该按照新的方式发放工资？

根据《工资支付暂行规定》第十七条的规定：用人单位应根据本规定，通过与职工大会、职工代表大会或者其他形式协商制定内部的工资支付制度，并告知本单位全体劳动者，同时抄报当地劳动行政部门备案。《劳动合同法》第四条规定：用人单位在制定、修改或者决定有关劳动报酬、工作时间、休息休假、劳动安全卫生、保险福利、职工培训、劳动纪律以及劳动定额管理等直接涉及劳动者切身利益的规章制度或者重大事项时，应当经职工代表大会或者全体职工讨论，提出方案和意见，与工会或者职工代表平等协商确定。用人单位应当将直接涉及劳动者切身利益的规章制度和重大事项决定公示，或者告知劳动者。从前述法律、法规的规定看，公司的工资支付制度要想发生效力必须满足以下条件：一是不得违反《工资支付暂行规定》《劳动合同法》的规定；二是必须与职工进行协商，听取职工的意见，经过民主的程序制定；三是必须进行公示，告知职工，让职工清楚具体的内容。

本案中，公司单方面将原来的“按照12000元每月除月自然天数乘实际出勤天数为标准发放”修改为“当月计划完成目标与当月实际完成百分比情况按百分比发放工资”，没有与包括黄某在内的全体职工进行商议，听取职工的意见。同时，公司在作出变更的工资支付方式以后，没有向黄某进行公示，没有告知黄某具体的内容。公司新的工资发放方式没有经过民主程序，也没有告知黄某，因此，新的工资发放方式对黄某不发生效力。根据《工资支付暂行规定》第十五条的规定，用人单位不得克扣劳动者工资。同时，《劳动法》第五十条也规定：工资应当以货币形式按月支付给劳动者本人。不得克扣或者无故拖欠劳动者的工资。因此，公司应该按照“12000元每月除月自然天数乘实际出勤天数”的标准向黄某补发扣除的全部工资。

本案争议焦点二：某服饰有限公司是否应当支付黄某未签订书面劳动合

同的双倍工资?

与劳动者签订书面劳动合同是用人单位的法定义务。首先，用人单位招用劳动者，即应先行核实劳动者的身份信息，某服饰有限公司仅凭“黄乙”对身份的自行陈述即聘用“黄乙”，显然不符合常理。其次，如果某服饰有限公司确实相信其招用的劳动者系“黄乙”，则应当与“黄乙”签订书面劳动合同，而某服饰有限公司并未提交其与“黄乙”的劳动合同，此时，如果某服饰有限公司确因“黄乙”未能提交真实的身份信息，则在合理期限内及时终止双方的劳动关系，而双方的劳动关系自2014年6月19日建立劳动关系开始，某服饰有限公司一直未与“黄乙”终止劳动关系。最后，从某服饰有限公司提交的转账记录等也明确收款人为黄某，作为用人单位，向劳动者本人的银行卡中支付工资或者由本人签收工资方为常理，尤其是在其相信黄某为“黄乙”，而“黄乙”又一直未能提供身份材料的情况下，更应核实“黄乙”的身份。故某服饰有限公司主张其不知“黄乙”为黄某，明显不符合常理。因此，某服饰有限公司未能与黄某签订书面劳动合同的原因不能归结于黄某，某服饰有限公司应支付黄某未签订书面劳动合同的双倍工资。

本案争议焦点三：某服饰有限公司是否应当为黄某补缴社会保险?

根据《社会保险法》的规定，为劳动者缴纳社会保险系用人单位法定义务，某服饰有限公司应当为黄某补缴社会保险。

实务指南

劳动者遇到用人单位无故克扣工资的情况下，在维护自己的合法权益时，应该注意哪些法律要点?

1. 积极收集用人单位克扣工资的证据

法律中规定的证据种类有很多种，只要能够证实案件真实情况的材料，都可以作为证据证明案件事实。常见的证据主要有：劳动者与用人单位签订的劳动合同，用人单位的工资单、工资表，劳动者工资的银行账单明细。

2. 向劳动保障监察部门投诉

在掌握了相关证据的前提下，劳动者可以选择向劳动保障监察部门投诉。全国统一的劳动保障服务号码为12333，劳动者可以通过电话、邮件向劳动保障监察部门投诉，也可以直接到公司所在地的劳动保障监察部门进行投诉。

3. 向仲裁委申请劳动仲裁

根据《工资支付暂行规定》第十九条的规定，劳动者与用人单位因工资支付发生劳动争议的，当事人可依法向劳动争议仲裁机关申请仲裁。对仲裁裁决不服的，可以向人民法院提起诉讼。因此，劳动者也可以选择直接向仲裁委申请劳动仲裁，来维护自己的合法权益。

关联法规

《工资支付暂行规定》

第十五条 用人单位不得克扣劳动者工资。有下列情况之一的，用人单位可以代扣劳动者工资：

（一）用人单位代扣代缴的个人所得税；

（二）用人单位代扣代缴的应由劳动者个人负担的各项社会保险费用；

（三）法院判决、裁定中要求代扣的抚养费、赡养费；

（四）法律、法规规定可以从劳动者工资中扣除的其他费用。

《劳动法》

第五十条 工资应当以货币形式按月支付给劳动者本人。不得克扣或者无故拖欠劳动者的工资。

案例 25　用人单位停产造成劳动者待工应承担工资续付义务

案情简介

张某系重庆某煤业有限公司某煤矿的员工，张某于 2009 年开始在该煤矿工作，工资按月发放，本月工资于次月 15 日前以现金形式发放。2012 年 7 月 30 日，煤矿因经营成本较高、效益不好而停产。2013 年 8 月 19 日，重庆市北碚区人民政府发出通知，对该煤矿实施直接性关闭。停产期间，张某未向单位提供劳动，双方未解除劳动关系，张某也未重新就业。2014 年 7 月 14 日，张某提起劳动仲裁，请求单位按当年重庆市最低工资标准支付其停产期间工资 36480 元，劳动争议仲裁委员会以其请求不属于受案范围为由决定不予受理。张某遂诉至法院。

裁判结果

法院经审理认为，用人单位应按月支付劳动者工资，某煤矿 2012 年 7 月停产非因劳动者原因造成，停产期间张某虽未再向该单位提供劳动，但双方并未解除劳动关系，张某也未重新就业。2013 年 8 月 19 日，该煤矿被政府责令关闭。根据《劳动合同法》第四十四条的规定，用人单位被责令关闭则劳动关系终止。故该煤矿应支付张某 2012 年 8 月 1 日至 2013 年 8 月 19 日期间的工资。因支付最低工资是以劳动者能够在法定工作时间内履行正常劳动义务为前提条件的，在劳动者未提供正常劳动的情况下，以本地城市居民最低保障线标准计付工资较为合理，故判决该煤矿支付张某停产期间工资 4247.4 元。判决作出后，双方当事人均没有提起上诉，一审判决已发生法律效力。

律师分析

本案争议焦点为：非因劳动者原因造成单位停工，停工期间劳动者未提供劳动，用人单位是否应该支付工资及支付工资的标准。

《工资支付暂行规定》第十二条规定：非因劳动者原因造成单位停工、停产在一个工资支付周期内的，用人单位应按劳动合同规定的标准支付劳动者工资。超过一个工资支付周期的，若劳动者提供了正常劳动，则支付给劳动者的劳动报酬不得低于当地的最低工资标准；若劳动者没有提供正常劳动，应按国家有关规定办理。本案即属于超过一个工资支付周期，且劳动者没有提供正常劳动的情形，由于此处“按国家有关规定办理”指向不明确，故实践中就是否应该支付工资及工资支付标准均存在争议。

从劳动法律相关规定来看，在劳动者未提供正常劳动的情况下，单位承担的工资续付义务可大致分为两类：一是完全工资续付义务，如《劳动法》第五十一条与《工伤保险条例》第三十三条规定，职工带薪休假、婚丧假、工伤停工留薪期间，单位应按劳动合同的约定正常支付工资。二是限制工资续付义务，如原劳动部《关于贯彻执行〈中华人民共和国劳动法〉若干问题的意见》第五十八条规定：企业下岗待工人员，由企业依据当地政府的有关规定支付其生活费，生活费可以低于最低工资标准，下岗待工人员中重新就业的，企业应停发其生活费。女职工因生育、哺乳请长假而下岗的，在其享受法定产假期间，依法领取生育津贴；没有参加生育保险的企业，由企业照发原工资。

本案中，单位停工本身就因经济效益不好所致，在单位经营状况持续恶化，并且劳动者未提供正常劳动的情况下，如果仍要求其承担完全工资续付义务或按最低工资支付标准支付工资，则不仅难以兑现，也不利于单位今后发展，并最终损及劳动者的利益。因此，参照《关于贯彻执行〈中华人民共和国劳动法〉若干问题的意见》第五十八条的规定，以当地政府规定的最低生活保障线标准支付劳动者工资较为合理。

实务指南

由于用人单位原因造成停工停产期间，用人单位应支付给劳动者停工工资（亦称停工津贴）。停工停产在一个工资支付周期内，用人单位应按劳动合同规定的标准支付劳动者工资。超过一个工资支付周期的，若劳动者提供了正常劳动，则支付给劳动者的劳动报酬不得低于当地的最低工资标准；若劳动者没有提供正常劳动，应按国家有关规定办理，目前应按职工基本生活保障制度的规定，向劳动者支付基本生活费。由于劳动者原因造成停工停产期间，除因工负伤在停工治疗的停工留薪期间，用人单位应向劳动者支付原工资待遇以外，一般是可以不支付工资或基本生活费的。

关联法规

《工资支付暂行规定》

第十二条 非因劳动者原因造成单位停工、停产在一个工资支付周期内的，用人单位应按劳动合同规定的标准支付劳动者工资。超过一个工资支付周期的，若劳动者提供了正常劳动，则支付给劳动者的劳动报酬不得低于当地的最低工资标准；若劳动者没有提供正常劳动，应按国家有关规定办理。

第十八条 各级劳动行政部门有权监察用人单位工资支付的情况。用人单位有下列侵害劳动者合法权益行为的，由劳动行政部门责令其支付劳动者工资和经济补偿，并可责令其支付赔偿金：

（一）克扣或者无故拖欠劳动者工资的；

（二）拒不支付劳动者延长工作时间工资的；

（三）低于当地最低工资标准支付劳动者工资的。

经济补偿和赔偿金的标准，按国家有关规定执行。

《工伤保险条例》

第三十三条 职工因工作遭受事故伤害或者患职业病需要暂停工作接受工伤医疗的，在停工留薪期内，原工资福利待遇不变，由所在单位按月支付。

停工留薪期一般不超过12个月。伤情严重或者情况特殊，经设区的市级劳动能力鉴定委员会确认，可以适当延长，但延长不得超过12个月。工伤职工评定伤残等级后，停发原待遇，按照本章的有关规定享受伤残待遇。工伤职工在停工留薪期满后仍需治疗的，继续享受工伤医疗待遇。

生活不能自理的工伤职工在停工留薪期需要护理的，由所在单位负责。

《关于贯彻执行〈中华人民共和国劳动法〉若干问题的意见》

第五十八条 企业下岗待工人员，由企业依据当地政府的有关规定支付其生活费，生活费可以低于最低工资标准，下岗待工人员中重新就业的，企业应停发其生活费。女职工因生育、哺乳请长假而下岗的，在其享受法定产假期间，依法领取生育津贴；没有参加生育保险的企业，由企业照发原工资。

案例26 职工未休年休假，单位是否需要支付带薪年休假工资

案情简介

陈某于2013年1月5日到某汽车销售公司处担任人力资源经理一职，双方签订了劳动合同，劳动合同期间自2013年1月5日至2016年1月4日。公司为陈某缴纳了2013年4月至2014年10月的社会保险费。2014年10月13日，某汽车销售公司以陈某不服从领导管理为由，解除了与陈某的劳动合同。陈某解除劳动合同前12个月平均工资按某汽车销售公司已发给陈某工资计算为4827.15元。某汽车销售公司已支付陈某2013年工资差额，尚未支付陈某2014年1月至6月工资差额，每月500元，共计3000元。

劳动合同解除以后，陈某向劳动人事争议仲裁委员会申请了劳动仲裁，要求某汽车销售公司：①支付违法解除劳动合同赔偿金21308.6元。②支付加班工资53761.34元。③支付防暑降温费640元。④支付2014年带薪年休假工资2939.11元。⑤办理档案和社会保险关系转移手续。⑥支付2013年1月

至2014年6月的工资差额9000元。仲裁庭于2015年3月9日作出裁决书，裁决：①某汽车销售公司支付陈某违法解除劳动合同赔偿金21308.6元。②某汽车销售公司支付陈某2014年1月至2014年6月工资差额3000元，2013年、2014年防暑降温费640元，2014年带薪年休假工资1959.41元。③某汽车销售公司为陈某办理档案移交和社会保险转移手续。④陈某的其他请求不予支持。裁决作出以后，陈某不服裁决，起诉至法院。

裁判结果

烟台市福山区人民法院开庭审理以后，作出〔2015〕福民初字第88号民事判决书，判决：①某汽车销售公司于判决生效之日起10日内支付陈某2014年1月至2014年6月工资差额3000元，2013年、2014年防暑降温费640元，2014年带薪年休假工资1959.41元，违法解除劳动合同赔偿金21308.6元，共计26908.01元。②某汽车销售公司于判决生效之日起15日内为陈某办理档案转移及社会保险转移手续。判决作出后，双方当事人均没有提起上诉，一审判决已发生法律效力。

律师分析

本案的争议焦点是对于一些特殊身份或特殊情形的劳动者（公司高管、人事负责人）未休年休假是否应该支付带薪年休假工资？

带薪年休假制度是国家为切实保障劳动者宪法权益而实施的一项福利政策，对于用人单位具有较高的强制性。但是，如何正确把握和计算带薪年休假的天数，这个问题往往困扰着很多单位和劳动者。

我们先要明确，我国法律目前对带薪年休假的相关规定，也就是劳动者要享受带薪年休假应该满足的条件。首先，劳动者参加工作的时间必须满一年，这之后才能获得带薪年休假的权利。如果是新入职的员工，其入职前已经工作满一年的，则其自入职时起即具有享受带薪年休假的资格。因此，是否享受带薪年休假，与劳动者跳槽无关。其次，年休假按照自然年度计算；工作满一年的当年，劳动者即可享受带薪年休假，年休假的天数为：当年度在本单位剩余日历天数÷365天×职工本人全年应当享受的年休假天数。最后，职工离职当年的年休假=（当年度实际工作天数÷365）×全年应休年休假天数。

对于用人单位法定代表人、高管人员、人事管理部门负责人或主管人员没有享受带薪年休假，用人单位是否应该支付带薪年休假工资，目前法律并没有作出明确的规定。但是在司法实践中，法院在认定这种情况时，通常认为用人单位能够证明该高管人员职责范围包括安排单位员工带薪年休假内容的除外。对有证据证明高管人员向用人单位提出申请休年假而被拒绝的，仍可支持高管人员的带薪年休假工资。根据以上实践操作，其并没有对高管未休带薪年休假一刀切地认为支持或者不支持带薪年休假工资，而是将举证责任首先分配给用人单位，如用人单位举证不能，则承担不利责任。即使用人单位能够举证，但是如果劳动者举证出来其向用人单位提出申请休年假而被拒绝的，仍然需要承担不利责任。本案中，虽然用人单位提出“陈某是人力资源经理，带薪年假属于考勤管理范畴内，并由陈某本人管理掌控，其陈某所说的未休带薪年假不予认可。”但是其并未提出相关的证据予以证明，同时陈某却有相关的证据能够证明其自己没有休年假，因此，法院支持了陈某的请求。

工资是用人单位支付给本单位劳动者的劳动报酬，不得克扣或拖欠。某汽车销售公司欠发陈某 2014 年 1 月至 6 月的工资，每月 500 元，应当予以支付，按每月 500 元计算 6 个月为 3000 元。某汽车销售公司欠发陈某 2013 年至 2014 年防暑降温费 640 元，且某汽车销售公司又提供不出已支付陈某防暑降温费的证据，故某汽车销售公司应支付陈某 2013 年至 2014 年防暑降温费 640 元。

2014 年 10 月 13 日，某汽车销售公司以陈某不服从领导管理为由，解除与陈某的劳动合同，未向法院提供证据予以证实，也就是说某汽车销售公司没有任何理由与证据解除与陈某的劳动合同，属于违法解除，某汽车销售公司违法解除陈某的劳动合同，应当支付陈某违法解除劳动合同的赔偿金，其赔偿金按某汽车销售公司已支付陈某解除劳动合同前已支付的前 12 个月平均工资 4827. 15 元加未支付的工资差额每月 500 元，即解除劳动合同前 12 个月平均工资应按每月 5327. 15 元计算，并按陈某在某汽车销售公司处的工作年限 2 年支付 2 个月工资的 2 倍，计算为 21308. 6 元。

实务指南

带薪年休假是国家赋予劳动者的一项法定休息休假的权利，是职工健康权的保障。对此，劳动者有两种选择：一是依法休年休假，单位工资照发；

二是未休年休假，单位应该依法支付未休年休假的工资报酬，通常为正常工资的三倍。在因为年休假发生争议时，劳动者要注意以下维权要点。

第一，哪些人可以享受年休假？休息权是《宪法》规定的公民权利，劳动者平等享有休息权。为了平等保护各类职工的休息休假权利，充分调动广大职工的工作积极性，《职工带薪年休假条例》（以下简称《条例》）对各类用人单位实行广覆盖，规定单位应当保证职工享受年休假。

第二，用人单位有义务主动安排劳动者休年休假，如果因工作安排导致劳动者未休年休假，则应该承担支付三倍工资的责任。

第三，劳动者同意不休年休假，用人单位是否就可以不支付三倍工资呢？答案是不可以，单位仍然要支付三倍工资。根据《条例》第五条第三款的规定，单位确因工作需要不能安排职工休年假的，经职工本人同意，可以不安排职工休年假。对职工应休未休假天数，单位应当按照该职工日工资收入的300%支付年休假工资报酬。由此可见，只要劳动者客观上没有休年休假，不论用人单位同意或者不同意，劳动者均有权主张未休年休假三倍工资。

第四，休假的天数是多少？年休假天数应当与我国现阶段的经济社会发展水平和企业等单位的承受能力相适应。根据《条例》的规定，职工累计工作已满1年不满10年的，年休假5天；已满10年不满20年的，年休假10天；已满20年的，年休假15天。同时，国家法定休假日、休息日不计入年休假的假期。

第五，年休假与其他休假的关系是什么？一是年休假与寒暑假。在我国，学校一直实行寒暑假制度，教职员工享受的寒暑假天数（寒假2至3周，暑假5至6周）远远超过《条例》规定的年休假天数。因此，《条例》规定职工依法享受寒暑假，其休假天数多于年休假天数的，不享受当年的年休假。二是年休假与病、事假。《条例》规定职工请事假累计20天以上且单位按照规定不扣工资的，不享受当年的年休假；累计工作满1年不满10年的职工请病假累计2个月以上的，累计工作满10年不满20年的职工请病假累计3个月以上的，累计工作满20年以上的职工请病假累计4个月以上的，不享受当年的年休假。

第六，《条例》对年休假的监督机制作了三个方面的规定：一是县级以上地方人民政府人事部门、劳动保障部门应当依据职权对单位执行《条例》的情况主动进行监督检查。二是工会组织依法维护职工的年休假权利。三是单位既不安排职工休年休假又不依照《条例》规定给予年休假工资报酬的，由县级以上地方人民政府人事部门或者劳动保障部门依据职权责令限期改正；

对逾期不改正的，除责令该单位支付年休假工资报酬外，单位还应当按照年休假工资报酬的数额向职工加付赔偿金；对拒不支付年休假工资报酬、赔偿金的，属于公务员和参照《公务员法》管理的人员所在单位的，对直接负责的主管人员以及其他直接责任人员依法给予处分；属于其他单位的，由劳动保障部门、人事部门或者职工申请人民法院强制执行。

关联法规

《职工带薪年休假条例》

第三条 职工累计工作已满1年不满10年的，年休假5天；已满10年不满20年的，年休假10天；已满20年的，年休假15天。

国家法定休假日、休息日不计入年休假的假期。

第四条 职工有下列情形之一的，不享受当年的年休假：

（一）职工依法享受寒暑假，其休假天数多于年休假天数的；

（二）职工请事假累计20天以上且单位按照规定不扣工资的；

（三）累计工作满1年不满10年的职工，请病假累计2个月以上的；

（四）累计工作满10年不满20年的职工，请病假累计3个月以上的；

（五）累计工作满20年以上的职工，请病假累计4个月以上的。

第五条 单位根据生产、工作的具体情况，并考虑职工本人意愿，统筹安排职工年休假。

年休假在1个年度内可以集中安排，也可以分段安排，一般不跨年度安排。单位因生产、工作特点确有必要跨年度安排职工年休假的，可以跨1个年度安排。

单位确因工作需要不能安排职工休年假的，经职工本人同意，可以不安排职工休年假。对职工应休未休假天数，单位应当按照该职工日工资收入的300%支付年休假工资报酬。

案例27 职工主张年终奖，举证责任如何分配

案情简介

2010年10月27日，涂某入职到北京某置业有限公司，双方签订了起止

期限为2010年10月27日至2011年11月26日的劳动合同书。2013年1月1日，北京某置业有限公司、某安装公司（以下简称安装公司）与涂某达成三方协议，约定北京某置业有限公司与涂某签订的劳动合同于2012年12月31日终止。同日，安装公司、涂某双方签订了起止期限自2013年1月1日至2016年11月26日的劳动合同。涂某在安装公司处担任工程部副经理，月工资标准为13316.72元，2014年4月30日，安装公司、涂某双方解除劳动关系。

2014年4月25日，涂某向仲裁委申请仲裁，要求：①安装公司向其支付2010年10月27日至2013年12月31日期间115天休息日加班工资189883.70元；②2011年1月1日至2013年12月31日期间10天带薪年休假工资24767.44元；③2013年1月1日至12月31日年终奖金143000元；④违法解除劳动合同赔偿金142000元。

2014年7月8日，仲裁委作出裁决书，裁决：①安装公司支付涂某2013年1月1日至2013年12月31日期间休息日加班工资1064元；②安装公司支付涂某2013年1月1日至2013年12月31日期间带薪年休假工资6122.60元；③安装公司补发涂某2013年1月1日至2013年12月31日期间年终奖金143000元；④安装公司支付涂某违法解除劳动合同赔偿金106532元；⑤驳回涂某的其他仲裁请求。裁决作出后，安装公司向法院提起诉讼。

裁判结果

北京市通州区人民法院开庭审理后，作出〔2014〕通民初字第12943号民事判决书，判决：①安装公司支付涂某2013年1月1日至2013年12月31日期间休息日加班工资人民币1064元，于判决生效之日起7日内执行；②安装公司支付涂某2013年1月1日至2013年12月31日期间未休年休假工资人民币2449.05元，于判决生效之日起7日内执行；③安装公司支付涂某2013年1月1日至2013年12月31日期间的年终奖人民币62316.8元，于判决生效之日起7日内执行；④安装公司支付涂某违法解除劳动合同赔偿金人民币106532元，于判决生效之日起7日内执行；⑤驳回安装公司的其他诉讼请求。

判决作出后，安装公司向北京市第三中级人民法院提起上诉。北京市第三中级人民法院开庭审理后，作出〔2015〕三中民终字第00975号民事判决书，判决：驳回上诉，维持原判。

律师分析

本案的争议焦点一：安装公司解除涂某的劳动合同是否属于违法解除？

因安装公司未提交充分、有效的证据证明涂某绩效考核不达标，无法胜任原工作岗位，且安装公司调整涂某工作岗位并非双方协商一致的结果，在涂某不同意调整工作岗位的情况下，安装公司单方作出调岗决定缺乏合理依据，故安装公司以涂某未到新岗位上班，连续旷工为由与其解除劳动关系，违反了相关法律的规定，安装公司理应支付涂某违法解除劳动合同赔偿金。

本案的争议焦点二：涂某在北京某置业有限公司的工作年限是否应该计入安装公司的工作年限？

安装公司、涂某双方均认可涂某是因安装公司的工作安排于 2013 年 1 月 1 日由北京某置业有限公司转入安装公司处，涂某的工作变化并非个人原因导致，且北京某置业有限公司亦未向安装公司支付过解除劳动关系的经济补偿，因此，涂某在北京某置业有限公司的工作年限应合并计算至安装公司的工作年限内，从 2010 年 10 月 27 日起计算违法解除劳动关系赔偿金。

本案的争议焦点三：涂某主张安装公司应该向其发放年终奖，举证责任如何分担？

劳动者的合法权益受法律保护。当事人对自己提出的主张有责任提供证据予以证实。涂某主张安装公司应根据公司的年终奖总额按比例支付其年终奖金，因公司 2013 年的年终奖总额是 1200 万元，故应向其发放 163000 元的年终奖，但涂某对此未提交相应证据予以佐证，安装公司对此亦不予认可，所以法院没有支持涂某的主张。安装公司年终奖的发放金额与绩效等级有关，因 2013 年涂某的绩效考核为 C + 级，安装公司按照计算公式核算出应向涂某发放年终奖 20000 元，但涂某对此不予认可，认为应将其评定为 B 级。在此种情况下，由于涂某 2013 年第四季度的绩效考核表（评定结果为 C + 级）因缺少涂某的签字确认而存在形式上的瑕疵，安装公司亦未提交其他充分、有效的证据证明涂某的绩效等级应当被评定为 C + 级，结合涂某前三个季度的考核成绩情况（分别为 B 级、B 级、B – 级），法院最终认为安装公司将涂某 2013 年的绩效考核成绩评定为 C + 级欠妥。因此，法院采信涂某的主张，将其 2013 年的绩效考核等级评定为 B 级。

在涂某2013年的绩效考核等级被评为B级的情况下，经公司核算，涂某的年终奖金额为82316.8元，公司已向涂某发放了20000元，应补足剩余的年终奖差额，故法院对安装公司要求不支付涂某2013年1月1日至2013年12月31日期间年终奖的合理部分，予以支持，不合理部分，不予支持。

实务指南

《最高人民法院关于审理劳动争议案件适用法律若干问题的解释》第十三条规定：因用人单位作出的开除、除名、辞退、解除劳动合同、减少劳动报酬、计算劳动者工作年限等决定而发生的劳动争议，用人单位负举证责任。实务中，除了本条规定的情况外，还有很多劳动者提起诉讼但由用人单位承担举证责任的实例。例如，因执行有关工资、保险、福利、培训、劳动保护的规定而发生争议，由于用人单位和劳动者存在管理与被管理的关系，大量的劳动争议都是由用人单位以管理者身份的单方行为引起的，劳动者在合法权益遭受侵害时，往往无法提供有效的证据来证明。而用人单位处于主动、积极和权力干预的地位，由此发生争议后，劳动者仅就决定有错误承担举证责任，至于为什么有错误，因为作出决定的不是劳动者，故劳动者不应当承担举证责任。

年终奖属于诸多新型劳动争议中的一种，劳动者在主张年终奖时，要明确以下几个问题：一是公司是否有关于年终奖的规章制度；二是职工与公司之间是否存在关于年终奖的约定，包括年终奖发放条件、年终奖计算公式、年终奖支付方式、年终奖支付时间等；三是如果公司有关于年终奖的规定或者职工与公司之间有关于年终奖的约定，在这种情况下，由职工承担初步的举证责任，至于年终奖是否发放、如何发放、发放的数额则由用人单位举证，如果用人单位无法给出证据进行合理解释，则应当承担不利的法律后果。

关联法规

《最高人民法院关于审理劳动争议案件适用法律若干问题的解释》

第十三条 因用人单位作出的开除、除名、辞退、解除劳动合同、减少劳动报酬、计算劳动者工作年限等决定而发生的劳动争议，用人单位负举证责任。

案例28 拒不支付劳动报酬的认定

案情简介

袁某系浙江省云和县某工艺厂（系个人独资企业）的负责人，其与丈夫夏某（另案处理）共同经营该厂。自2011年年初开始，该厂长期拖欠工人工资。2011年9月初，袁某与夏某突然逃匿，手机关机无法联系。9月9日，云和县劳动行政部门发出指令书，指令某工艺厂于9月13日前支付拖欠的工人工资。同日，云和县人民法院对某工艺厂的机器设备进行了财产保全。9月21日，因袁某与夏某未如期履行工资支付义务，云和县人民法院正式立案调查。10月8日，袁某到云和县人民法院核对拖欠工人工资的情况。经法院判决和调解，某工艺厂拖欠工人工资共计人民币290270.52元。10月下旬，袁某再次逃匿，并改变联系方式。2012年1月15日，该案被移送至云和县公安局，并于次日被立为刑事案件。1月19日，袁某主动到云和县公安局投案，并如实供述了主要犯罪事实。

裁判结果

浙江省云和县人民法院经审理认为，被告人袁某以逃匿、改变联系方式的方法，逃避支付劳动者的劳动报酬29万余元，数额较大，经政府有关部门责令支付仍不支付，其行为已构成拒不支付劳动报酬罪。袁某在案发后自动投案，并如实供述自己的犯罪事实，系自首，依法可从轻处罚。依照《刑法》的有关规定，认定被告人袁某犯拒不支付劳动报酬罪，判处有期徒刑一年，并处罚金人民币二万元。宣判后，袁某服判，未提出上诉。

律师分析

自2011年5月1日起施行的《刑法修正案（八）》，将恶意欠薪行为入罪，在很大程度上完善了劳动者权利保护体系。通过《刑法》的强力介入，打击恶意欠薪，震慑无良雇主，保护广大劳动者的合法权益不受侵犯。

本案中，被告人袁某以逃匿的方法逃避支付劳动者的劳动报酬达29万余元，且经云和县劳动行政部门责令支付仍不支付，并再次逃匿，改变联系方式，其行为已构成拒不支付劳动报酬罪。该案的审判明晰了拒不支付劳动报酬罪的构罪要件，该罪主观方面应以逃避支付劳动者的劳动报酬为目的，客观方面表现为以转移财产、逃匿等方法逃避支付劳动者的劳动报酬，或者有能力支付而不支付劳动者的劳动报酬，且拖欠的劳动报酬需达到数额较大，并以经政府有关部门责令支付仍不支付为前提，目的在于在加大保护劳动者合法权益的同时，也避免了刑罚的过度干预，有助于维护市场经济健康有序运行，促进社会的和谐稳定。

实务指南

近年来，一些地区的用工单位拖欠或不支付劳动者劳动报酬的现象比较突出，有的务工人员工资被拖欠，严重侵犯劳动者的合法权益，有的甚至引发群体性事件和诸多社会矛盾，成为影响社会稳定的重要隐患。据调查，拖欠或不支付劳动者劳动报酬的案件有以下特点：①多发于建筑施工、加工制造、住宿和餐饮等劳动密集型行业的个体或中小企业。②被拖欠工资的对象主要是进城务工的农民工，属于弱势群体。③拖欠或不支付劳动者劳动报酬的欠薪逃匿案件情况复杂，处理难度大，一旦处理不当极易引发群体性事件，影响地方稳定。当前处理这类案件主要通过以下几种途径：一是与用人单位协商解决，二是由劳动争议处理机构调解，三是由劳动争议仲裁机构仲裁，四是向人民法院提起诉讼。以上四种处理途径虽然解决了部分的欠薪问题，但还没有完全遏制这种违法行为。

《刑法》第二百七十六条之一共分三款。第一款是关于以转移财产、逃匿等手段，逃避支付或有能力支付而不支付劳动者的劳动报酬的犯罪及其刑事处罚的规定。本款规定的逃避支付或者不支付劳动者报酬的犯罪是故意犯罪，主体是自然人，在主观方面必须有逃避支付或者有能力支付而不支付劳动者的劳动报酬的故意，其侵犯的客体为双重客体，既侵犯了劳动者获得劳动报酬的权利，又扰乱了市场经济秩序。在客观方面，行为人实施转移财产或逃匿等手段逃避支付劳动者的劳动报酬，或者虽没有转移财产和逃匿等行为，但有能力支付而故意不支付劳动者的劳动报酬的行为。第二款是关于单位犯罪的处罚规定。本款所说的“单位”，是指《劳动合同法》中规定的用人单位，包括具备合法经营资格的用人单位和不具备合法经营资格的用人单位以及劳务派遣单位。对于个人承包经营者犯罪的，应当以个人犯罪追究其刑事责任。根据本款的规定，单位犯逃避支付或不支付劳动者的劳动报酬罪的，对单位判处罚金，同时，对其直接负责的主管人员和其他直接责任人员，依照第一款规定的刑罚予以处罚。也就是说，单位犯罪的构成条件是依照第一款关于个人犯罪的规定，对单位直接负责的主管人员和其他直接责任人员的处罚。第三款是关于拒不支付劳动报酬尚未造成严重后果，在提起公诉前支付了劳动者的劳动报酬，并依法承担赔偿责任的，可以减轻或者免除处罚的规定。

根据最高人民法院的司法解释，具有下列情形之一的，应当认定为《刑法》第二百七十六条之一第一款规定的“数额较大”：一是拒不支付一名劳动者 3 个月以上的劳动报酬且数额在 5000 元至 20000 元以上的，二是拒不支付 10 名以上劳动者的劳动报酬且数额累计在 30000 元至 100000 元以上的。

第二节　索要加班工资风险防范

工作时间是指法律规定的劳动者在一昼夜或一周内从事生产或工作的时间，即劳动者每天应该工作的小时数或每周应该工作的天数。劳动者每天工作的小时数叫工作日，每周应工作的天数叫工作周，工作时间主要以工作日为主要表现形式。《劳动法》第三十六条规定：国家实行劳动者每日工作时间不超过八小时、平均每周工作时间不超过四十四小时的工时制度。

一、延长工作时间

延长工作时间，也就是加班加点。加班是企业、事业单位等经过一定的批准手续，要求职工在法定节假日或者休息日从事工作的时间；加点是企业、事业单位等经过一定的批准手续，要求职工在正常工作日之外延长工作时间。加班加点必然占用职工的休息时间，因此需要严格按照法律的规定执行。《劳动法》第四十三条规定：用人单位不得违反本法规定延长劳动者的工作时间。

（一）延长工作时间的限制条件

《劳动法》第四十一条规定：用人单位由于生产经营需要，经与工会和劳动者协商后可以延长工作时间，一般每日不得超过一小时；因特殊原因需要延长工作时间的，在保障劳动者身体健康的条件下延长工作时间每日不得超过三小时，但是每月不得超过三十六小时。根据这一规定可以看出，延长工作时间不是随意的，必须经过一定的手续，符合一定的条件才行，并且还必须把延长工作时间的长度限定在国家规定的范围之内。具体来说，延长工作时间的条件包括三个方面：一是由于生产经营的需要；二是必须与工会和劳动者协商；三是延长工作时间必须符合《劳动法》的规定。

（二）延长工作时间的法定条件

《劳动法》第四十二条规定："有下列情形之一的，延长工作时间不受本法第四十一条规定的限制：（一）发生自然灾害、事故或者因其他原因，威胁劳动者生命健康和财产安全，需要紧急处理的；（二）生产设备、交通运输线路、公共设施发生故障，影响生产和公众利益，必须及时抢修的；（三）法律、行政法规规定的其他情形。"原劳动部、人事部发布的《〈国务院关于职工工作时间的规定〉的实施办法》第七条规定："各单位在正常情况下不得安排职工加班加点。下列情况除外：（一）在法定节日和公休假日内工作不能间断，必须连续生产、运输或营业的；（二）必须利用法定节日或公休假日的停产期间进行设备检修、保养的；（三）由于生产设备、交通运输线路、公共设施等临时发生故障，必须进行抢修的；（四）由于发生严重自然灾害或其他灾害，使人民的安全健康和国家资财遭到严重威胁，需进行抢救的；（五）为了完成国防紧急生产任务，或者完成上级在国家计划外安排的其他紧急生产任务，以及商业、供销企业在旺季完成收购、运输、加工农副产品紧急任务的。"由此可见，只要具备上述情形之一，就可以延长工作时间，而且可以不经过协商，由用人单位直接决定。

二、工作时间的种类及工资支付

根据《劳动法》《国务院关于职工工作时间的规定》的规定，在计算加班费时首先应当明确是在何种工时制度下的加班，加班的时间为何、当时的工资水平多少，再进行计算。

工时制度	加班工资计算方法
标准工时制	加点加班工资 = 延长加班时间 × 标准工资 × 1.5 周休加班工资 = 周休加班时间 × 标准工资 × 2 法定节假日加班工资 = 假日加班时间 × 标准工资 × 3

续表

工时制度	加班工资计算方法
综合计算工时制	加班工资 = 超过周期加班时间 × 标准工资 × 1.5 法定节假日加班工资 = 假日加班时间 × 标准工资 × 3
不定时工作制	法定节假日加班工资 = 假日加班时间 × 标准工资 × 3

（一）标准工作时间制度

标准工作时间制度简称标准工时制，是指用人单位按照法律规定的标准日工作时间和周工作时间组织生产和工作的一种工作时间制度。《国务院关于职工工作时间的规定》第三条规定：职工每日工作 8 小时、每周工作 40 小时。从 1995 年 5 月 1 日起，我国的标准工作时间为每日工作 8 小时，每周工作 40 小时。

1. 加点工资

加点是指用人单位依法安排劳动者在日法定工作时间以外延长工作时间的劳动法律行为。《劳动法》第四十四条第（一）项规定，安排劳动者延长时间的，支付不低于工资的百分之一百五十的工资报酬。此种情况下，用人单位安排劳动者 8 小时工作时间外延长工作时间，就应按不低于工资百分之一百五十的标准支付劳动者工资报酬。

加点工资
用人单位安排劳动者
8小时工作时间外延长工作时间
不低于工资百分之一百五十

2. 休息日加班工资

休息日是指在一个工作周之后，劳动者应当享有的休息时间。根据《劳动法》的规定，用人单位应当保证劳动者每周至少休息一天。休息日主要指周六、周日。《劳动法》第四十四条第（二）项规定，休息日安排劳动者工作又不能安排补休的，支付不低于工资的百分之二百的工资报酬。

在此种情况下，用人单位支付加班费的必要条件，一是安排劳动者在休息日加班，二是不能安排劳动者补休。用人单位应向劳动者支付不低于工资百分之两百的工资报酬。如用人单位安排了劳动者补休，则不存在支付加班费的问题。

休息日加班工资：
- 安排劳动者休息日加班
- 不能安排劳动者补休

→ 不低于工资百分之两百

3. 法定节假日加班工资

法定节假日是指根据国家法律法规的统一规定，全体公民或部分公民享有的休息时间。根据《全国年节及纪念日放假办法》的规定，法定节假日包括全体公民放假的节日、部分公民放假的节日以及少数民族放假的节日。

《劳动法》第四十四条第（三）项规定，法定休假日安排劳动者工作的，支付不低于工资的百分之三百的工资报酬。《职工带薪年休假条例》第五条第三款进一步规定，单位确因工作需要不能安排职工休年休假的，经职工本人同意，可以不安排职工休年休假。对职工应休未休的年休假天数，单位应当按照该职工日工资收入的百分之三百支付年休假工资报酬。

在此种情况下，只要用人单位安排劳动者在法定节假日加班，就应支付加班费。加班费标准为，除劳动者正常工资外，还应"另外支付"给劳动者不低于工资百分之二百的工资报酬。即应支付给劳动者三倍的工资报酬。

法定节假日加班工资：
- 安排劳动者法定节假日加班

→ 不低于工资的百分之三百

（二）综合计算工作时间制度

综合计算工作时间制度简称综合计算工时制度，是针对因工作性质特殊，需要连续作业或受季节及自然条件限制的企业部分职工，采用的以周、月、季、年等为周期综合计算工作时间的一种工时制度。

根据原劳动部1994年12月14日发布的《关于企业实行不定时工作制和综合计算工时工作制的审批办法》第五条的规定："企业对符合下列条件之一的职工，可实行综合计算工时工作制，即分别以周、月、季、年等为周期，综合计算工作时间，但其平均日工作时间和平均周工作时间应与法定标准工作时间基本相同。（一）交通、铁路、邮电、水运、航空、渔业等行业中因工作性质特殊，需连续作业的职工；（二）地质及资源勘探、建筑、制盐、制糖、旅游等受季节和自然条件限制的行业的部分职工；（三）其他适合实行综合计算工时工作制的职工。"

企业实行综合工作时间，需要履行审批手续。《关于企业实行不定时工作制和综合计算工时工作制的审批办法》第七条规定："中央直属企业实行不定时工作制和综合计算工时工作制等其他工作和休息办法的，经国务院行业主管部门审核，报国务院劳动行政部门批准。地方企业实行不定时工作制和综合计算工时工作制等其他工作和休息办法的审批办法，由各省、自治区、直辖市人民政府劳动行政部门制定，报国务院劳动行政部门备案。"

在综合计算工时制度情况下，根据《工资支付暂行规定》第十三条第二款的规定，经劳动行政部门批准实行综合计算工时制的，其综合计算工作时间超过法定标准工作时间的部分，应视为延长工作时间，并应按照本规定支付劳动者延长工作时间的工资。此种情况下，对超过法定标准工作时间的部分，应按照不低于工资的150%支付劳动者工资报酬。《关于贯彻执行〈中华人民共和国劳动法〉若干问题的意见》第六十二条规定，实行综合计算工时工作制的企业职工，工作日正好是周休息日的，属于正常工作日；工作日正好是法定节假日时，要依照《劳动法》第四十四条第（三）项的规定支付职工的工资报酬。此种情况下，用人单位在支付劳动者正常工资以外，还应另外支付给劳动者不低于工资200%的工资报酬。

（三）不定时工作时间制度

不定时工作时间制度是指每一工作日没有固定的上下班时间限制的工作时间制度，如企业高管、外勤、推销、长途运输、出租车等岗位上的职工，可以实行不定时工作制度。《工资支付暂行规定》第十三条第四款规定：实行不定时工时制度的劳动者，不执行上述规定（即关于加班加点工资制度的规定）。《关于企业实行不定时工作制和综合计算工时工作制的审批办法》第四条的规定："企业对符合下列条件之一的职工，可以实行不定时工作制。（一）企业中的高级管理人员、外勤人员、推销人员、部分值班人员和其他因工作无法按标准工作时间衡量的职工；（二）企业中的长途运输人员、出租汽车司机和铁路、港口、仓库的部分装卸人员以及因工作性质特殊，需机动作业的职工；（三）其他因生产特点、工作特殊需要或职责范围的关系，适合实行不定时工作制的职工。”

对于实行不定时工作制和综合计算工时工作制等其他工作和休息办法的职工，企业应根据《劳动法》第一章、第四章有关规定，在保障职工身体健康并充分听取职工意见的基础上，采用集中工作、集中休息、轮休调休、弹性工作时间等适当方式，确保职工的休息休假权利和生产、工作任务的完成。

（四）非全日制工作时间制度

非全日制作时间制度一般称非全日制用工，《关于非全日制用工若干问题的意见》和《劳动合同法》对非全日制用工这种用工形式作出了详细规定。

按照《劳动合同法》第六十八条的规定，非全日制用工，是指以小时计酬为主，劳动者在同一用人单位一般平均每日工作时间不超过 4 小时，每周工作时间累计不超过 24 小时的用工形式。非全日制用工小时计酬标准不得低于用人单位所在地人民政府规定的最低小时工资标准。非全日制用工劳动报酬结算支付周期最长不得超过 15 日。2003 年 5 月 30 日，劳动和社会保障部颁发的《关于非全日制用工若干问题的意见》对非全日制用工进行规范，规定“非全日制用工是指以小时计酬、劳动者在同一用人单位平均每日工作时间不超过 5 小时累计每周工作时间不超过 30 小时的用工形式”。与该《意见》相比，《劳动合同法》扩大了非全日制用工的计酬方式，缩短了关于非全日制用工的劳动者在同一家用人单位的平均每日工作时间和累计每周工作时间的规定，更好地保护了非全日制用工的劳动者的合法权益。《劳动合同法》比《关于非全日制用工若干问题的意见》的法律效力高，因此在《劳动合同法》实施后，关于非全日制用工的界定应当以《劳动合同法》的规定为准。

三、日工资、小时工资的折算

根据原劳动和社会保障部《关于职工全年月平均工作时间和工资折算问题的通知》的规定，法定节假日用人单位应当依法支付工资，即折算日工资、小时工资时不剔除国家规定的 11 天法定节假日。据此，日工资、小时工资的折算方法为：①日工资 = 月工资收入 ÷ 月计薪天数；②小时工资 = 月工资收入 ÷ （月计薪天数 ×8 小时）；③月计薪天数 = （365 天 – 104 天） ÷12 月 = 21.75 天。

案例29　加班工资被拖欠，加班证据很关键

案情简介

霍某于2005年4月入职北京某电子技术有限公司，入职后双方曾签订过一份劳动合同，合同期限为2009年1月1日至2009年12月31日，该合同期满后，双方未再续签劳动合同。霍某月基本工资为1000元，每月发放不固定数额的提成，平均月工资为2000元。霍某在某电子技术有限公司最后工作至2012年1月15日。

2012年4月16日，霍某向北京市朝阳区劳动争议仲裁委员会申请劳动仲裁，要求：①某电子技术有限公司支付2005年4月至2012年1月期间的延时加班费、休息日加班费和法定节假日加班费总计124914元；②2005年4月至2012年1月期间未休年休假工资3360.7元；③2008年2月至2012年1月期间未签订劳动合同二倍工资差额94000元等。2012年9月10日，北京市朝阳区劳动争议仲裁委员会作出裁决：①某电子技术有限公司与霍某补订自2011年1月1日起的书面无固定期限劳动合同；②某电子技术有限公司支付霍某2010年4月17日至2012年1月31日期间法定节假日加班工资2207元；③某电子技术有限公司支付霍某2011年未休年休假工资920元；④驳回霍某的其他仲裁请求。霍某不服仲裁裁决，起诉至北京市朝阳区人民法院，某电子技术有限公司未起诉。

裁判结果

北京市朝阳区人民法院开庭审理后，作出〔2013〕朝民初字第03340号民事判决书，判决：①某电子技术有限公司于判决生效后7日内支付霍某法定节假日加班工资3159元；②某电子技术有限公司于判决生效后7日内支付霍某未休年休假工资3360.7元；③驳回霍某的其他诉讼请求。

判决作出后，某电子技术有限公司向北京市第二中级人民法院提起上诉。

北京市第二中级人民法院作出〔2013〕二中民终字第11392号民事判决书，判决：驳回上诉，维持原判。

律师分析

劳动争议申请仲裁的时效期间为一年。劳动关系存续期间因拖欠劳动报酬发生争议的，劳动者申请仲裁不受一年仲裁时效期间的限制；但是，劳动关系终止的，应当自劳动关系终止之日起一年内提出。霍某最后工作至2012年1月15日，其于2012年4月16日申请仲裁，其关于加班费、未休年休假工资的请求未超过仲裁时效。霍某主张支付2010年之前未签订劳动合同二倍工资差额的请求，超过一年的仲裁时效，没有法律依据，法院没有支持。

劳动者主张加班费的，应当就加班事实的存在承担举证责任。霍某提交的证据均不足以证明其存在延时、休息日和法定节假日加班的情况，应当承担举证不能的不利后果。根据某电子技术有限公司提交的《考勤汇总表》显示霍某在2009年1月至2012年1月存在22天法定节假日加班的情形，而某电子技术有限公司未提交证据证明已经支付了霍某法定节假日加班工资，因此应当支付霍某该22天法定节假日加班工资。《职工带薪年休假条例》自2008年1月1日起施行，霍某自2008年1月1日至2012年1月15日期间应享有的年休假经折算后共计为20天。某电子技术有限公司主张霍某已休年休假，但其提交的证据不足以证明其主张，法院没有支持。

用人单位自用工之日起满一年未与劳动者订立书面劳动合同的，自用工之日起满一个月的次日至满一年的前一日应当依照《劳动合同法》第八十二条的规定向劳动者每月支付二倍的工资，并视为自用工之日起满一年的当日已经与劳动者订立无固定期限劳动合同。霍某与某电子技术有限公司2009年1月1日签订的《劳动合同书》于2009年12月31日到期后，双方未续订劳动合同已满一年，视为双方已经订立无固定期限劳动合同，因此，法院对于霍某主张支付2010年12月31日至2012年1月期间未签订劳动合同二倍工资差额的请求，也没有支持。

实务指南

《最高人民法院关于审理劳动争议案件适用法律若干问题的解释（三）》

第九条规定：劳动者主张加班费的，应当就加班事实的存在承担举证责任。但劳动者有证据证明用人单位掌握加班事实存在的证据，用人单位不提供的，由用人单位承担不利后果。从该条的规定来看，劳动者主张加班费的前提是劳动者要对加班的事实进行举证。实践中，劳动者能提供的事前证据主要有考勤记录、加班通知、工资条、银行工资打卡记录、同事的证人证言、工作记录等，劳动者事后主要通过与单位负责人的录音创造固定加班事实的证据。劳动者在保存或创造上述证据时的注意事项有以下几点。

第一，加班考勤记录。一般公司会将考勤记录存放在人事部门，劳动者应争取拿到考勤记录的复印件，作为表面证据证明用人单位掌握加班事实存在的证据，如用人单位拒绝拿出原件，将承担不利后果。同时，复印件也能防止用人单位伪造、篡改考勤表。

第二，书面形式通知加班。以书面形式通知加班的在实践中很少见，如有邮件通知的，可截屏保留。

第三，工资条。工资条往往用在主张用人单位支付的加班费低于法定加班费的情况下，用人单位支付加班费的行为能反面证明劳动者加班的事实。

第四，同事证人证言。但在实践中，除了一同主张权利的同事或该同事已调离该单位的，一般没有几个人会作证，因为一旦作证既得罪人还容易丢了工作。

第五，工作记录的证据。平日延长加班或休息日加班时，只要做个有心人还是可以保存一些工作内容的证据，如周六日给客户发邮件的截图、复印寄送快递的回单（回单上通常注明日期和文件内容）、经手的销售记录或出库单。

第六，保存《员工手册》。一些用人单位往往在《员工手册》上规定了周六为上班时间，员工施行不定时工作制，但却没有劳动部门关于施行不定时工作制的批复。劳动者将盖有公章或部门领导签字的《员工手册》予以复印即可。

第七，报销记录。现在很多企业规定加班到晚上 8 点以后的劳动者可以打车回家，之后单位报销，那么单位在报销的时候，可能需要劳动者填写一个报销的理由，这个时候劳动者可以把这些文件复印一份留下来。

第八，事后创造录音证据。在用人单位尚未警觉的情况下，通过与负责人的对话录音固定曾经加班的事实。录音谈话的内容需要精心准备，建议事先咨询律师。

关联法规

《最高人民法院关于审理劳动争议案件适用法律若干问题的解释》

第十三条 因用人单位作出的开除、除名、辞退、解除劳动合同、减少劳动报酬、计算劳动者工作年限等决定而发生的劳动争议，用人单位负举证责任。

《最高人民法院关于审理劳动争议案件适用法律若干问题的解释（三）》

第九条 劳动者主张加班费的，应当就加班事实的存在承担举证责任。但劳动者有证据证明用人单位掌握加班事实存在的证据，用人单位不提供的，由用人单位承担不利后果。

案例30 《员工手册》规定“加班不予支付加班费”是否有效

案情简介

徐某于2007年9月17日进入某液压有限公司工作，双方签订的最后一份劳动合同期限自2012年9月1日至2013年8月31日。2013年5月1日，某机械科技公司出具劳动关系变更书，将包括徐某在内的原某液压有限公司部分员工的劳动关系变更至某机械科技公司处。2013年9月4日，徐某填写辞职申请表，以合同到期，公司拒付加班费等分歧未能达成一致为由申请辞职。

2013年11月12日，徐某向劳动人事争议仲裁委员会提起仲裁，要求某机械科技公司支付：①2013年7月加班工资差额390元；②2013年8月工资200元；③违法解除劳动合同补偿金27600元；④支付2013年9月绩效考核工资100元。仲裁庭于2014年1月14日作出裁决书，裁决：①某机械科技公司支付徐某2013年7月加班工资差额390元；②某机械科技公司返还徐某2013年8月工资200元；③某机械科技公司支付违法解除劳动合同补偿金23241元；④对徐某的其他申诉请求，不予支持。裁决作出后，某机械科技公司不服，向法院提起诉讼。

裁判结果

上海市金山区人民法院开庭审理后，作出〔2014〕金民三（民）初字第775号民事判决书，判决：①某机械科技公司应于判决生效之日起10日内支付徐某解除劳动合同经济补偿人民币23241元；②某机械科技公司应于判决生效之日起10日内支付徐某2013年7月加班工资差额人民币390元；③某机械科技公司应于判决生效之日起10日内支付徐某2013年8月工资差额200元；④驳回某机械科技公司的其他诉讼请求。

判决作出以后，某机械科技公司向上海市第一中级人民法院提起上诉。上海市第一中级人民法院开庭审理后，作出〔2014〕沪一中民三（民）终字第912号民事判决书，判决：驳回上诉，维持原判。

律师分析

本案的争议焦点一：某机械科技公司是否应支付徐某2013年7月的加班工资差额?

某机械科技公司主张徐某的职位为仓库主管，属于主任级别，故根据《员工手册》的规定，无须支付周一至周六的加班工资。首先，就徐某的职位为仓库主管，某机械科技公司并未提供充分有效的证据予以证明。其次，劳动法规定用人单位安排劳动者休息日加班又不能安排补休的，应支付不低于200%的工资报酬。某机械科技公司《员工手册》中关于主任级别以上人员加班，在一个自然年度内没有安排调休的，视为自动放弃的规定显然有悖于上述法律规定。最后，从徐某2013年7月的考勤记录来看，徐某当月周六加班32小时、周日加班9.5小时，工资单显示徐某当月特殊加班小时数为32小时，故该特殊加班应指周六加班。某机械科技公司主张特殊加班为周日加班，因徐某存在应休未休的情况，故公司多算了加班小时数，与常理不合。因此，某机械科技公司在发放2013年7月工资时未计发徐某平时加班工资及周日加班工资，应予补足差额。

本案的争议焦点二：某机械科技公司是否应支付徐某解除劳动合同的经济补偿?

一方面，某机械科技公司认为双方系因客观原因对加班工资计算标准产生争议。但某机械科技公司在未提供证据证明徐某属主任级别，明知徐某存在平时延时加班及休息日加班的情况下，不计发徐某相应加班工资，很难认定双方仅就加班工资计算标准发生争议。另一方面，用人单位与劳动者的劳动合同到期时，若双方有意继续保持劳动关系，应当及时续签劳动合同，如果认为在双方未续签劳动合同期间，用人单位就无须承担解除劳动合同的法律责任，将可能导致当事人故意不续签劳动合同从而规避法律责任的后果。某机械科技公司主张徐某是在劳动合同到期后即双方事实劳动关系期间提出解除劳动关系，公司无须支付经济补偿，该项主张与法律规定不符。因此，无论是在签订劳动合同的期限内，还是在未签订劳动合同的期限内，用人单位均应当承担解除劳动合同的相应法律责任。徐某以某机械科技公司拒付加班费为由解除劳动合同，因加班费属于劳动报酬，符合《劳动合同法》第三十八条规定的用人单位“未及时足额支付劳动报酬”的情形，徐某的解除理由合法有据。

实务指南

关于企业制定规章制度、《员工手册》，根据《最高人民法院关于审理劳动争议案件适用法律若干问题的解释》的规定，用人单位根据《劳动法》第四条的规定，通过民主程序制定的规章制度，不违反国家法律、行政法规及政策规定，并已向劳动者公示的，可以作为人民法院审理劳动争议案件的依据。也就是说，用人单位的规章制度、《员工手册》要具有法律效力，有效调节用人单位和劳动者之间的关系，必须同时具备两个方面的要件：一是实体要件，即主体适格，内容合法、合理；二是程序要件，即制定程序和公示程序均符合法律的规定，缺乏任何一个要件，都会导致规章制度、《员工手册》在效力上产生瑕疵。其中内容合法，是指用人单位的规章制度、《员工手册》符合《劳动法》《劳动合同法》及相关法律、法规的规定，不得与法律规定相抵触，如果有抵触，那么抵触的部分是无效的，即对劳动者不予适用。

根据劳动和社会保障部发布的《关于确立劳动关系有关事项的通知》的规定，用人单位未与劳动者签订劳动合同，认定双方存在劳动关系时可参照的凭证，包括工资支付凭证或记录（职工工资发放花名册）、缴纳各项社会保险费的记录。因此，一般认为工资单（工资条）在确认劳动关系中起了很大的作用。

从本案所体现的问题，我们可以看出工资单（工资条）在加班费纠纷中也起了很大的作用，因此，提醒劳动者在索要加班费收集证据时，除了要特别重视“考勤记录”的收集，同时也不能忽视“工资单（工资条）”，很多用人单位会在“工资单（工资条）”中对工资进行拆分，其中就有可能包含加班费这一项，因此，如果工资单中包含了加班费这一项，那么从另一个侧面也能帮助证明劳动者是有加班事实的，这对劳动者没有任何证据证明自己具有加班事实时，这个也可以作为证据。

关联法规

《劳动合同法》

第四条　用人单位应当依法建立和完善劳动规章制度，保障劳动者享有劳动权利、履行劳动义务。

用人单位在制定、修改或者决定有关劳动报酬、工作时间、休息休假、劳动安全卫生、保险福利、职工培训、劳动纪律以及劳动定额管理等直接涉及劳动者切身利益的规章制度或者重大事项时，应当经职工代表大会或者全体职工讨论，提出方案和意见，与工会或者职工代表平等协商确定。

在规章制度和重大事项决定实施过程中，工会或者职工认为不适当的，有权向用人单位提出，通过协商予以修改完善。

用人单位应当将直接涉及劳动者切身利益的规章制度和重大事项决定公示，或者告知劳动者。

《最高人民法院关于审理劳动争议案件适用法律若干问题的解释（三）》

第九条　劳动者主张加班费的，应当就加班事实的存在承担举证责任。但劳动者有证据证明用人单位掌握加班事实存在的证据，用人单位不提供的，由用人单位承担不利后果。

案例31　用人单位无法提供原始考勤记录，仍应支付加班费

案情简介

王某于2012年4月到某时装公司工作，工作岗位为缝纫工，王某上班时双方签订书面劳动合同。在工作过程中，王某每日都多工作约50分钟，2014年9月，王某自愿辞职，要求解除双方劳动合同，公司予以准许。后王某以要求公司支付加班加点工资为由向劳动人事争议仲裁委员会申请仲裁，要求裁决单位支付加班加点工资。仲裁委员会经开庭审理后作出裁决，裁决公司

于裁决书生效之日起十日内支付王某加班工资。公司认为，该裁决结果损害了公司的合法权益；公司已足额支付王某加班工资，不存在拖欠加班工资的情形，公司将依法诉至法院，请法院在查明事实的基础上，依法判决公司无须支付王某加班工资。

裁判结果

法院进行了开庭审理，确认了王某确实存在加班的事实，对于具体的加班时间，王某提供了考勤记录复印件。法院认为考勤记录虽为复印件，但公司作为用人单位，劳动者的考勤记录应属其掌握管理的证据，其无法提供，应承担不利后果，故法院对王某提供的考勤记录予以采信，判决公司应该支付王某的加班工资。

律师分析

本案争议的焦点为公司是否拖欠王某的加班工资。关于王某每日加班时间为 50 分钟的事实，双方当事人均予以认可。关于王某在公司工作期间的实际加班天数，公司作为用人单位对于王某的出勤天数应承担举证责任，现公司虽承认单位存在考勤，但无法提供原始考勤记录，故法院以王某提供的考勤表复印件认定王某的加班天数并无不当。

关于公司是否足额向王某发放加班工资，工资发放方式和具体工资明细应由用人单位提供举证责任，公司只提供了 2014 年的工资明细，且对于工资明细中显示的计件工资与计时工资数额的具体计算方式无法作出有效说明，王某也未在上述工资明细上签字确认。根据公司提供的劳动合同，双方约定按照用人单位依法制定的工资分配制度确定王某的工资，公司对于其实行的工资分配制度均未提供任何证据加以说明，也未提供其他证据证明其已向王某支付了 2013 年、2014 年的加班工资，因此，法院判决公司应该向王某支付加班费。

实务指南

从法理上看，劳动者主张加班费的，应当就加班事实的存在承担举证责任，这符合“谁主张，谁举证”的一般法律原则。但是在实践中，劳动者往往处于被管理、被支配的弱势地位，并不直接掌握自己加班的证据。因此，《最高人民法院关于审理劳动争议案件适用法律若干问题的解释（三）》规定：劳动者有证据证明用人单位掌握加班事实存在的证据，应当由用人单位提供；用人单位不提供的，由用人单位承担举证不利的后果。因此提醒劳动者，在平时的工作中，如果用人单位有考勤记录，劳动者可以保存好考勤记录的相关复印件或者照片，这样在因为加班费发生劳动争议时，劳动者手里掌握的考勤记录复印件虽然对于直接证明劳动者具有加班事实的证明力可能不足，但是却能直接证明用人单位存在考勤制度，而且考勤记录的原件是由用人单位掌握的，如果用人单位无法提供原件，那么在司法实践中，法院也会倾向于根据劳动者提供的考勤记录复印件来认定劳动者存在加班的事实。

关联法规

《最高人民法院关于审理劳动争议案件适用法律若干问题的解释（三）》

第九条 劳动者主张加班费的，应当就加班事实的存在承担举证责任。但劳动者有证据证明用人单位掌握加班事实存在的证据，用人单位不提供的，由用人单位承担不利后果。

第三节 工资欠条纠纷风险防范

工资欠条纠纷是指劳动者以用人单位的工资欠条为证据直接向人民法院起诉，该诉讼不涉及劳动关系其他争议的，应该按照债务纠纷案件受理。如果该诉讼请求还涉及劳动关系其他争议的，人民法院不应该按照债务纠纷来处理，而应该告知当事人该纠纷属于劳动争议，应该先向劳动争议仲裁委员会申请仲裁。对仲裁裁决不服的，才能向人民法院起诉。《最高人民法院关于审理劳动争议案件适用法律若干问题的解释（二）》第三条规定：劳动者以用人单位的工资欠条为证据直接向人民法院起诉，诉讼请求不涉及劳动关系其他争议的，视为拖欠劳动报酬争议，按照普通民事纠纷受理。

一、工资欠条

工资欠条是指用人单位向劳动者出具用人单位拖欠劳动者多少工资的书面证据，不一定非得用“欠条”二字，只要该书面证据的实质内容是用人单位欠劳动者多少工资，就足以认定是工资欠条。

二、诉讼请求不涉及劳动关系其他争议

劳动者以用人单位的工资欠条为证据起诉时，其诉讼请求是只要求用人单位支付拖欠的工资，并不涉及劳动关系其他争议（如要求继续履行劳动合同，或者要求支付经济补偿，或者要求福利待遇等）。如果诉讼请求还涉及劳动关系其他争议，那么这样的纠纷就必须先经过劳动争议仲裁。对仲裁裁决不服的，才能向法院起诉。

三、按照普通民事纠纷受理

按照普通民事纠纷受理，即按照普通民事案件受理。不需要仲裁前置。这里的“普通民事纠纷”，是与“劳动争议”或者“劳动纠纷”相对的。如果是劳动争议，则属于特殊民事纠纷，须经过劳动争议仲裁，之后才能进入诉讼程序。这是因为在我国，劳动争议仍然属于民事纠纷的一种，只是其比较特殊。其特殊性体现在，这类纠纷必须经过仲裁，对仲裁裁决不服的，才能向人民法院起诉。

案例32　包工头消失不见，承建公司支付劳务报酬

案情简介

北京某建筑公司四川分公司（以下简称建筑公司）承建了位于成都市青羊区的一个工地项目，并将该工程的粉刷工程分包给了宋某。宋某找来农民工陈某等人从事具体的施工工作。陈某从2010年12月至2011年5月在该工地工作。完工后，陈某的劳务报酬一共为18000余元，但是宋某拖欠着不支付。经过警方、街道办事处等多方力量介入后，宋某于2012年1月18日出具了劳务报酬欠条，并承诺三个月内偿还，但到了履行承诺的最后期限，宋某没有支付，人也不知去向。于是，陈某把建筑公司及宋某一同起诉到法院。

裁判结果

法院进行了开庭审理，认定建筑公司将工程违法分包给宋某，同时没有将劳务报酬直接发到陈某手里，应当承担连带责任。最终在法院的组织下，

双方达成调解，建筑公司支付了陈某的劳务报酬。

律师分析

本案的争议焦点是建筑公司将工程发包给没有合法资质的“包工头”，当“包工头”消失不见时，农民工的劳务报酬该由谁来承担？

劳务关系与劳动关系是不一样的，一般来说，劳务关系具有以下特征：一是双方当事人的地位平等，在人身上不具有隶属关系；二是工作风险一般由提供劳务者自行承担，但由雇主方提供工作环境和工作条件的和法律另有规定的除外；三是基于民事法律规范成立，并受民事法律规范的调整和保护；四是主体具有不特定性，提供劳务方和用工方都可以是自然人、法人或是其他组织。对于没有合法资质的包工头而言，其与农民工之间的关系是劳务关系而不是劳动关系。

对于建筑行业的劳务报酬支付问题，国家出台了专门的规定。根据《建设领域农民工工资支付管理暂行办法》的规定，企业应将工资直接发放给农民工本人，严禁发放给‘包工头’或其他不具备用工主体资格的组织和个人。工程总承包企业不得将工程违反规定发包、分包给不具备用工主体资格的组织或个人，否则应承担清偿拖欠工资连带责任。

本案中，建筑公司将工程发包给没有建筑资质的宋某，违反了规定，应该承担清偿拖欠工资连带责任。

实务指南

在一些地区和建筑项目，建筑施工管理不规范、措施不到位，导致非法分包、转包现象普遍存在。一些既没有资质又没有资金担保能力的“包工头”（即自然人）私自招揽农民工在建筑企业务工，可能导致农民工的血汗钱无从着落。一些建筑企业采取不与农民工签订劳动合同，而是要求农民工与项目部、包工头签劳务承包协议的方式来开展具体施工工作，包工头与农民工之间又往往是一种“口头协议”，一旦出现拖欠工资问题，往往空口无凭。同时，一些建筑施工企业工资支付制度不完善，不少施工企业未把农民工工资直接支付给农民工，而是按劳务协议付给“包工头”。

劳动者在“包工头消失不见”的情况下，应该如何来维护自己的合法权益呢？

《建设领域农民工工资支付管理暂行办法》第十六条规定："农民工发现企业有下列情形之一的，有权向劳动和社会保障行政部门举报：（一）未按约定支付工资的；（二）支付工资低于当地最低工资标准的；（三）拖欠或者克扣工资的；（四）不支付加班工资的；（五）侵害工资报酬权益的其他行为。"

《最高人民法院关于审理劳动争议案件适用法律若干问题解释》第十二条规定："劳动者在用人单位与其他平等主体之间的承包经营期间，与发包方和承包方双方或者一方发生劳动争议，依法向人民法院起诉的，应当将承包方和发包方作为当事人。"

根据上述法律和政策的规定，劳动者可以采用多种法律手段：一是可以向劳动监察部门举报；二是可以向主管部门举报，如建委清欠办；三是可以通过提起诉讼的方式来保护自己的合法权益。

关联法规

《建设领域农民工工资支付管理暂行办法》

第七条第一款 企业应将工资直接发放给农民工本人，严禁发放给"包工头"或其他不具备用工主体资格的组织和个人。

第十二条 工程总承包企业不得将工程违反规定发包、分包给不具备用工主体资格的组织或个人，否则应承担清偿拖欠工资连带责任。

案例33 公司名称变更，新公司仍需支付劳务报酬

案情简介

2008年2月，王某到成都某物流公司工作，工种为搬运工，公司没有和王某签订书面合同，也没有为王某购买社会保险，约定月工资为1000元，后又改为每月2500元，工资支付方式为按月支付。后公司以资金周转出现困难，改为年底一次性结算。由于公司经常不按时支付工资，2013年9月1日，王某向公司提出辞职，并要求公司结清拖欠的工资。2013年9月17日，公司给王某写了劳务报酬欠条，注明公司欠王某工资31451元。2013年10月到2014年5月，公司先后支付王某工资共计6000元。后来，公司变更了名称和法定代表人，以前的老板联系不上了，新的老板又不认账。王某将新公司起

诉到人民法院，要求其支付劳务报酬。

裁判结果

法院进行了开庭审理，最后判决公司支付王某劳务报酬25451元。

律师分析

1. 本案法律关系明确，王某与公司属于典型的劳务合同关系

劳务合同是当事人双方就一方提供劳动给另一方服务过程中形成的债权债务关系的协议。即通过双方当事人约定，在确定或不确定的期间内，一方向他方提供劳务，他方给付报酬的合同。劳务合同适用于《合同法》《民法通则》和其他民事法律调整。

本案中，2008年2月，王某到该公司工作，工种为搬运工，该公司没有和王某签订书面劳动合同或者劳务协议，也没有为王某购买社会保险，但是约定月工资为1000元，后又改为每月2500元，工资支付方式为按月支付。从本案的基础事实来看，王某与公司虽然没有签订书面劳务协议，但是王某与公司之间的劳务合同关系已经成立。

2. 公司应履行劳务报酬欠条约定的债务，支付王某的劳务报酬

根据《民法通则》第八十四条的规定：债是按照合同的约定或者依照法律的规定，在当事人之间产生的特定的权利和义务关系。享有权利的人是债权人，负有义务的人是债务人。债权人有权要求债务人按照合同的约定或者依照法律的规定履行义务。王某与公司之间建立起了债权债务关系，王某为债权人，公司为债务人，因此，公司应履行劳务报酬欠条约定的债务，支付王某的劳务报酬。

3. 公司名称、法定代表人变更，不影响公司履行支付劳务报酬的义务

本案中，在公司给王某出具书面劳务报酬欠条以后，公司名称、法定代表人发生了变更，但是公司并未注销。《民法通则》第四十四条第一款规定：企业法人分立、合并或者有其他重要事项变更，应当向登记机关办理登记并公告。企业法人分立、合并，它的权利和义务由变更后的法人享有和承担。同时，《合同法》第七十六条也规定：合同生效后，当事人不得因姓名、名称的变更或者法定代表人、负责人、承办人的变动而不履行合同义务。因此，公司应该向王某支付劳务报酬。

实务指南

提醒广大劳动者，在公司名称、法定代表人变更的情况下，当你被拖欠劳动报酬或者劳务报酬时，主张维权依然有法律依据。

主张劳务报酬的，根据《民法通则》第四十四条第一款的规定：企业法人分立、合并或者有其他重要事项变更，应当向登记机关办理登记并公告。同时《合同法》第七十六条规定：合同生效后，当事人不得因姓名、名称的变更或者法定代表人、负责人、承办人的变动而不履行合同义务。因此，公司名称、法定代表人的变更，并不影响用人单位承担支付劳务报酬的责任。

主张劳动报酬的，根据《劳动合同法》第三十三条的规定：用人单位变更名称、法定代表人、主要负责人或者投资人等事项，不影响劳动合同的履行。根据此规定，劳动者依然可以根据劳动合同的约定主张劳动报酬。

关联法规

《合同法》

第七十六条 合同生效后，当事人不得因姓名、名称的变更或者法定代表人、负责人、承办人的变动而不履行合同义务。

《劳动合同法》

第三十三条 用人单位变更名称、法定代表人、主要负责人或者投资人等事项，不影响劳动合同的履行。

案例34 发包方未结算工程款的，应承担支付劳动报酬责任

案情简介

2010年9月，李某承建樊甲、樊乙和樊丙的家属楼工程。陈某在该工地任管理人员，与李某约定年薪5万元。2012年1月15日，李某出具证明1张，载明“李某欠陈某2012年人工费1.4万元整，陈某长安面包车卖于工地1.8万元，合计3.2万元，大写叁万贰仟元整”。后陈某借支5000元，剩余27000元未付。2013年1月10日，李某涉嫌合同诈骗罪被公安局刑事拘留，同年2月1日被执行逮捕，同年7月9日被以合同诈骗罪判处有期徒刑八年，在监狱服刑。李某承建的工程未彻底完工，亦未与樊甲、樊乙和樊丙结算。

李某收监后，陈某先后两次从李某处索要回欠款 2 万元。综上，李某现欠陈某劳动报酬 7000 元。陈某认为，由于李某未与樊甲、樊乙和樊丙结算，现李某无力偿还，应该由樊甲、樊乙和樊丙承担支付劳动报酬的责任，遂向人民法院提起诉讼。

裁判结果

甘肃省庆阳市合水县人民法院开庭审理后，作出〔2014〕合民初字第 120 号民事判决书，判决：①由李某给付陈某劳动报酬 7000 元，樊甲、樊乙和樊丙承担连带给付责任；②上述给付内容，限判决生效后 30 日内履行。

判决作出以后，樊甲、樊乙和樊丙向甘肃省庆阳市中级人民法院提起上诉。庆阳市中级人民法院开庭审理后，作出〔2014〕庆中民终字第 379 号民事判决书，判决：驳回上诉，维持原判。

律师分析

本案的争议焦点是樊甲、樊乙、樊丙是否应当承担李某拖欠陈某劳动报酬的连带支付责任。

樊甲、樊乙、樊丙将其工程承包给李某施工，陈某在李某的工地上提供劳务，李某拖欠陈某劳动报酬 7000 元属实。根据《民法通则》第一百零六条第一款的规定：公民、法人违反合同或者不履行其他义务的，应当承担民事责任。第一百零八条规定：债务应当清偿。暂时无力偿还的，经债权人同意或者人民法院裁决，可以由债务人分期偿还。有能力偿还拒不偿还的，由人民法院判决强制偿还。因此，李某应该支付拖欠陈某的劳动报酬 7000 元。

目前，李某在服刑当中，且樊甲、樊乙、樊丙承认涉案工程未完工，亦未结算，李某的工程款仍未付清的事实。根据《民法通则》第一百三十条的规定：二人以上共同侵权造成他人损害的，应当承担连带责任。因此樊甲、樊乙、樊丙应对李某拖欠陈某的劳动报酬承担连带支付责任。樊甲认为涉案工程非三位上诉人共建工程，系每人一单元，应各自分别向李某支付工程款，其已向李某付清了工程款，但樊甲未提供证据证明涉案工程非共建工程的事实，亦未提供其已向李某付清工程款的证据。樊甲、樊乙、樊丙认为不应当承担连带责任的上诉理由不能成立。同时，李某给陈某出具的证明及工资表均可证明陈某在涉案工地提供劳务，樊甲、樊乙、樊丙认为陈某非工地工人的上诉理由无证据证实。

实务指南

在承包人承建的工地上提供劳务，承包人未足额支付劳动报酬的应足额支付劳动报酬，发包方未结算工程款的也应承担责任。劳动者有获得劳动报酬的权利。劳动者在承包人承建的工地上提供劳务，承包人应按照约定支付报酬，承包人未足额支付劳动报酬，应当承担支付的民事责任。同时，承包人承包了发包方的工程，因发包方未结算工程款，故未结算工程款的发包方也应承担连带责任。

关联法规

《民法通则》

第一百零六条第一款　公民、法人违反合同或者不履行其他义务的，应当承担民事责任。

第一百零八条　债务应当清偿。暂时无力偿还的，经债权人同意或者人民法院裁决，可以由债务人分期偿还。有能力偿还拒不偿还的，由人民法院判决强制偿还。

第一百三十条　二人以上共同侵权造成他人损害的，应当承担连带责任。

第六章　工伤认定风险防范

本章导读

工伤，即因工负伤，又称“职业伤害”、“工作伤害”，是指劳动者在从事职业活动或者与职业责任有关的活动时所遭受的事故伤害和职业病伤害。我国《工伤保险条例》对工伤进行了专门的规定。读者通过阅读本章，可以了解以下要点：

1. 根据《工伤保险条例》的规定，一般认为构成工伤需符合三个基本要件，即“因工作原因，在工作时间、工作地点内受到事故伤害”。劳动者如果有以下情形：在工作时间和工作场所内，因工作原因受到事故伤害的；工作时间前后在工作场所内，从事与工作有关的预备性或者收尾性工作受到事故伤害的；患职业病的；因工外出期间，由于工作原因受到伤害或者发生事故下落不明的等，都应该认定为工伤。

2. 因第三人侵权引起的工伤事故时有发生，根据《工伤保险条例》的规定，职工在工作时间和工作场所内，因履行工作职责受到暴力等意外伤害的；因工外出期间，由于工作原因受到伤害的在上下班途中，受到机动车事故伤害的，都应当认定为工伤。

3. 提供劳务者受害责任，是指在存在劳务关系的前提下，提供劳务者因劳务活动而受到伤害，在提供劳务者向接受劳务一方主张损害赔偿时，由双方根据各自的过错程度承担相应的民事责任。

4. 非法用工单位伤亡人员，是指无营业执照或者未经依法登记、备案的单位以及被依法吊销营业执照或者撤销登记、备案的单位受到事故伤害或者患职业病的职工，或者用人单位使用童工造成的伤残、死亡童工。《非法用工单位伤亡人员一次性赔偿办法》第三条第一款规定：“……一次性赔偿金数额应当在受到事故伤害或者患职业病的职工或童工死亡或者经劳动能力鉴定后确定。”

第一节　工伤的一般情形

一、工伤的概念

工伤，即因工负伤，又称“职业伤害”、“工作伤害”，是指劳动者在从事职业活动或者与职业责任有关的活动时所遭受的事故伤害和职业病伤害。职业病，是指企业、事业单位和个体经济组织的劳动者在职业活动中，因接触粉尘、放射性物质和其他有毒、有害物质等因素而引起的疾病。

二、工伤认定的要件与情形

《社会保险法》《工伤保险条例》对工伤及视同工伤的范围，以及不得认定工伤的情形作出了明确的规定。

（一）工伤的构成要件

第一，劳动关系。按照法律的规定，我国各类企业与其职工之间，以及雇主与雇员之间，凡是用工，均须订立劳动合同，以固定其劳动权利义务关系。劳动合同不以书面形式为限。

第二，人身受到损害。劳动者的生命健康权均属劳动保护范围，其人身如遭受伤害乃至死亡，即为工伤的损害事实。但仅有财产或其他利益的损害，不构成工伤。

第三，履行工作职务。劳动者受伤是在工作时间、工作地点因为履行工作职务时受到的身体伤害，若不是因为履行工作职务，就不能够算作工伤。

第四，因果关系。企业赔偿的发生与劳动者所受损害须有因果关系，即企业赔偿是劳动者受到损害的原因。这里的赔偿，不限于因自然原因发生的损失或灾祸，因企业在管理、指挥、设计以及操作上的疏忽、不慎等过错所致的损害也包括在内。

（二）工伤的具体情形

1. 工伤的法定情形

《工伤保险条例》第十四条规定：“职工有下列情形之一的，应当认定为工伤：（一）在工作时间和工作场所内，因工作原因受到事故伤害的；（二）工作时间前后在工作场所内，从事与工作有关的预备性或者收尾性工作受到事故伤害的；（三）在工作时间和工作场所内，因履行工作职责受到暴力等意外伤害的；（四）患职业病的；（五）因工外出期间，由于工作原因受到伤害或者发生事故下落不明的；（六）在上下班途中，受到非本人主要责任的交通事故或者城市轨道交通、客运轮渡、火车事故伤害的；（七）法律、行政法规规定应当认定为工伤的其他情形。"《最高人民法院关于审理工伤保险行政案件若干问题的规定》第四条规定："社会保险行政部门认定下列情形为工伤的，人民法院应予支持：（一）职工在工作时间和工作场所内受到伤害，用人单位或者社会保险行政部门没有证据证明是非工作原因导致的；（二）职工参加用人单位组织或者受用人单位指派参加其他单位组织的活动受到伤害的；（三）在工作时间内，职工来往于多个与其工作职责相关的工作场所之间的合理区域因工受到伤害的；（四）其他与履行工作职责相关，在工作时间及合理区域内受到伤害的。"

工作时间、工作场所（工作地点）、工作原因是工伤认定的三个基本要素，其中工作原因是核心要素。理解工伤法定情形时，应该注意以下几点：

第一，工作时间是指法律规定的、劳动合同约定的或者用人单位要求职工工作的时间，包括加班加点工作的时间和完成用人单位临时指派工作的时间。

第二，工作场所是指职工日常工作所在的场所以及用人单位临时指派其从事工作的场所。职工因工作原因驻外地，有固定的住所、有明确的作息时间，工伤认定时按照驻地当地正常工作的情形处理。

第三，工作原因是指职工所受的事故伤害是因为从事本职工作、用人单位临时指派工作或因从事工作而解决生活需要时所致。职工在参加用人单位组织或者受用人单位指派参加其他单位组织的活动中受到事故伤害的，应当视为工作原因，但参加与工作无关的活动除外。

第四，事故伤害是指职工在工作过程中发生的人身伤害或者急性中毒等事故。

第五，非本人主要责任的认定，应当以有关机关出具的法律文书或者人民法院的生效裁决为依据。

第六，因工外出期间包括：一是职工受用人单位指派或者因工作需要在工作场所以外从事与工作职责有关的活动期间，二是职工受用人单位指派外出学习或者开会期间，三是职工因工作需要的其他外出活动期间。

第七，职工以上下班为目的、在合理时间内往返于工作单位和居住地之间的合理路线，视为“上下班途中”。“上下班途中”包括：一是在合理时间内往返于工作地与住所地、经常居住地、单位宿舍的合理路线的上下班途中；二是在合理时间内往返于工作地与配偶、父母、子女居住地的合理路线的上下班途中；三是从事属于日常工作、生活所需要的活动，且在合理时间和合理路线的上下班途中；四是在合理时间内其他合理路线的上下班途中。

2. 工伤的视同情形

在某些情形下，职工所受伤害与其工作不存在直接或间接的关系，但是法律出于整体利益的考虑，将这些情形纳入了工伤的范围，视同工伤。《工伤保险条例》第十五条第一款规定：“职工有下列情形之一的，视同工伤：（一）在工作时间和工作岗位，突发疾病死亡或者在48小时之内经抢救无效死亡的；（二）在抢险救灾等维护国家利益、公共利益活动中受到伤害的；（三）职工原在军队服役，因战、因公负伤致残，已取得革命伤残军人证，到用人单位后旧伤复发的。”

3. 工伤的排除情形

在某些情形下，职工受到伤害是由于自身的故意或者实施了法律禁止的行为导致的，这些情形是不能认定为工伤或视同工伤的。《社会保险法》第三十七条规定：“职工因下列情形之一导致本人在工作中伤亡的，不认定为工伤：（一）故意犯罪；（二）醉酒或者吸毒；（三）自残或者自杀；（四）法律、行政法规规定的其他情形。”《工伤保险条例》第十六条规定：“职工符合本条例第十四条、第十五条的规定，但是有下列情形之一的，不得认定为工伤或者视同工伤：（一）故意犯罪的；（二）醉酒或者吸毒的；（三）自残或者自杀的。”

“故意犯罪”的认定，应当以司法机关的生效法律文书或者结论性意见为依据；“醉酒或者吸毒”的认定，应当以有关机关出具的法律文书或者人民法院的生效裁决为依据。无法获得上述证据的，可以结合相关证据认定。

三、工伤认定的程序

（一）工伤认定的申请

职工发生事故伤害或者按照《职业病防治法》规定被诊断、鉴定为职业病，所在单位应当自事故伤害发生之日或者被诊断、鉴定为职业病之日起30日内，向统筹地区社会保险行政部门提出工伤认定申请。遇有特殊情况，经报社会保险行政部门同意，申请时限可以适当延长。用人单位未按规定提出工伤认定申请的，工伤职工或者其近亲属、工会组织在事故伤害发生之日或者被诊断、鉴定为职业病之日起1年内，可以直接向用人单位所在地统筹地区社会保险行政部门提出工伤认定申请。按照《工伤保险条例》的规定应当由省级社会保险行政部门进行工伤认定的事项，根据属地原则由用人单位所在地的设区的市级社会保险行政部门办理。用人单位未在《工伤保险条例》规定的时限内提交工伤认定申请，在此期间发生符合《工伤保险条例》规定的工伤待遇等有关费用由该用人单位负担。

提出工伤认定申请应当提交下列材料：①工伤认定申请表；②与用人单位存在劳动关系（包括事实劳动关系）的证明材料；③医疗诊断证明或者职业病诊断证明书（或者职业病诊断鉴定书）。工伤认定申请表应当包括事故发生的时间、地点、原因以及职工伤害程度等基本情况。工伤认定申请人提供材料不完整的，社会保险行政部门应当一次性书面告知工伤认定申请人需要补正的全部材料。申请人按照书面告知要求补正材料后，社会保险行政部门应当受理。

《最高人民法院关于审理工伤保险行政案件若干问题的规定》第七条规定："由于不属于职工或者其近亲属自身原因超过工伤认定申请期限的，被耽误的时间不计算在工伤认定申请期限内。有下列情形之一耽误申请时间的，应当认定为不属于职工或者其近亲属自身原因：（一）不可抗力；（二）人身自由受到限制；（三）属于用人单位原因；（四）社会保险行政部门登记制度不完善；（五）当事人对是否存在劳动关系申请仲裁、提起民事诉讼。"

（二）工伤认定的审核

社会保险行政部门受理工伤认定申请后，根据审核需要可以对事故伤害进行调查核实，用人单位、职工、工会组织、医疗机构以及有关部门应当予以协助。职业病诊断和诊断争议的鉴定，依照《职业病防治法》的有关规定执行。对依法取得职业病诊断证明书或者职业病诊断鉴定书的，社会保险行政部门不再进行调查核实。职工或者其近亲属认为是工伤，用人单位不认为是工伤的，由用人单位承担举证责任。

（三）工伤认定的决定

社会保险行政部门应当自受理工伤认定申请之日起60日内作出工伤认定

的决定，并书面通知申请工伤认定的职工或者其近亲属和该职工所在单位。社会保险行政部门对受理的事实清楚、权利义务明确的工伤认定申请，应当在15日内作出工伤认定的决定。作出工伤认定决定需要以司法机关或者有关行政主管部门的结论为依据的，在司法机关或者有关行政主管部门尚未作出结论期间，作出工伤认定决定的时限中止。

社会保险行政部门工作人员与工伤认定申请人有利害关系的，应当回避。

（四）劳动能力鉴定

劳动能力鉴定是指劳动功能障碍程度和生活自理障碍程度的等级鉴定。劳动功能障碍分为十个伤残等级，最重的为一级，最轻的为十级。生活自理障碍分为三个等级：生活完全不能自理、生活大部分不能自理和生活部分不能自理。劳动能力鉴定标准由国务院社会保险行政部门会同国务院卫生行政部门等部门制定。

1. 鉴定依据

2013年2月19日，原卫生部发布了《职业病诊断与鉴定管理办法》，对职业病诊断与鉴定工作进行了规范。2014年2月20日，人力资源和社会保障部、国家卫生和计划生育委员会发布了《工伤职工劳动能力鉴定管理办法》。2014年9月3日，国家质量监督检验检疫总局和国家标准化管理委员会发布了《劳动能力鉴定 职工工伤与职业病致残等级（GB/T16180－2014）》。

2. 鉴定机构

省、自治区、直辖市劳动能力鉴定委员会和设区的市级（含直辖市的市辖区、县，下同）劳动能力鉴定委员会分别由省、自治区、直辖市和设区的市级人力资源社会保障行政部门、卫生计生行政部门、工会组织、用人单位代表以及社会保险经办机构代表组成。承担劳动能力鉴定委员会日常工作的机构，其设置方式由各地根据实际情况决定。

劳动能力鉴定委员会建立医疗卫生专家库。列入专家库的医疗卫生专业技术人员应当具备下列条件：一是具有医疗卫生高级专业技术职务任职资格，二是掌握劳动能力鉴定的相关知识，三是具有良好的职业品德。

3. 鉴定程序

第一，鉴定申请。

申请劳动能力鉴定应当填写劳动能力鉴定申请表，并提交下列材料：一是《工伤认定决定书》原件和复印件；二是有效的诊断证明，按照医疗机构病历管理有关规定复印或者复制的检查、检验报告等完整病历材料；三是工伤职工的居民身份证或者社会保障卡等其他有效身份证明原件和复印件；四是劳动能力鉴定委员会规定的其他材料。劳动能力鉴定委员会收到劳动能力鉴定申请后，应当及时对申请人提交的材料进行审核。申请人提供材料不完整的，劳动能力鉴定委员会应当自收到劳动能力鉴定申请之日起 5 个工作日内一次性书面告知申请人需要补齐的全部材料。

设区的市级劳动能力鉴定委员会收到劳动能力鉴定申请后，应当从其建立的医疗卫生专家库中随机抽取 3 名或者 5 名相关专家组成专家组，由专家组提出鉴定意见。设区的市级劳动能力鉴定委员会根据专家组的鉴定意见作出工伤职工劳动能力鉴定结论，必要时，可以委托具备资格的医疗机构协助进行有关的诊断。

设区的市级劳动能力鉴定委员会应当自收到劳动能力鉴定申请之日起 60 日内作出劳动能力鉴定结论，必要时，作出劳动能力鉴定结论的期限可以延长 30 日。劳动能力鉴定结论应当及时送达申请鉴定的单位和个人。

第二，再次鉴定。

申请鉴定的单位或者个人对设区的市级劳动能力鉴定委员会作出的鉴定结论不服的，可以在收到该鉴定结论之日起 15 日内向省、自治区、直辖市劳动能力鉴定委员会提出再次鉴定申请。省、自治区、直辖市劳动能力鉴定委员会作出的劳动能力鉴定结论为最终结论。

第三，复查鉴定。

自劳动能力鉴定结论作出之日起 1 年后，工伤职工或者其近亲属、所在单位或者经办机构认为伤残情况发生变化的，可以申请劳动能力复查鉴定。工伤职工本人因身体等原因无法提出劳动能力初次鉴定、复查鉴定、再次鉴定申请的，可由其近亲属代为提出。

四、工伤保险待遇

（一）工伤医疗待遇

职工因工作遭受事故伤害或者患职业病进行治疗，享受工伤医疗待遇。职工治疗工伤应当在签订服务协议的医疗机构就医，情况紧急时可以先到就近的医疗机构急救。工伤医疗待遇从国家工伤保险基金中支付，其主要包括以下内容：①治疗工伤所需费用符合工伤保险诊疗项目目录、工伤保险药品目录、工伤保险住院服务标准的，从工伤保险基金支付。工伤保险诊疗项目目录、工伤保险药品目录、工伤保险住院服务标准，由国务院社会保险行政部门会同国务院卫生行政部门、食品药品监督管理部门等部门规定。②职工住院治疗工伤的伙食补助费，以及经医疗机构出具证明，报经办机构同意，工伤职工到统筹地区以外就医所需的交通、食宿费用从工伤保险基金支付，基金支付的具体标准由统筹地区人民政府规定。③工伤职工因日常生活或者就业需要，经劳动能力鉴定委员会确认，安装假肢、矫形器、假眼、假牙和配置轮椅等辅助器具所需的费用。④工伤职工已经评定伤残等级并经劳动能力鉴定委员会确认需要生活护理的，从工伤保险基金按月支付生活护理费。生活护理费按照生活完全不能自理、生活大部分不能自理或者生活部分不能自理3个不同等级支付，其标准分别为统筹地区上年度职工月平均工资的50%、40%或者30%。

工伤职工治疗非工伤引发的疾病，不享受工伤医疗待遇，按照基本医疗保险的有关规定处理。工伤职工到签订服务协议的医疗机构进行工伤康复的费用，符合规定的，从工伤保险基金中支付。

（二）停工留薪待遇

职工因工作遭受事故伤害或者患职业病需要暂停工作接受工伤医疗的，在停工留薪期内，原工资福利待遇不变，由所在单位按月支付。停工留薪期一般不超过12个月。伤情严重或者情况特殊，经设区的市级劳动能力鉴定委员会确认，可以适当延长，但延长不得超过12个月。工伤职工评定伤残等级后，停发原待遇，按照《工伤保险条例》的有关规定享受伤残待遇。工伤职工在停工留薪期满后仍需治疗的，继续享受工伤医疗待遇。生活不能自理的工伤职工在停工留薪期需要护理的，由所在单位负责。

（三）工伤致残待遇

1. 一级至四级伤残待遇

职工因工致残被鉴定为一级至四级伤残的，保留劳动关系，退出工作岗位，享受以下待遇。①从工伤保险基金按伤残等级支付一次性伤残补助金，标准为：一级伤残为27个月的本人工资，二级伤残为25个月的本人工资，三级伤残为23个月的本人工资，四级伤残为21个月的本人工资。②从工伤保险基金按月支付伤残津贴，标准为：一级伤残为本人工资的90%，二级伤残为本人工资的85%，三级伤残为本人工资的80%，四级伤残为本人工资的75%。伤残津贴实际金额低于当地最低工资标准的，由工伤保险基金补足差额。③工伤职工达到退休年龄并办理退休手续后，停发伤残津贴，按照国家有关规定享受基本养老保险待遇。基本养老保险待遇低于伤残津贴的，由工伤保险基金补足差额。职工因工致残被鉴定为一级至四级伤残的，由用人单位和职工个人以伤残津贴为基数，缴纳基本医疗保险费。

2. 五级、六级伤残待遇

职工因工致残被鉴定为五级、六级伤残的，享受以下待遇。①从工伤保险基金按伤残等级支付一次性伤残补助金，标准为：五级伤残为18个月的本人工资，六级伤残为16个月的本人工资。②保留与用人单位的劳动关系，由用人单位安排适当工作。难以安排工作的，由用人单位按月发给伤残津贴，标准为：五级伤残为本人工资的70%，六级伤残为本人工资的60%，并由用人单位按照规定为其缴纳应缴纳的各项社会保险费。伤残津贴实际金额低于当地最低工资标准的，由用人单位补足差额。

经工伤职工本人提出，该职工可以与用人单位解除或者终止劳动关系，由工伤保险基金支付一次性工伤医疗补助金，由用人单位支付一次性伤残就业补助金。一次性工伤医疗补助金和一次性伤残就业补助金的具体标准由省、自治区、直辖市人民政府规定。

3. 七级至十级伤残待遇

职工因工致残被鉴定为七级至十级伤残的，享受以下待遇。①从工伤保险基金按伤残等级支付一次性伤残补助金，标准为：七级伤残为13个月的本人工资，八级伤残为11个月的本人工资，九级伤残为9个月的本人工资，十级伤残为7个月的本人工资。②劳动、聘用合同期满终止，或者职工本人提出解除劳动、聘用合同的，由工伤保险基金支付一次性工伤医疗补助金，由用人单位支付一次性伤残就业补助金。一次性工伤医疗补助金和一次性伤残就业补助金的具体标准由省、自治区、直辖市人民政府规定。

前述所称本人工资，是指工伤职工因工作遭受事故伤害或者患职业病前12个月平均月缴费工资。本人工资高于统筹地区职工平均工资300%的，按照统筹地区职工平均工资的300%计算；本人工资低于统筹地区职工平均工资60%的，按照统筹地区职工平均工资的60%计算。

（四）因工死亡待遇

职工因工死亡，其近亲属按照下列规定从工伤保险基金领取丧葬补助金、供养亲属抚恤金和一次性工亡补助金。①丧葬补助金为6个月的统筹地区上年度职工月平均工资。②供养亲属抚恤金按照职工本人工资的一定比例发给由因工死亡职工生前提供主要生活来源、无劳动能力的亲属。标准为：配偶每月40%，其他亲属每人每月30%，孤寡老人或者孤儿每人每月在上述标准的基础上增加10%。核定的各供养亲属的抚恤金之和不应高于因工死亡职工生前的工资。供养亲属的具体范围由国务院社会保险行政部门规定。③一次性工亡补助金标准为上一年度全国城镇居民人均可支配收入的20倍。伤残职工在停工留薪期内因工伤导致死亡的，其近亲属享受本条第一款规定的待遇。

（五）工伤保险待遇的特殊情形

第一，工伤职工有下列情形之一的，停止享受工伤保险待遇：一是丧失享受待遇条件的，二是拒不接受劳动能力鉴定的，三是拒绝治疗的。

第二，用人单位分立、合并、转让的，承继单位应当承担原用人单位的工伤保险责任；原用人单位已经参加工伤保险的，承继单位应当到当地经办机构办理工伤保险变更登记。用人单位实行承包经营的，工伤保险责任由职工劳动关系所在单位承担。职工被借调期间受到工伤事故伤害的，由原用人单位承担工伤保险责任，但原用人单位与借调单位可以约定补偿办法。企业破产的，在破产清算时依法拨付应当由单位支付的工伤保险待遇费用。

第三，社会保险行政部门认定下列单位为承担工伤保险责任单位的，人民法院应予支持：①职工与两个或两个以上单位建立劳动关系，工伤事故发生时，职工为之工作的单位为承担工伤保险责任的单位；②劳务派遣单位派遣的职工在用工单位工作期间因工伤亡的，派遣单位为承担工伤保险责任的单位；③单位指派到其他单位工作的职工因工伤亡的，指派单位为承担工伤保险责任的单位；④用工单位违反法律、法规的规定将承包业务转包给不具备用工主体资格的组织或者自然人，该组织或者自然人聘用的职工从事承包业务时因工伤亡的，用工单位为承担工伤保险责任的单位；⑤个人挂靠其他单位对外经营，其聘用的人员因工伤亡的，被挂靠单位为承担工伤保险责任的单位。

第四，职工被派遣出境工作，依据前往国家或者地区的法律应当参加当地工伤保险的，参加当地工伤保险，其国内工伤保险关系中止；不能参加当地工伤保险的，其国内工伤保险关系不中止。

第五，职工再次发生工伤，根据规定应当享受伤残津贴的，按照新认定的伤残等级享受伤残津贴待遇。

第六，职工在同一用人单位连续工作期间多次发生工伤的，符合《工伤保险金条例》第三十六条、第三十七条规定领取相关待遇时，按照其在同一用人单位发生工伤的最高伤残级别，计发一次性伤残就业补助金和一次性工伤医疗补助金。

第七，达到或超过法定退休年龄，但未办理退休手续或者未依法享受城镇职工基本养老保险待遇，继续在原用人单位工作期间受到事故伤害或患职业病的，用人单位依法承担工伤保险责任。用人单位招用已经达到、超过法定退休年龄或已经领取城镇职工基本养老保险待遇的人员，在用工期间因工作原因受到事故伤害或患职业病的，如招用单位已按项目参保等方式为其缴纳工伤保险费的，应适用《工伤保险条例》。

案例35 未签合同受工伤，劳动关系很重要

案情简介

郑某于2011年3月14日上午进入张某还未办理营业执照开办的加工厂上班，双方没有签订劳动合同，口头约定工资为每小时20元。当天15点30分左右，郑某被剪板机压伤左手指，经诊断为左手中指远节指骨骨折。治疗结束以后，郑某到司法监督机构做了鉴定，其伤势经鉴定构成工伤十级伤残，遂郑某向劳动和社会保障局申请工伤认定。2012年4月18日，劳动和社会保障局作出工伤不予受理决定书，郑某于是向仲裁委申请劳动仲裁，要求确认其与张某开办的加工厂之间存在事实劳动关系。2012年4月23日，劳动争议仲裁委员会作出仲裁不予受理案件通知书，郑某遂诉至法院，要求确认其与张某加工厂之间的劳动关系。2012年4月25日，张某办理了个体工商户营业执照。

裁判结果

浙江省瑞安市人民法院开庭审理后，作出〔2012〕温瑞塘民初字第723

号民事判决书，判决：①解除原告郑某与被告张某之间的事实劳动关系；②被告张某于判决生效之日起10日内赔偿原告郑某一次性伤残补助金、一次性工伤医疗补助金、一次性伤残就业补助金、停工留薪期工资、鉴定费，共计36924元；③驳回原告郑某的其他诉讼请求。

判决作出以后，张某向浙江省温州市中级人民法院提起上诉。温州市中级人民法院开庭审理后，作出〔2013〕浙温民终字第285号民事判决书，判决：驳回上诉，维持原判。

律师分析

本案件争议焦点一：双方当事人未签订书面劳动合同，且受伤时用人单位未办理营业执照，其法律关系问如何认定？

根据《劳动合同法》第九十三条的规定，劳动者在不具备合法经营资格的用人单位已经付出劳动的，该单位或者其出资人应当按照《劳动合同法》的规定向劳动者支付劳动报酬、经济补偿、赔偿金；该单位给劳动者造成损害的，应当承担赔偿责任。公司开办的工厂在陈某受伤时虽未办理营业执照，但其已经具备个体工商户的实质要件，其与陈某的关系应按事实劳动关系处理。

根据《关于确立劳动关系有关事项的通知》的规定，用人单位招用劳动者虽未订立书面劳动合同，但同时具备下列情形的，劳动关系成立：（一）用人单位和劳动者符合法律、法规规定的主体资格；（二）用人单位依法制定的各项劳动规章制度适用于劳动者，劳动者受用人单位的劳动管理，从事用人单位安排的有报酬的劳动；（三）劳动者提供的劳动是用人单位业务的组成部分。从该条的规定来看，确立了认定劳动关系的三条标准。这三条标准实际包括对“用人单位”“劳动行为”“劳动者”三方面的考察。“用人单位”必须是我国劳动法中的“企业、个体经济组织等”。而“劳动行为”是劳动者在用人单位的管理下，从事具体劳动，并获得报酬的过程。“劳动者”同样必须具备合法的资格。本案中，郑某在张某处受伤时，从事的是张某安排的有报酬的劳动，且郑某提供的劳动是张某加工厂经营业务的组成部分，并约定薪酬计算办法，上述事实具有用工关系的法律特征。张某提供的证据尚不足以证明双方属临时帮工关系，故应该认定双方建立了事实劳动关系。

本案争议焦点二：郑某能否直接向法院主张赔偿？

根据《劳动合同法》第九十三条的规定，劳动者在不具备合法经营资格的用人单位已经付出劳动的，该单位或者其出资人应当按照《劳动合同法》的规定向劳动者支付劳动报酬、经济补偿、赔偿金；该单位给劳动者造成损害的，应当承担赔偿责任。张某开办的工厂在郑某受伤时虽未办理营业执照，但其已经具备个体工商户的实质要件，其与郑某的关系应按事实劳动关系处理。张某应按照《工伤保险条例》规定的工伤保险待遇项目和标准支付费用。郑某在张某处工作未满 12 个月，郑某以 2011 年度浙江省全社会在岗职工月平均工资 2977 元诉请，符合法律规定，因此法院予以支持。

郑某的伤构成工伤十级伤残，张某应赔偿郑某一次性伤残补助金：2977 元/月 ×7 个月 =20839 元。郑某因工作遭受伤害需接受治疗，张某应支付停工期间工资待遇，结合郑某的伤势情况，参照《人身损害受伤人员误工损失日评定准则》，法院酌情支持了一个月，张某应支付郑某停工留薪期待遇：2977 元/月 ×1 个月 =2977 元。郑某主张解除双方的事实劳动关系，符合法律规定，张某应支付郑某一次性工伤医疗补助金和一次性伤残就业补助金。参照《浙江省人民政府关于贯彻执行〈工伤保险条例〉有关事项的通知》，均以 2011 年度浙江省职工月平均工资 2977 元计发 2 个月，分别为一次性工伤医疗补助金：2977 元/月 ×2 个月 =5954 元；一次性伤残就业补助金：2977 元/月 ×2 个月 =5954 元。鉴定费 1200 元，系鉴定机构对原告定残而依法收取并开具了正规发票，予以支持。综上可知，张某应赔偿郑某一次性伤残补助金 20839 元、一次性工伤医疗补助金 5954 元、一次性伤残就业补助金 5954 元、停工留薪期待遇 2977 元、鉴定费 1200 元，共计 36924 元。

实务指南

事实劳动关系的确认，是工伤处理的第一关，也是最难的一关。很多用人单位采取规避劳动法律的手段，包括不签订书面劳动合同、不依法参加社会保险、不参加商业保险、不发放工作证，采用现金形式支付工资等。因此，劳动者在未签订书面劳动合同的情况下，遇到工伤事故时，收集能够证明劳动关系的证据就成为维权的关键。劳动者在工作过程中，如果用人单位没有签订劳动合同，那么劳动者就要注重劳动关系证明材料的收集。

第一，注意收集“工作证、考勤记录”等证明材料。劳动合同虽然是劳动关系的直接证据，但是没有劳动合同，不意味着劳动关系无法确定。根据《关于确立劳动关系有关事项的通知》第二条第一款的规定：“用人单位未与劳动者签订劳动合同，认定双方存在劳动关系时可参照下列凭证：（一）工资支付凭证或记录（职工工资发放花名册）、缴纳各项社会保险费的记录；（二）用人单位向劳动者发放的“工作证”、“服务证”等能够证明身份的证件；（三）劳动者填写的用人单位招工招聘“登记表”、“报名表”等招用记录；（四）考勤记录；（五）其他劳动者的证言等。”需要提醒劳动者注意的是，虽然法规规定了上述材料可以作为确认事实劳动关系的证据材料，但是否具有很强的证明力，则不一而足。一般情况下，工资卡发放记录、社会保险缴费记录、个人所得税缴费记录、公安机关的调查记录、劳动监察大队的调查记录等材料，由于是属于没有利害关系的第三方或者国家机关出具的证据，其证明效力优于其他证据。

第二，尽量寻找在职员工的证言。在没有签订劳动合同的情况下，能够证明事实劳动关系存在最直接的证据，就是同事的证人证言。根据《民事诉讼法》的规定，证人证言的证明效力较低，在寻找同事作证的时候，应当尽量选择目前在岗的同事，因为从司法实践来看，很多仲裁委或者法院在采纳证言时，还需要劳动者证明证人的身份，因此最好是能够找到在职的同事，并且至少在两个人以上。

第三，收集录音录像资料。录音录像资料也是证据的一种，劳动关系在面临举证困难时，可以提供录音录像资料作为证据使用。劳动者在收集录音录像证据材料时的注意事项有以下几点：一是劳动者在收集录音录像资料时，要明确谈话双方的身份信息，并要尤其注意涉及用人单位的信息；二是录音录像资料要完整，不要进行删除，最好刻录成光盘。

第四，收集电子证据。根据《民事诉讼法》的规定，电子证据也可以作为证据使用。电子证据主要包括网上聊天记录、博客、微博客、手机短信、电子签名、域名等形成或者存储在电子介质中的信息。随着新媒体的发展，很多劳动者都会用微信、微博来记录自己的工作、生活，如换了新工作以后，通过发微信朋友圈来纪念等，这些都可以作为日后发生劳动争议以后的证据来进行使用。

关联法规

《关于确立劳动关系有关事项的通知》

一、用人单位招用劳动者未订立书面劳动合同，但同时具备下列情形的，劳动关系成立。

（一）用人单位和劳动者符合法律、法规规定的主体资格；

（二）用人单位依法制定的各项劳动规章制度适用于劳动者，劳动者受用人单位的劳动管理，从事用人单位安排的有报酬的劳动；

（三）劳动者提供的劳动是用人单位业务的组成部分。

二、用人单位未与劳动者签订劳动合同，认定双方存在劳动关系时可参照下列凭证：

（一）工资支付凭证或记录（职工工资发放花名册）、缴纳各项社会保险费的记录；

（二）用人单位向劳动者发放的“工作证”、“服务证”等能够证明身份的证件；

（三）劳动者填写的用人单位招工招聘“登记表”、“报名表”等招用记录；

（四）考勤记录；

（五）其他劳动者的证言等。

其中，（一）、（三）、（四）项的有关凭证由用人单位负举证责任。

案例36　未毕业大学生在单位实习期间受伤，如何赔偿

案情简介

2011年3月，顾某作为实习生在某公司工作。同年5月23日9时30分许，公司驾驶员王某驾驶登记在公司名下的小轿车搭载包括顾某在内的四名员工去海关工作，途中发生交通事故，造成车辆损坏，包括顾某在内的四名员工受伤。顾某被送往医院救治，经诊断为中型颅脑损伤并住院治疗，于2011年6月4日出院。顾某于2011年6月从学校毕业。2011年9月，顾某与公司签订期限为三年的劳动合同，公司聘用顾某从事报关管理工作，并为顾某缴纳社会保险。顾某申请工伤认定，人社局认为，事发时，顾某系公司的实习生，与公司并未形成劳动关系，因此不予认定。顾某认为其系公司员工，在工作中受伤，公司作为用人单位应当承担赔偿责任。顾某遂起诉至法院，要求公司承担赔偿责任。

裁判结果

法院进行了开庭审理，公司认为顾某系公司的员工，顾某遭受的伤害属于工伤，本案属于劳动争议纠纷，应适用劳动仲裁前置程序，顾某向法院提起诉讼没有法律依据。法院认为，事发时，顾某虽在公司工作，但因顾某尚未毕业，顾某与公司间并未形成劳动关系，因此顾某直接起诉要求公司赔偿并无不当，判决公司承担赔偿责任。

律师分析

本案的争议焦点是未毕业的大学生在公司处于实习阶段时受伤，是否应该按照工伤处理。

所谓实习，是指把学到的理论知识，拿到实际工作中去运用和检验，以锻炼工作能力。它是在符合专业知识要求和教学计划的条件下，由学校组织或者自己联系到实习单位（用人单位）实践锻炼的行为。

准毕业生进入用人单位实习，这种情况是用人单位与准毕业生达成初步意向后，用人单位要求准毕业生到其单位实习，带有试用和考察的性质。准毕业生实习是在接触社会，实践自己在书本上学到的理论知识，以就业为根本目的。这时的实习生或与用人单位签订了劳动合同，或与用人单位签订了实习就业协议或三方协议，或者虽什么都没签，但是接受实习单位管理，领取了单位发放的劳动报酬。准毕业生作为即将毕业的学生，具备面向社会求职、就业的条件，此情形不属于利用业余时间勤工助学。

劳动关系认定应结合是否受用人单位管理、经济上是否依赖用人单位、提供劳务是否长期或固定等因素并根据具体情况综合判定。根据《劳动法》的规定，劳动关系是指劳动者在运用劳动能力、实现劳动的过程中与用人单位之间产生的经济社会关系。由此可知，劳动关系具有以下几个特征：①劳动关系是在社会劳动过程中发生的关系；②劳动关系主体双方，一方是劳动者，另一方是劳动使用者（或用人单位）；③劳动关系主体双方在维护各自经济利益的过程中，双方的地位是平等的；④劳动关系主体双方存在管理和被管理关系，即劳动关系建立后，劳动者要依法服从经营者的管理，遵守规章、制度。未毕业的大学，其学籍、档案等人事关系均在学校，因此一般认为，未毕业大学生与实习单位之间的关系不属于劳动关系。实习生在实习期间产生的争议、遭受的人身损害，应适用我国《民法通则》《合同法》《侵权责任法》等相关法律、法规的规定。

本案中，顾某是在校大学生，虽然临近毕业，但是其学籍、档案等人事关系均在学校，不能与校外的用人单位形成劳动关系。虽然其与公司之间不存在劳动关系，但是顾某客观上也为公司提供了劳务，公司也支付其劳动报酬，双方形成了事实上的劳务关系（雇佣关系）。根据《最高人民法院关于审理人身损害赔偿案件适用法律若干问题的解释》第十一条第一款的规定，雇员在从事雇佣活动中遭受人身损害，雇主应当承担赔偿责任。因此，顾某直接起诉公司要求人身损害赔偿并无不当，公司也应该承担赔偿责任。

实务指南

鉴于实习生权利保护的法律法规缺乏，导致实践中一些实习生权利受到侵害时得不到充分的法律保护，因此签订一份实习协议就显得非常重要，一份完善的实习协议可作为纠纷处理的重要依据。从实习生权益保护角度出发，实习协议至少应当对以下事项作出商定，以充分保护实习生的正当权益。

第一，实习期内实习时间的商定。可商定每日实习时间不超过 8 小时，如确因特殊情况超过 8 小时的，实习单位应参照加班工资的计算方式向实习生支付报酬。《教育部、财政部关于中等职业学校学生实习管理办法》第五条规定，不得安排学生每天顶岗实习超过 8 小时。

第二，实习期间实习报酬的商定。可商定实习期内实习单位每月向实习生支付公道的实习报酬，拖欠实习报酬的违约责任。实习生为实习单位服务，提供了劳动，因此，实习单位应该给予实习生一定的劳动报酬。《职业教育法》第三十七条第二款规定：企业、事业组织应当接纳职业学校和职业培训机构的学生和教师实习；对上岗实习的，应当给予适当的劳动报酬。《教育部、财政部关于中等职业学校学生实习管理办法》第五条规定：组织安排学生实习，要严格遵守国家有关法律法规，为学生实习提供必要的实习条件和安全健康的实习劳动环境。不得安排一年级学生到企业等单位顶岗实习；不得安排学生从事高空、井下、放射性、高毒、易燃易爆、国家规定的第四级体力劳动强度以及其他具有安全隐患的实习劳动；不得安排学生到酒吧、夜总会、歌厅、洗浴中心等营业性娱乐场所实习；不得安排学生每天顶岗实习超过 8 小时；不得通过中介机构代理组织、安排和管理实习工作。第八条规定：实习单位应向实习学生支付合理的实习报酬。学校和实习单位不得扣发或拖欠学生的实习报酬。

第三，实习过程中实习生发生伤亡的处理。这部分内容非常重要，从实习生权益保护角度出发，可与实习单位商定发生伤亡事故的，由实习单位比照工伤保险待遇的尺度支付伤亡待遇，以避免法律依据缺失导致实习生权益受损。

第四，发生纠纷的处理，可商定友好协商及诉讼的处理方式。

关联法规

《最高人民法院关于审理人身损害赔偿案件适用法律若干问题的解释》

第十一条 雇员在从事雇佣活动中遭受人身损害，雇主应当承担赔偿责任。雇佣关系以外的第三人造成雇员人身损害的，赔偿权利人可以请求第三人承担赔偿责任，也可以请求雇主承担赔偿责任。雇主承担赔偿责任后，可以向第三人追偿。

雇员在从事雇佣活动中因安全生产事故遭受人身损害，发包人、分包人知道或者应当知道接受发包或者分包业务的雇主没有相应资质或者安全生产条件的，应当与雇主承担连带赔偿责任。

属于《工伤保险条例》调整的劳动关系和工伤保险范围的，不适用本条规定。

案例37 下班后在工作场所履行工作职责受到伤害，是否属于工伤

案情简介

2008年3月22日，张某与某酒店签订了一份期限为2008年4月7日至2011年4月6日的劳动合同，约定工作岗位为游泳馆救生员。2010年8月5日19时45分，在酒店游泳馆内，因张某纠正顾客周某未带游泳帽进入泳池的行为而引发争吵，后有肢体冲突，被客人动手打伤，后经救护车送至医院抢救。经诊断为“一、闭合性颅脑外伤、脑震荡、头部软组织挫伤。二、胸部软组织挫伤，左侧第7肋骨骨折”。2010年9月9日，公安部门作出《治安案件调解协议书》。

2010年12月20日，张某向人社局申请工伤认定。2011年2月23日，人社局认定张某是在工作时间、工作场所内履行工作职责时受到暴力等意外伤害，依照《工伤保险条例》第十四条第（三）项的规定，认定张某属于工伤。某酒店不服，起诉要求撤销该工伤认定。

裁判结果

上海市普陀区人民法院开庭审理后，作出〔2011〕普行初字第58号行政判决书，判决：驳回某酒店的诉讼请求。

判决作出后，某酒店向上海市第二中级人民法院提起上诉。上海市第二中级人民法院开庭审理后，作出〔2012〕沪二中行终字第77号行政判决书，判决：驳回上诉，维持原判。

律师分析

本案的争议焦点是职工在下班后未离开工作场所，履行与工作职责相关的工作时受到暴力伤害的，是否属于工伤？

根据《工伤保险条例》的规定，一般认为构成工伤需符合三个基本要件，即“因工作原因，在工作时间、工作地点内受到事故伤害”。《工伤保险条例》中对“工作原因”未作出明确的规定，导致在司法实践中对“工作原因”的认定比较难以把握。一般认为，“工作原因”应是劳动者受伤与履行工作职责之间存在因果关系。另外根据《工伤保险条例》第十四条的规定，职工在工作时间前后在工作场所内，从事与工作有关的预备性或者收尾性工作受到事故伤害，以及上下班途中发生的事故应认定为工伤。

依据《工伤保险条例》第十四条第三款的规定，在工作时间和工作场所内，因履行工作职责受到暴力等意外伤害的，应当认定为工伤。此处对于工作时间的认定，不仅包括用人单位明确规定职工的上下班时间段，也应该包括职工在单位下班后在公司加班或履行与工作相关事务的时间。因此，职工在下班后未离开工作场所，履行与工作相关的工作的，应当视为工作时间的合理延伸，其间受到暴力伤害的，符合上述条款规定的，应当认定为工伤。

本案中，酒店对张某受到伤害发生在工作场所内无异议，当事人主要争议焦点在于张某所受伤害是否因履行工作职责且发生在工作时间内。工作时间是劳动者开展工作的时间，既包括单位明确规定的上班至下班时间段，也不能排除工作时间的合理延伸。根据酒店《关于水区救生员、水质工工作时间调整的通知》的规定，救生员的工作时间是6：30—19：30，但根据夏季营运需要及岗位工作强度，每日下班时间可采取弹性制。事发当天正是夏季泳池的营运高峰，张某尚未打卡下班，张某作为泳池救生员，负有维护泳池管理的工作职责，其在单位规定的下班时间后，在离开工作场所之前到泳池巡视，对泳客未戴泳帽进入泳池予以纠正，该行为与其作为泳池救生员的工作职责相符，该段时间是其单位规定的工作时间的合理延伸，因此应当认定张某符合“在工作时间和工作场所内，因履行工作职责受到暴力等意外伤害”，应该认定为工伤。

实务指南

劳动者在工作时间和工作地点受到暴力伤害，是不是都能够认定为工伤呢？答案是否定的，劳动者遇到这种情形，要具体情况具体分析。

如果造成其受伤害的真正原因，是由于其与他人发生口角，而不是因为工作原因，那么是难以认定为“因履行工作职责受到暴力等意外伤害”的。这种情况下，如果从快速解决问题的角度出发，劳动者要维权，最好是直接申请民事诉讼要求赔偿，这可以避免走冤枉路。因为工伤认定的时间较长，一般需要60天，如果认定结果为不予认定工伤，劳动者仍然要通过民事诉讼解决问题，直接申请民事诉讼要求赔偿是最直接的方法，效果也最好。

关联法规

《工伤保险条例》

第十四条 职工有下列情形之一的，应当认定为工伤：

（一）在工作时间和工作场所内，因工作原因受到事故伤害的；

（二）工作时间前后在工作场所内，从事与工作有关的预备性或者收尾性工作受到事故伤害的；

（三）在工作时间和工作场所内，因履行工作职责受到暴力等意外伤害的；

（四）患职业病的；

（五）因工外出期间，由于工作原因受到伤害或者发生事故下落不明的；

（六）在上下班途中，受到非本人主要责任的交通事故或者城市轨道交通、客运轮渡、火车事故伤害的；

（七）法律、行政法规规定应当认定为工伤的其他情形。

案例38　职工工作时间从事工作时自身存在过失，能否认定为工伤

案情简介

孙某系某公司员工，2003年6月10日上午受公司负责人指派去机场接人。其从公司所在地国际商业中心（以下简称商业中心）八楼下楼，欲到商业中心院内停放轿车处去开车，当行至一楼门口台阶处时，孙某脚下一滑，从四层台阶处摔倒在地面上，造成四肢不能活动，经医院诊断为颈髓过伸位损伤合并颈部神经根牵拉伤、上唇挫裂伤、左手臂擦伤、左腿皮擦伤。孙某向园区劳动局提出工伤认定申请，劳动局于2004年3月5日作出《工伤认定决定书》，认为根据受伤职工本人的工伤申请和医疗诊断证明书，结合有关调查材料，依据《工伤保险条例》第十四条第（五）项的工伤认定标准，没有证据表明孙某的摔伤事故系由工作原因造成，决定不认定孙某摔伤事故为工伤事故。孙某不服园区劳动局的《工伤认定决定书》，向中级人民法院提起行政诉讼。

裁判结果

天津市第一中级人民法院开庭审理后，作出〔2005〕一中行初字第39号行政判决书，判决：①撤销园区劳动局所作〔2004〕0001号《工伤认定决定书》；②限园区劳动局在判决生效后60日内重新作出具体行政行为。

判决作出以后，园区劳动局向天津市高级人民法院提起上诉。天津市高级人民法院开庭审理后，作出〔2005〕津高行终字第0034号行政判决书，判决：驳回上诉，维持原判。

律师分析

本案争议焦点包括：一是孙某摔伤地点是否属于其“工作场所”？二是孙

某是否“因工作原因”摔伤？三是孙某工作过程中不够谨慎的过失是否影响工伤认定？

一、关于孙某摔伤地点是否属于其“工作场所”的问题

《工伤保险条例》第十四条第（一）项规定，职工在工作时间和工作场所内，因工作原因受到事故伤害，应当认定为工伤。该规定中的“工作场所”，是指与职工工作职责相关的场所，在有多个工作场所的情形下，还应包括职工来往于多个工作场所之间的合理区域。本案中，位于商业中心八楼的办公室是孙某的工作场所，而其完成去机场接人的工作任务需驾驶的汽车停车处是孙某的另一处工作场所。孙某要完成开车任务，必须从商业中心八楼下到一楼门外停车处，故从商业中心八楼到停车处是孙某来往于两个工作场所的合理区域，也应当认定为孙某的工作场所。园区劳动局认为孙某摔伤地点不属于其工作场所，系将完成工作任务的合理路线排除在工作场所之外，既不符合立法本意，也有悖于生活常识。

二、关于孙某是否“因工作原因”摔伤的问题

《工伤保险条例》第十四条第（一）项规定的“因工作原因”，指职工受伤与其从事本职工作之间存在关联关系，即职工受伤与其从事本职工作存在一定关联。孙某为完成开车接人的工作任务，必须从商业中心八楼的公司办公室下到一楼进入汽车驾驶室，该行为与其工作任务密切相关，是孙某为完成工作任务客观上必须进行的行为，不属于超出其工作职责范围的其他不相关的个人行为。因此，孙某在一楼门口台阶处摔伤，系为完成工作任务所致。园区劳动局主张孙某在下楼过程中摔伤，与其开车任务没有直接的因果关系，不符合“因工作原因”致伤，缺乏事实根据。另外，孙某接受本单位领导指派的开车接人任务后，从公司所在商业中心八楼下到一楼，在前往汽车停放处的途中摔倒，孙某当时尚未离开公司所在院内，不属于“因公外出”的情形，而是属于在工作时间和工作场所内。

三、关于孙某工作中不够谨慎的过失是否影响工伤认定的问题

《工伤保险条例》第十六条规定了排除工伤认定的三种法定情形，即因故意犯罪、醉酒或者吸毒、自残或者自杀的，不得认定为工伤或者视同工伤。

职工从事工作中存在过失，不属于上述排除工伤认定的法定情形，不能阻却职工受伤与其从事本职工作之间的关联关系。工伤事故中，受伤职工有时具有疏忽大意、精力不集中等过失行为，工伤保险正是分担事故风险、提供劳动保障的重要制度。如果将职工个人主观上的过失作为认定工伤的排除条件，就违反了工伤保险“无过失补偿”的基本原则，也不符合《工伤保险条例》保障劳动者合法权益的立法目的。据此，即使孙某在工作中行走时确实有失谨慎，也不影响其摔伤系“因工作原因”的认定结论。劳动局以导致孙某摔伤的原因不是雨、雪天气使台阶地滑，而是因为孙某自己精力不集中导致为由，主张孙某不属于“因工作原因”摔伤而不予认定工伤，缺乏法律依据。

综上所述，园区劳动局作出的不予认定孙某为工伤的决定，缺乏事实根据，适用法律错误，依法应予撤销。

实务指南

劳动者在遇到工伤事故时，在依据《工伤保险条例》进行工伤认定时，需要注意以下两个方面的内容。

1. 工作原因、工作时间和工作场所在工伤认定中所起作用

劳动者在申请认定时要注意以下几种情形，根据《最高人民法院关于审理工伤保险行政案件若干问题的规定》第四条的规定，这几种情形也可以被认定为工伤：

第一，职工在工作时间和工作场所内受到伤害，用人单位或者社会保险行政部门没有证据证明是非工作原因导致的。

第二，职工参加用人单位组织或者受用人单位指派参加其他单位组织的活动受到伤害的。

第三，在工作时间内，职工来往于多个与其工作职责相关的工作场所之间的合理区域因工受到伤害的。

第四，其他与履行工作职责相关，在工作时间和涉及的合理区域内受到伤害的。

2. 特殊情形不予认定工伤的情形

《工伤保险条例》第十四条、第十五条规定了认定工伤或者视同工伤的具体条件，同时该条例第十四条的部分内容和第十六条也明确出现“本人主要责任的交通事故”“醉酒或者吸毒”和“自残或者自杀”等特殊情形时，职工虽然符合工伤或者视同工伤的条件，但也不能认定为工伤或者视同工伤。劳动者在遇到以上特殊情形时，要尤其注意以下几点：

第一，因特殊情形不认定工伤或者不视同工伤的，必须提供特殊情形存在的证据。

第二，特殊情形是否存在，原则上应当以有权机构的事故责任认定书、结论性意见和人民法院的生效裁判等法律文书为判断依据。

第三，没有有权机构或人民法院的法律文书时，社会保险行政部门可以结合相关证据作出事实认定，但是涉及“故意犯罪”事实的认定，必须以刑事侦查机关、检察机关和审判机关的生效法律文书和结论性意见为依据，社会保险行政部门无权认定。

关联法规

《工伤保险条例》

第十四条 职工有下列情形之一的，应当认定为工伤：

（一）在工作时间和工作场所内，因工作原因受到事故伤害的；

（二）工作时间前后在工作场所内，从事与工作有关的预备性或者收尾性工作受到事故伤害的；

（三）在工作时间和工作场所内，因履行工作职责受到暴力等意外伤害的；

（四）患职业病的；

（五）因工外出期间，由于工作原因受到伤害或者发生事故下落不明的；

（六）在上下班途中，受到非本人主要责任的交通事故或者城市轨道交通、客运轮渡、火车事故伤害的；

（七）法律、行政法规规定应当认定为工伤的其他情形。

第十六条 职工符合本条例第十四条、第十五条的规定，但是有下列情形之一的，不得认定为工伤或者视同工伤：

（一）故意犯罪的；

（二）醉酒或者吸毒的；

（三）自残或者自杀的。

案例39　职工在公司集体旅行中受伤，是否应当认定为工伤

案情简介

2012年9月11日，时某与某公司（以下简称公司）签订了劳动合同，劳动合同中约定：合同期限为2012年9月11日起至2015年9月10日止，时某的工作岗位为生产部操作员。2013年5月2日，公司发出旅游通知，通知公司于2013年5月5日至6日组织全体员工外出旅游，时某报名参加。5月6日14时20分许，时某与公司其他员工一起游玩拍照，在拍摄一些有难度的动作时，时某悬空跳起，左脚先着地后没有站稳，向后摔倒。时某当时未在意，继续游玩。5月7日，时某感到不适，到医院诊治，医院诊断为左膝扭伤，后被诊断为左膝半月板损伤，左膝关节多发韧带损伤。

2013年10月12日，公司向区人社局提交了对时某的工伤认定申请，并就延迟申报作了情况说明。同时还提交了考勤情况说明和2013年5月的员工考勤统计表，以说明公司鼓励员工多参与集体活动，2013年5月5日至6日组织的外出旅游活动属正常出勤，计算工资。2013年10月22日，区人社局作出《工伤认定决定书》，认为时某不符合工伤认定范围。时某不服，向市人社局申请行政复议。市人社局作出行政复议决定，维持区人社局作出的工伤认定决定。时某仍然不服，向法院提起行政诉讼，请求撤销区人社局作出的《工伤认定决定书》。

裁判结果

珠海市香洲区人民法院开庭审理后，作出〔2014〕珠香法行初字第39号行政判决书，判决：①撤销人力资源和社会保障局于2013年10月22日作出的工伤认定决定；②人力资源和社会保障局于判决生效之日起60日内重新作出工伤认定的决定。

判决作出以后，人力资源和社会保障局向珠海市中级人民法院提起上诉。珠海市中级人民法院开庭审理后，作出〔2014〕珠中法行终字第79号行政判决书，判决：驳回上诉，维持原判。

律师分析

本案的争议焦点是时某参加公司组织的旅游活动，在活动中做高难度动作拍照导致受伤是否属于“因工外出，因工作原因”导致的伤害。用人单位要求或鼓励参加的集体活动，可以被认为是工作的一个组成部分，应属于工作原因。

首先，从工伤保护的立法宗旨和法律原则来看，其目的是为了预防工伤事故发生、分担事故风险、保护劳动者合法权益。将参加单位组织的集体活动受到伤害的情形纳入工伤范围，符合《工伤保险条例》的立法目的。

其次，单位组织员工旅游的行为属于与工作相关的行为，可参照“因工外出”认定。单位组织员工集体活动，从行为定性分析属单位集体行为，而不是员工私利行为，单位是集体活动的倡导者、组织者、管理者、交通工具提供者、资金提供者，员工在外集体活动中，始终处于单位组织的管理中，员工始终处于被管理的状态。从单位组织员工集体活动的目的来看，其主要是为了调节员工身心，提高员工工作积极性，增强凝聚力。单位组织员工集体活动是单位福利待遇的另一种表现形式。其间发生伤害，应该获得医疗救治和经济补偿，组织者要对整个集体活动过程负责。《国务院法制办公室对〈关于职工参加单位组织的体育活动受到伤害能否认定为工伤的请示〉的复函》中指出，作为单位的工作安排，职工参加体育训练活动而受到伤害的，应当依照《工伤保险条例》第十四条第（一）项中关于“因工作原因受到事故伤害的”的规定，认定为工伤。

最后，根据《工伤保险条例》第十六条的规定，职工不得认定为工伤或者视同工伤的情形有：故意犯罪的；醉酒或者吸毒的；自残或者自杀的。劳动者参加公司组织的旅游活动受伤，不属于不得认定为工伤的三种情形，现行法律、行政法规也没有规定此情形不应认定为工伤。

本案中，时某参加的旅游活动是由公司组织并承担经费的企业文化活动，公司将员工参加旅游活动视为正常出勤，并计算工资，这说明公司组织旅游的目的是放松职工身心，增强和改善单位团队沟通与协作，更好地促进公司绩效，实现公司利益。时某在公司要求下参加上述活动应属于工作范畴，符合《工伤保险条例》规定的因工外出期间，因工作原因受伤的情形。同时，时某的受伤情形排除了《工伤保险条例》第十六条规定的不属于工伤认定的三种情形，现行法律、行政法规也没有规定此情形不应认定为工伤。

因此，时某参加公司组织的旅游活动，因为做高难度动作拍照导致受伤属于“因工外出因工作原因”导致的伤害，应该认定为工伤。

实务指南

劳动者“因工外出，因工受伤”，在申请工伤认定时，要注意对“因工外出期间”的理解。

1.“因工外出期间”属于“工作时间”的一种特殊情形

根据《工伤保险条例》第十四条第（五）项的规定，职工因工外出期间，由于工作原因受到伤害或者发生事故下落不明的，应当认定为工伤。这里的“因工外出期间”和通常意义的“工作时间”是不同的。通常意义的“工作时间”是指《工伤保险条例》第十四条第（一）项、第（二）项、第（三）项，第十五条第（一）项规定的“工作时间”，多数发生在工作场所或工作岗位内，而“因工外出期间”则发生在工作场所和工作岗位之外，是用人单位为了工作指派职工或者职工因工作需要，在工作场所或工作岗位以外从事与工作有关的活动期间。因此，“因工外出期间”可以从职工外出是否因工作或者为用人单位的正当利益等方面综合考虑。根据《最高人民法院关于审理工伤保险行政案件若干问题的规定》第五条的规定，以下三种情形也属于“因工外出”：一是职工受用人单位指派或者因工作需要在工作场所以外从事与工作职责有关的活动期间，二是职工受用人单位指派外出学习或者开会的活动期间，三是职工因工作需要的其他外出活动期间。

2. 职工因工外出期间受伤，注意理解“因工受伤”

“因工外出期间”较之一般工作时间，存在许多不可预测的风险，这些风险由职工承担不甚公平。《工伤保险条例》第十四条第（五）项规定的“由于工作原因受到伤害”是指由于工作原因直接或间接造成的伤害，涉及事故伤害、暴力伤害和其他形式的伤害，既包括与工作直接有关而形成的伤害，也包括开展工作过程中所发生的伤害，如外出途中产生的伤害，因住宿、餐饮等场所存在的不安全因素产生的伤害等。因此，这里的“工作原因”是一个范围很广的概念。只要不属于职工从事与工作或者受用人单位指派外出学习、开会无关的个人活动受到伤害的，原则上应当认定为《工伤保险条例》规定的“由于工作原因受到伤害”。

关联法规

《工伤保险条例》

第十四条 职工有下列情形之一的，应当认定为工伤：

（一）在工作时间和工作场所内，因工作原因受到事故伤害的；

（二）工作时间前后在工作场所内，从事与工作有关的预备性或者收尾性工作受到事故伤害的；

（三）在工作时间和工作场所内，因履行工作职责受到暴力等意外伤害的；

（四）患职业病的；

（五）因工外出期间，由于工作原因受到伤害或者发生事故下落不明的；

（六）在上下班途中，受到非本人主要责任的交通事故或者城市轨道交通、客运轮渡、火车事故伤害的；

（七）法律、行政法规规定应当认定为工伤的其他情形。

《最高人民法院关于审理工伤保险行政案件若干问题的规定》

第五条 社会保险行政部门认定下列情形为“因工外出期间”的，人民法院应予支持：

（一）职工受用人单位指派或者因工作需要在工作场所以外从事与工作职责有关的活动期间；

（二）职工受用人单位指派外出学习或者开会期间；

（三）职工因工作需要的其他外出活动期间。

职工因工外出期间从事与工作或者受用人单位指派外出学习、开会无关的个人活动受到伤害，社会保险行政部门不认定为工伤的，人民法院应予支持。

第二节 第三人侵权导致工伤

一、第三人侵权导致工伤的情形

在现实中，因第三人侵权引起的工伤事故时有发生，如职工在上下班途中被他人违章驾驶的机动车撞伤，就是非常典型的因第三人侵权引起的工伤。根据《工伤保险条例》的规定，职工在工作时间和工作场所内，因履行工作职责受到暴力等意外伤害的，或者因工外出期间，由于工作原因受到伤害的，或者在上下班途中，受到机动车事故伤害的，都应当认定为工伤。在这几种情形下发生的工伤，大多数是由第三人侵权引起的。因此，即使伤害是由第三人侵权引起的，也应当认定为工伤。

二、第三人侵权导致工伤引发的争议

工伤保险赔偿与第三人民事侵权赔偿竞合是新形势下一种比较特殊的法律竞合现象，它涉及社会保障法上的工伤保险赔偿责任和民事侵权法上的侵权赔偿责任的关系问题。根据《最高人民法院关于审理人身损害赔偿案件适用法律若干问题的解释》第十二条的规定，依法应当参加工伤保险统筹的用人单位的劳动者，因工伤事故遭受人身损害，劳动者或者其近亲属向人民法院起诉请求用人单位承担民事赔偿责任的，告知其按《工伤保险条例》的规定处理。因用人单位以外的第三人侵权造成劳动者人身损害，赔偿权利人请求第三人承担民事赔偿责任的，人民法院应予支持。结合《工伤保险条例》的规定我们可以得知，对于因第三人侵权导致的工伤事故，工伤保险赔偿取代民事侵权赔偿，自不待言。

劳动者在工作期间因第三人民事侵权遭受人身损害，受害人基于此产生了两种赔偿请求权，一是工伤保险赔偿请求权，二是向第三人提起的侵权损害赔偿请求权。两种请求权的权利基础和归责原则不同，其法律依据就是《最高人民法院关于审理人身损害赔偿案件适用法律若干问题的解释》第十二条的规定。劳动者因第三人侵权导致伤亡时，在赔偿的问题上应该获得“单赔偿”或是“双赔偿”呢？

全国各地仲裁机关及人民法院对此的裁决、判决各不相同，“单赔偿”与“双赔偿”的争议在工伤保险领域一直存在。所谓单赔偿，指的是工伤劳动者在获得第三人民事侵权损害赔偿后，工伤保险基金不再另行支付；若获得第三人民事侵权损害赔偿低于工伤保险基金赔偿的，由工伤保险基金补足其差额，换言之，工伤保险基金赔偿后，第三人不再另行赔偿。所谓双赔偿，指的是工伤劳动者在获得第三人民事侵权损害赔偿后，仍有权利要求工伤保险基金或用人单位对其进行工伤保险待遇的赔付，或者说工伤保险基金或用人单位对其进行工伤保险待遇赔偿后，仍然可以要求第三人进行民事侵权损害赔偿。

2006 年，新疆维吾尔自治区高级人民法院生产建设兵团分院曾就此专门向最高人民法院进行过请示，最高人民法院在给该院的答复中明确指示："即根据《安全生产法》第四十八条以及《最高人民法院关于审理人身损害赔偿案件适用法律若干问题的解释》第十二条的规定，因第三人造成工伤的职工或其近亲属，从第三人处获得民事赔偿后，可以按照《工伤保险条例》第三十七条的规定，向工伤保险机构申请工伤保险待遇补偿。"该答复确立了"双赔偿原则"。之后，《社会保险法》第四十二条规定："由于第三人的原因造成工伤，第三人不支付工伤医疗费用或者无法确定第三人的，由工伤保险基金先行支付。工伤保险基金先行支付后，有权向第三人追偿。"由于《社会保险法》的施行在最高人民法院的相关批复之后，据此，审判实务中有些法官认为，《社会保险法》确立的是"单赔偿"原则。

《社会保险法》仅就"劳动者医疗费用原则上只能由第三人负担、不得在工伤保险基金另行赔偿"这一问题作出规定，没有涉及医疗费用之外的其他费用。根据私法领域"法无明文规定者不禁止"这一法理原则可知，除了工伤医疗费用外，其他费用第三人已经赔偿的，劳动者仍然可以向工伤保险机构要求赔偿，反过来说，在工伤保险机构进行赔偿后，劳动者仍然可以就其他费用向侵权的第三人要求赔偿。因此，《社会保险法》第四十二条的规定并未就医疗费用之外的其他费用的赔偿确立"单赔偿"原则。当然，如果劳动者在工作中遇到这种情况，以上的意见可供参考，具体的裁判还要看当地司法实践中的裁判习惯。

三、第三人侵权导致工伤的最新处理方式

由于第三人侵权导致职工工伤的，根据《侵权责任法》和《社会保险法》的规定，职工可以向侵权的第三人要求民事侵权赔偿，也可以向工伤保险基金要求享受工伤保险待遇，出现了如何处理民事侵权责任和工伤保险责任的问题。这是《社会保险法》立法中的一个重要问题，也曾是《侵权责任法》和《工伤保险条例》立法中的一个热点，分歧比较大。

2014 年 4 月 21 日，经最高人民法院审判委员会第 1613 次会议审议，最高人民法院发布了《关于审理工伤保险行政案件若干问题的规定》（以下简称《规定》），该《规定》已于 2014 年 9 月 1 日起开始施行。《规定》共 10 条，明确了特殊情况下承担工伤保险责任的用人单位，第三人的原因造成工伤的处理方式，并对涉及劳动关系确认的行政审判程序作了规范，细化了工伤认定中的"工作原因、工作时间和工作场所"等问题。

对由于第三人侵权导致职工工伤的处理方式，《规定》依据《社会保险法》的立法精神，明确了三种处理方式：

第一，职工因第三人的原因受到伤害，社会保险行政部门以职工或者其近亲属已经对第三人提起民事诉讼或者获得民事赔偿为由，作出不予受理工伤认定申请或者不予认定工伤决定的，人民法院不予支持。

第二，职工因第三人的原因受到伤害，社会保险行政部门已经作出工伤认定，职工或者其近亲属未对第三人提起民事诉讼或者尚未获得民事赔偿，起诉要求社会保险经办机构支付工伤保险待遇的，人民法院应予支持。

第三，职工因第三人的原因导致工伤，社会保险经办机构以职工或者其近亲属已经对第三人提起民事诉讼为由，拒绝支付工伤保险待遇的，人民法院不予支持，但第三人已经支付的医疗费用除外。

案例40 上班途中因交通事故受伤，能否认定为工伤

案情简介

史某是某晶体制造厂的职工，双方签订了书面劳动合同，公司为史某购买了社会保险。2013 年 7 月 22 日，史某乘坐公司租赁的属于成都某汽车服务公司的大客车到公司上班，上午 8 时 25 分，由于司机操作不当，史某在车上撞到头部，导致腰椎压缩性骨折。交通管理局第六分局作出道路交通事故责任认定书，认定大客车司机黄某严重违反了《道路交通安全法》第二十二条第一款的规定，承担全部事故责任。史某遂向法院提起诉讼，要求某汽车服务公司、某财产保险股份有限公司四川分公司承担赔偿责任，同时向劳动行政部门申请了工伤认定。

裁判结果

2014 年 8 月 13 日，法院作出调解书，某汽车服务公司和某财产保险股份有限公司四川分公司支付史某赔偿金共计 103102. 5 元。劳动行政部门作出工伤认定，认定史某为工伤，经劳动能力鉴定委员会鉴定为八级伤残。社会保险部门扣除了交通事故赔偿的部分以后，对史某进行了补充赔偿。

律师分析

本案属于典型的因为第三人侵权导致工伤，出现民事侵权责任和工伤保险责任竞合如何处理的问题。

根据《工伤保险条例》第十四条第（六）项的规定，在上下班途中，受到机动车事故伤害的应当认定为工伤。即在道路交通事故引起的工伤中，存在着道路交通事故损害赔偿与工伤保险赔偿的重叠。在司法实践中，对该情形应如何适用法律，成为一个争议点和难点。

根据2003年12月26日公布，2004年5月1日起施行的《最高人民法院关于审理人身损害赔偿案件适用法律若干问题的解释》第十二条规定，劳动者因工伤事故受到人身损害，按《工伤保险条例》处理；因用人单位以外的第三人侵权造成劳动者人身损害的，劳动者可请求第三人承担赔偿责任。基于此项规定，根据原劳动部《企业职工工伤保险试行办法》第二十八条的规定确定的员工因交通事故引起的工伤，工伤待遇与交通事故赔偿是不能重复享受的规定已经不再适用。而2004年1月1日起施行的《工伤保险条例》对此不再作相应规定。

因此，我们认为，工伤保险关系与交通事故损害赔偿关系是两个不同的法律关系，当《工伤保险条例》不再规定“取得了交通事故赔偿，就不再支付相应工伤待遇”时，劳动者完全可以既依《工伤保险条例》的规定享受工伤保险待遇，又依《道路交通安全法》和《最高人民法院关于审理人身损害赔偿案件适用法律若干问题的解释》的规定获得交通事故损害赔偿，二者是“补充赔偿”的关系，而不是“非此即彼”的关系，这也符合《最高人民法院关于审理工伤保险行政案件若干问题的规定》的规定。

因此本案中，史某在获得交通事故赔偿以后，仍然可以获得相应的工伤保险待遇赔偿。

实务指南

对由于第三人侵权导致职工工伤的处理方式，劳动者在要求赔偿时，要注意以下情形：

第一，职工因第三人的原因受到伤害，社会保险行政部门以职工或者其近亲属已经对第三人提起民事诉讼或者获得民事赔偿为由，作出不予受理工伤认定申请或者不予认定工伤决定的，人民法院是不予支持。

第二，职工因第三人的原因受到伤害，社会保险行政部门已经作出工伤认定，职工或者其近亲属未对第三人提起民事诉讼或者尚未获得民事赔偿，起诉要求社会保险经办机构支付工伤保险待遇的，人民法院应予支持。

第三，职工因第三人的原因导致工伤，社会保险经办机构以职工或者其近亲属已经对第三人提起民事诉讼为由，拒绝支付工伤保险待遇的，人民法院不予支持，但第三人已经支付的医疗费用除外。

关联法规

《工伤保险条例》

第十四条 职工有下列情形之一的，应当认定为工伤：

（一）在工作时间和工作场所内，因工作原因受到事故伤害的；

（二）工作时间前后在工作场所内，从事与工作有关的预备性或者收尾性工作受到事故伤害的；

（三）在工作时间和工作场所内，因履行工作职责受到暴力等意外伤害的；

（四）患职业病的；

（五）因工外出期间，由于工作原因受到伤害或者发生事故下落不明的；

（六）在上下班途中，受到非本人主要责任的交通事故或者城市轨道交通、客运轮渡、火车事故伤害的；

（七）法律、行政法规规定应当认定为工伤的其他情形。

《最高人民法院关于审理工伤保险行政案件若干问题的规定》

第八条 职工因第三人的原因受到伤害，社会保险行政部门以职工或者其近亲属已经对第三人提起民事诉讼或者获得民事赔偿为由，作出不予受理工伤认定申请或者不予认定工伤决定的，人民法院不予支持。

职工因第三人的原因受到伤害，社会保险行政部门已经作出工伤认定，职工或者其近亲属未对第三人提起民事诉讼或者尚未获得民事赔偿，起诉要求社会保险经办机构支付工伤保险待遇的，人民法院应予支持。

职工因第三人的原因导致工伤，社会保险经办机构以职工或者其近亲属已经对第三人提起民事诉讼为由，拒绝支付工伤保险待遇的，人民法院不予支持，但第三人已经支付的医疗费用除外。

案例 41　下班途中去超市购物发生交通事故，能否认定工伤

案情简介

陈某是某报社的职工，2013 年 10 月 12 日 18 时，陈某下班后前往超市购物，侯某驾驶小型轿车与陈某驾驶的电动车相撞，致使陈某受伤，造成交通事故。后交警作出道路交通事故认定书，认定陈某负事故次要责任。2014 年 9 月 3 日，陈某向人社部门申请工伤认定。2014 年 10 月 10 日，人社部门作出不予认定工伤决定，认为根据陈某提供的材料并经核实调查，陈某下班带着孩子去超市购物不在合理路线，陈某所受到的事故伤害不符合《工伤保险条例》第十四条、第十五条的规定，不属于工伤认定范围，不予认定为工伤。陈某不服决定，遂诉至法院，请求撤销《不予认定工伤决定书》，责令重新认定。

裁判结果

法院开庭审理后，判决撤销不予认定工伤决定，人社部门在判决生效后 60 日内就陈某的工伤认定申请重新作出具体行政行为。

律师分析

本案的争议焦点是陈某在下班回家的路上去超市购物发生交通事故，是否属于“上下班途中”？

一、关于“上下班”的时间范围

所谓“上下班途中”，是指以上下班为目的的途中。在此，“上下班”既是时间要素，也是目的要素，“上下班途中”的时间既包括“上下班时间”，也包括“行程时间”。前者指劳动者正常工作、加班加点的开始或结束时间，后者指劳动者选择行程路线和交通工具从单位到住所地所需要的合理时间。从《工伤保险条例》中以“上下班途中”的简单表述取代了《企业职工工伤保险试行办法》中“规定时间”的限制来看，显然现行法规扩大了工伤的适用范围，更贴合“上下班途中是劳动者工作时间的必要延伸”这一普遍认知。

因此，在上下班时间的认定上，除考虑距离因素外，还应考虑路况条件、交通工具的类型、季节性气候的变化等因素，而对诸如交通工具发生故障而进行修理等偶然性事件的发生，也应列入考虑范围，只要符合“合理”、“必须”的认知标准，就应当认定劳动者基于上述因素发生的时间属于“上下班途中”的时间。同时，考虑到人的社会性因素，对劳动者在上下班途中“捎带”办一些比较简便且所花时间较短的私人事件，如路过商店买商品，顺路接子女放学等，符合社会生活的一般规律，能够为社会公众所普遍接受，具有普遍性，为此发生的时间也应属于“上下班途中”的时间。本案中，陈某自 17 点 30 分下班到 18 点发生事故历时 30 分钟，具有合理性，应当认定属下班途中。

二、关于“途中”的空间范围

从空间范围来看，上下班途中是指劳动者从居住地点到工作场所的空间位置。劳动者从居住地到单位指定工作地点从事单位指派的工作即为上班，劳动者离开工作区域回到居住地即为下班。从《工伤保险条例》以“途中”取代了《企业职工伤保险试行办法》中“必经路线”的限制来看，“途中”涉及的路线应当为工作地点与居住地点之间相对合理的线路，不应严格认定为最近、最合理的一条路线，而居住地点则应当包括单位提供的居住地、劳动者本人经常居住地以及临时居住地。

上下班是劳动者工作的必要延伸，对上下班路线的选择体现了劳动者对劳动权的处分，不应随意剥夺。在现实生活中，劳动者上下班时对地面路线，地下路线，抑或高空路线，都有自主选择的权利，而各种路线都可以联系到快速、费用较低、更安全等特点，都具有合理性。因此，劳动者为了与他人共同搭车而选择绕道的路线，或者为了安全选择较远的路线，或者由于修路等客观原因改道而行，只要其符合一般的社会生活经验和情理判断标准，都应当认为是合理线路。本案中，陈某下班途中去超市购物属于日常生活必需的活动，具有正当性，应认为是合理路线。

《工伤保险条例》的制定，是为了保障因工作遭受事故伤害或者患职业病的职工获得医疗救治和经济补偿，促进工伤预防和职业康复，分散用人单位的工伤风险。陈某在上下班途中从事属于日常工作生活所必需的活动，且在合理时间内未改变以上下班为目的的合理路线的途中，受到非本人主要责任的交通事故伤害，符合《最高人民法院关于审理工伤保险行政案件若干问题的规定》第六条的规定，故人社部门作出的不予认定工伤决定适用法律错误，应予撤销。

实务指南

在工伤认定纠纷中，劳动者如何正确理解“上下班途中”这一概念，对于劳动者能否认定为工伤非常重要。

人民法院对“上下班途中”的认定一般会考虑以下三个要素：一是目的要素，即以上下班为目的；二是时间要素，即上下班时间是否合理；三是空间要素，即往返于工作地和居住地的路线是否合理。《最高人民法院关于审理工伤保险行政案件若干问题的规定》第六条列举了“上下班途中”的具体情形：

第一，以上下班为目的，在合理时间内往返于工作地和住所地、经常居住地、单位提供的居住地或者配偶父母子女居住地的合理路线的途中。

第二，在上下班途中，从事属于日常工作生活所必需的活动，且在合理时间内未改变以上下班为目的的合理路线的途中。

第三，以上下班为目的，在合理时间内其他合理路线的途中。

关联法规

《工伤保险条例》

第十四条 职工有下列情形之一的，应当认定为工伤：

（一）在工作时间和工作场所内，因工作原因受到事故伤害的；

（二）工作时间前后在工作场所内，从事与工作有关的预备性或者收尾性工作受到事故伤害的；

（三）在工作时间和工作场所内，因履行工作职责受到暴力等意外伤害的；

（四）患职业病的；

（五）因工外出期间，由于工作原因受到伤害或者发生事故下落不明的；

（六）在上下班途中，受到非本人主要责任的交通事故或者城市轨道交通、客运轮渡、火车事故伤害的；

（七）法律、行政法规规定应当认定为工伤的其他情形。

《最高人民法院关于审理工伤保险行政案件若干问题的规定》

第六条 对社会保险行政部门认定下列情形为“上下班途中”的，人民法院应予支持：

（一）在合理时间内往返于工作地与住所地、经常居住地、单位宿舍的合理路线的上下班途中；

（二）在合理时间内往返于工作地与配偶、父母、子女居住地的合理路线的上下班途中；

（三）从事属于日常工作生活所需要的活动，且在合理时间和合理路线的上下班途中；

（四）在合理时间内其他合理路线的上下班途中。

第三节　工伤与提供劳务者受伤的选择

一、劳务关系的概念

劳务关系，是指提供劳务的一方为需要劳务的一方以劳动形式提供劳动活动，而需要劳务的一方支付约定的报酬的社会关系。劳务关系由《民法通则》和《合同法》进行规范和调整，建立和存在劳务关系的当事人之间是否签订书面劳务合同，由当事人双方协商确定。劳务关系具有三要素：①劳务关系的主体，不仅包括自然人，也包括法人、合伙、国家、外国组织以及其他特殊组织（包括非法人组织、清算组织等）；②劳务关系的内容，它的内容即权利义务，具有广泛性；③劳务关系的客体，其既包括行为，也包括物质、智力成果以及与人身不可分离的非物质利益（人格和身份）。

劳务关系具有以下特征：①双方当事人的地位平等，在人身上不具有隶属关系；②工作风险一般由提供劳务者自行承担，但由雇工方提供工作环境和工作条件的和法律另有规定的除外；③基于民事法律规范成立，并受民事法律规范的调整和保护；④主体具有不特定性，提供劳务方和用工方都可以是自然人、法人或是其他组织。

二、劳务关系与劳动关系的区别

劳务关系是平等主体之间就劳务的提供与报酬的给付所达成的协议，其遵循平等自愿、合同自由和等价有偿等原则。劳务关系和劳动关系的区别主要体现在以下几个方面：

情形	劳动关系	劳务关系
主体不同	劳动关系一方是符合劳动年龄并具有履行劳动合同义务能力的自然人，另一方是符合《劳动法》《劳动合同法》所规定条件的用人单位	劳务关系不限于自然与用人单位之间，也可以是自然人与自然人之间
关系不同	劳动关系中用人单位与劳动者之间是管理与被管理、指挥与被指挥、监督与被监督的隶属关系	劳务关系是平等主体依据双方约定所形成的关系，主要倾向于财产性，人身依附性不强
法律依据不同	劳动关系由《劳动合同法》规范和调整，而且建立劳动关系必须签订书面劳动合同	劳务关系由《民法通则》和《合同法》进行规范和调整
关系稳定性不同	劳动关系中双方的关系比较稳定，反映的是一种比较持续的工作状态	劳务关系一般是一次性或者临时性的工作
待遇不同	劳动关系除了有劳动报酬以外，还有行政法规规定的社会保险福利待遇、带薪年休假待遇	劳务关系主要是一次性或者分期支付的劳务报酬，没有社会保险等其他待遇

三、劳务关系的主要类型

第一，用人单位将某项工程发包给某个人员或某几个人员，或者将某项临时性或一次性工作交给某个人或某几个人，双方订立劳务合同，形成劳务关系。这类从事劳务的人员，一般是自由职业者，身兼数职，自己通过中介机构存放档案，缴纳保险。

第二，已经办手续的离退休人员，又被用人单位聘用后，双方签订聘用合同。这种聘用关系现已被明确确定为劳务关系（根据《最高人民法院关于审理劳动争议案件适用法律若干问题的解释（三）》第七条的规定）。

四、提供劳务者受害责任

提供劳务者受害责任，是指在存在劳务关系的前提下，提供劳务者因劳务活动而受到伤害，在提供劳务者向接受劳务一方主张损害赔偿时，由双方根据各自的过错程度承担相应的民事责任。

已经办手续的离退休人员，又被用人单位聘用后，在工作过程中受伤的如何处理？最高人民法院关于这一问题的处理，目前有两个文件：

第一，《最高人民法院关于审理劳动争议案件适用法律若干问题的解释（三）》第七条规定：用人单位与其招用的已经依法享受养老保险待遇或领取退休金的人员发生用工争议，向人民法院提起诉讼的，人民法院应当按劳务关系处理。

第二，《最高人民法院行政审判庭关于超过法定退休年龄的进城务工农民因工伤亡的，应否适用〈工伤保险条例〉请示的答复》。其答复内容为：你院报送的《关于超过法定退休年龄的进城务工农民工作时间内受伤是否适用〈工伤保险条例〉的请示》收悉。经研究，原则同意你院的倾向性意见。即：用人单位聘用的超过法定退休年龄的务工农民，在工作时间内、因工作原因伤亡的，应当适用《工伤保险条例》的有关规定进行工伤认定。

目前，关于离退休人员或超过法定退休年龄继续工作的劳动者是否享受工伤保险待遇，各地实施细则的规定各异。

1. 明确规定不得认定工伤

第一，《北京市实施〈工伤保险条例〉办法》第二十一条规定，受伤害人员是用人单位聘用的离退休人员或者超过法定退休年龄的，工伤认定申请不予受理。

第二，《厦门市实施〈工伤保险条例〉规定》第十九条规定，属于用人单位聘用的离退休人员的，工伤认定申请不予受理。

第三，《天津市劳动保障局关于工伤保险若干问题的解决意见》第十四条规定，退休人员返聘后，在工作中受伤，不适用工伤保险政策。

第四，《太原市实施〈工伤保险条例〉细则》第十四条规定，受伤害人员是用人单位聘用的离退休人员或者超过法定退休年龄人员的，工伤认定申请不予受理。

第五，《重庆市劳动保障局关于贯彻执行〈工伤保险条例〉有关问题处理意见的通知》第十七条规定，用人单位聘用的离退休人员，实习的大中专院校、技工学校、职业高中学生不适用于《条例》和《重庆市工伤保险实施暂行办法》。

2. 可以认定为工伤，但工伤保险待遇由聘用单位支付

《上海市劳动保障局、上海市医疗保险局关于实施〈上海市工伤保险实施办法〉若干问题的通知》规定，本市用人单位聘用的退休人员发生事故伤害的，其工伤认定、劳动能力鉴定按照《上海市工伤保险实施办法》的规定执行，工伤保险待遇参照《实施办法》的规定由聘用单位支付。

案例 42　超过退休年龄职工工作过程中遭受交通事故如何处理

案情简介

2014 年 3 月 1 日，徐某与某建筑装饰工程有限公司（以下简称公司）签订书面劳动合同，合同期限为 2014 年 3 月 1 日到 2015 年 3 月 1 日，合同约定公司安排徐某在属于公司的施工现场从事材料管理工作。合同签订之时，徐某已经达到法定退休年龄。2014 年 6 月 1 日，公司安排徐某到公司位于重庆市的施工现场从事材料管理。2014 年 6 月 30 日上午 9 时左右，徐某乘坐公司职工赵某驾驶的小型客车去退换公司工地所需的空压机。在回工地的途中，车辆发生交通事故，徐某当场昏迷，数分钟后意识恢复，由“120”接送到医院接受治疗。交警作出道路交通事故认定书，认定徐某无责任。徐某治疗出院后，经鉴定为 8 级伤残。在与公司就赔偿事项达不成一致意见的情况下，徐某遂向法院提起诉讼。

裁判结果

成都市金牛区人民法院进行了开庭审理，法院认为徐某作为公司的雇员，其在工作的过程中受伤，按照司法解释的规定，公司应该承担赔偿责任。因此，依法判决公司支付徐某各项赔偿款共计 163288. 08 元。

律师分析

第一，超过了退休年龄，不能认定工伤，是否就不能获得赔偿？

本案中，徐某与公司签订劳动合同的时候，已经超过了法定退休年龄，且已经享受退休待遇。因此，徐某与公司建立的不是劳动关系，而是典型的劳务关系。根据《最高人民法院关于审理人身损害赔偿案件适用法律若干问题的解释》第十一条的规定，雇员在从事雇佣活动中遭受人身损害，雇主应当承担赔偿责任。因此，公司应当对徐某在从事雇佣活动中遭受的损失承担赔偿责任。

第二，提供劳务者在工作过程中遭受交通事故，是否一定要先找肇事方赔偿？

对于徐某这种情况，根据《最高人民法院关于审理人身损害赔偿案件适用法律若干问题的解释》第十一条第一款的规定，赔偿权利人可以请求第三人承担赔偿责任，也可以请求雇主承担赔偿责任。徐某在发生交通事故后，依法可以请求侵权第三人进行赔偿，也可以请求公司进行赔偿。对请求权的行使，徐某依法具有选择权。

同时，本案中徐某在提供劳务的过程中，因为第三人原因受到事故伤害，经交警部门认定，徐某无任何过错。根据《最高人民法院关于审理人身损害赔偿案件适用法律若干问题的解释》的立法本意，对法人与个人之间的劳务关系仍适用无过错责任。因此，法院判决公司承担赔偿责任。

实务指南

对于已经达到退休年龄的人员在企业工作的过程中受伤，是不是都只能通过提供劳务者受害责任纠纷来要求赔偿，而不能通过工伤认定程序要求工伤赔偿呢？

《最高人民法院行政审判庭关于超过法定退休年龄的进城务工农民因工伤亡的，应否适用〈工伤保险条例〉请示的答复》对此进行了答复：你院报送的《关于超过法定退休年龄的进城务工农民工作时间内受伤是否适用〈工伤保险条例〉的请示》收悉。经研究，原则同意你院的倾向性意见。即：用人单位聘用的超过法定退休年龄的务工农民，在工作时间内、因工作原因伤亡的，应当适用《工伤保险条例》的有关规定进行工伤认定。

《最高人民法院关于审理劳动争议案件适用法律若干问题的解释（三）》第七条规定：“用人单位与其招用的已经依法享受养老保险待遇或领取退休金的人员发生用工争议，向人民法院提起诉讼的，人民法院应当按劳务关系处理。”第八条规定：“企业停薪留职人员、未达到法定退休年龄的内退人员、下岗待岗人员以及企业经营性停产放长假人员，因与新的用人单位发生用工争议，依法向人民法院提起诉讼的，人民法院应当按劳动关系处理。”

根据最高人民法院司法解释的规定，对于退休人员在工作中受伤能否认定为工伤，应该分情况处理：

第一，超过退休年龄的农民工，也可以按照《工伤保险条例》的规定处理的。

第二，超过退休年龄的职工，如果没有享受养老保险待遇或领取退休金，可以按照《工伤保险条例》的规定处理。

第三，超过退休年龄的职工，如果已经依法享受养老保险待遇或领取退休金，按劳务关系处理。

第四，对于未达到退休年龄的内退人员，应当按劳动关系处理。

我们在此提醒劳动者，要注意区分情况对待，不能一刀切，劳动者可以结合自己的具体情况以及所在地方的司法实践情况，选择适当的维权路径。

关联法规

《最高人民法院关于审理劳动争议案件适用法律若干问题的解释（三）》

第七条 用人单位与其招用的已经依法享受养老保险待遇或领取退休金的人员发生用工争议，向人民法院提起诉讼的，人民法院应当按劳务关系处理。

《最高人民法院关于审理人身损害赔偿案件适用法律若干问题的解释》

第十一条第一款 雇员在从事雇佣活动中遭受人身损害，雇主应当承担赔偿责任。雇佣关系以外的第三人造成雇员人身损害的，赔偿权利人可以请求第三人承担赔偿责任，也可以请求雇主承担赔偿责任。雇主承担赔偿责任后，可以向第三人追偿。

案例 43 雇员在工作过程中受害，公司需要承担责任

案情简介

陈某于 2014 年 2 月到某物业公司（以下简称公司）工作，公司与陈某签订了劳务合同，约定工资为每月 1600 元，但是公司将合同收走，合

同签订时陈某已经超过60岁。2014年3月10日，公司安排陈某到妇女儿童保健院从事保洁工作。2014年7月25日，陈某在工作过程中摔倒受伤，被送往医院治疗，经医院诊断为左手骨折，公司为陈某垫付了医药费4000元。陈某治疗结束以后，经司法鉴定为10级伤残，陈某遂找公司协商赔偿事宜，公司认为陈某是公司的人，但是因为其在工作过程中穿拖鞋导致摔伤，因此公司不承担赔偿责任。陈某遂起诉至法院，要求公司承担赔偿责任。

裁判结果

法院进行了开庭审理，认为陈某作为公司的雇员，其在工作过程中受伤，雇主应该承担责任，公司无法举证证明陈某在工作过程中存在责任，因此判决公司应该承担赔偿责任，赔偿陈某各项损失共计41852元。

律师分析

第一，陈某与公司之间雇佣关系明确，公司应当承担对陈某受伤的赔偿责任。

雇佣关系是指受雇人利用雇佣人提供的条件，在雇佣人的指导、监督下，以自身的技能为雇佣人提供劳动，并由雇佣人支付劳动报酬的法律关系。从以下几点可以确定双方之间的雇佣关系：

形式上，双方订立有书面的雇佣协议，公司为陈某发放了工作牌，对此陈某提交的相关证据已经予以证明，因此其与公司之间已具备雇佣关系的形式要件及书面雇佣协议。

实质上，陈某根据公司的要求为其提供劳务，在妇女儿童保健院从事保洁工作，公司则为陈某提供的劳务支付相应的报酬，公司的其他职工以及妇女儿童保健院的多位护士均能证明。

综上所述，本案陈某与公司之间雇佣关系明确，根据《最高人民法院关于审理人身损害赔偿案件适用法律若干问题的解释》第十一条“雇员在从事雇佣活动中遭受人身损害，雇主应当承担赔偿责任”的规定，公司应当对陈某在从事雇佣活动中遭受的损失承担赔偿责任。

第二，陈某与公司之间属于个人与法人之间的雇佣关系，仍适用无过错责任。

就本案而言，陈某与公司双方不符合“个人之间形成劳务关系”的前提条件，故不能适用《侵权责任法》第三十五条的规定。按照法律的溯及力，对《侵权责任法》中重新规定的问题，应当适用新法；对《侵权责任法》中没有涉及的问题，因最高法的司法解释并未废止，因此还应当适用此解释。即根据《最高人民法院关于审理人身损害赔偿案件适用法律若干问题的解释》第十一条“雇员在从事雇佣活动中遭受人身损害，雇主应当承担赔偿责任”的规定，仍适用无过错责任。因此，本案应当适用无过错责任，公司应当对陈某遭受的损失承担全部赔偿责任。

第三，陈某所提各项请求于法有据。

根据《民法通则》等相关法律及司法解释的规定，陈某受伤经治疗后，被依法鉴定为10级伤残。因此，根据陈某的伤情情况，公司依法应当赔偿陈某的伤残赔偿金、误工费、交通费、精神损害赔偿金等。

实务指南

在提供劳务者受害责任纠纷中，劳动者在维护自己的权利时，最主要的是要明确，对于自己所提的主张必须要有相应的证据来证明，因此，对于劳动者如何取证，我们提出如下建议：

第一，签字时要明确签字的内容，不能随便签字。签字意味着劳动者本人对用人单位提出的条件的认可。司法实践中，很多劳动者因为在签字时没有仔细阅读签字的内容，在与用人单位发生劳动争议或者其他纠纷时，用人单位往往会将这些经过劳动者签字的材料作为证据提交，而仲裁委或者法院在认定证据时，往往关注的是结果，即是不是劳动者本人签字，而不会去关注当时签字的具体情况，这就很容易导致劳动者在维权过程中处于被动地位。

第二，保护好对自己有利的证据很关键。很多用人单位“规定”员工被解除劳动合同或劳务关系后都要“上缴”单位指定的一些“东西”，如工作服、工作牌等。然而这些东西却是劳动争议案件或者劳务纠纷中非常重要的证据。

第三，对需要“上缴”和不需要“上缴”的证据都要及时取证。很多用人单位或者公司在与劳动者签订相关协议后，往往会将协议收走，这时，劳动者就要及时取证，可以将该协议复印或者拍照保存。有些东西是不需要上缴的，如工作牌、工作服等，劳动者可以在平时的工作中进行取证，如穿着工作服拍照，对工作牌或其他书面证据进行复印留存等。

关联法规

《最高人民法院关于审理人身损害赔偿案件适用法律若干问题的解释》

第十一条第一款 雇员在从事雇佣活动中遭受人身损害，雇主应当承担赔偿责任。雇佣关系以外的第三人造成雇员人身损害的，赔偿权利人可以请求第三人承担赔偿责任，也可以请求雇主承担赔偿责任。雇主承担赔偿责任后，可以向第三人追偿。

《侵权责任法》

第三十五条 个人之间形成劳务关系，提供劳务一方因劳务造成他人损害的，由接受劳务一方承担侵权责任。提供劳务一方因劳务自己受到损害的，根据双方各自的过错承担相应的责任。

第四节　非法用工问题处理

一、非法用工的定义及其法律特征

1. 非法用工的定义

依据《非法用工单位伤亡人员一次性赔偿办法》第二条的规定，非法用工指的是无营业执照或者未经依法登记、备案的单位以及被依法吊销营业执照或者撤销登记、备案的单位或者用人单位使用童工违法用工的情形。

2. 非法用工的法律特征

第一，非法用工的主体是无营业执照或者未经依法登记、备案的用人单位；被依法吊销营业执照或者撤销登记、备案的用人单位；没有再领取营业执照，再行登记、备案或者使用童工的用人单位。

第二，用人单位有非法从事生产经营活动的行为（包括过去、此刻二个时间段）。

第三，用人单位有非法用工的事实。

二、非法用工的情形

根据《非法用工单位伤亡人员一次性赔偿办法》的规定，非法用工单位是指无营业执照或者未经依法登记、备案的单位以及被依法吊销营业执照或者撤销登记、备案的单位。结合2003年3月1日施行的《无照经营查处取缔办法》的规定进行分析，非法用工单位包括以下三种类型：①应取得而未取得营业执照或应依法登记、备案而未登记、备案的用人单位；②已经办理注销登记或者被吊销营业执照的用人单位；③营业执照有效期届满后未按照规定重新办理登记手续或被撤销登记、备案的用人单位。

三、非法用工的救济途径

在索赔的过程中，一定要相信和依靠法律，因为有关法律和劳动法规规定了多种获得赔偿的途径，其一般说来有四种：

第一，与用人单位协商。对于非法用工致残者，《非法用工单位伤亡人员一次性赔偿办法》第三条第一款规定：一次性赔偿包括受到事故伤害或者患职业病的职工或童工在治疗期间的费用和一次性赔偿金。一次性赔偿金数额应当在受到事故伤害或者患职业病的职工或童工死亡或者经劳动能力鉴定后确定。有了劳动能力鉴定书，索赔就有了准确的依据。

第二，向劳动保障行政部门举报。如果与用人单位不能协商解决或用人单位拒不进行一次性赔偿，就要按照《非法用工单位伤亡人员一次性赔偿办法》第七条的规定，向人力资源和社会保障行政部门进行举报。劳动保障行政部门在经查证属实的，劳动保障行政部门应责令该单位限期改正。

第三，申请劳动争议仲裁。存在非法用工的用人单位本身法律意识较为淡薄，处于弱势的劳动者要想让用人单位主动一次性赔偿很难。因此，必要时根据《非法用工单位伤亡人员一次性赔偿办法》第八条的规定：伤残职工或死亡职工的直系亲属、伤残童工或者死亡童工的直系亲属就赔偿数额与单位发生争议的，按照劳动争议处理的有关规定处理。向劳动争议仲裁机构申请劳动争议仲裁。

第四，向人民法院起诉。劳动仲裁以后，劳动者不服的，可以向法院提起诉讼。

案例44 用工单位因非法用工致劳动者受伤应支付一次性经济赔偿

案情简介

2009年10月，陈某在未办理营业执照的情况下开设了一家具厂。2011年4月18日，何某某到该家具厂就业。2014年1月10日，何某某在工作时，被机器钻头致伤左手拇指，前后住院治疗34天。何某某受伤治疗期间，陈某支付了全部医疗费、护理费，并支付生活费2000元。7月3日，何某某申请工伤认定。7月9日，成都市人力资源和社会保障局经审查，认为何某某所在的用人单位无工商营业执照，不具备用工主体资格，作出《工伤认定申请不予受理决定书》。9月3日，何某某的伤情经成都市劳动能力鉴定委员会评定为伤残七级。9月19日，劳动人事争议仲裁委员会对何某某的仲裁申请，以主体不适格为由，作出《不予受理通知书》。何某某诉至法院，请求判令陈某支付因非法用工应赔偿的住院伙食补助费544元、护理费2720元、生活费39167元、一次性赔偿金190576元、交通费500元，共计233507元。

裁判结果

法院经审理认为，陈某未办理营业执照开设家具厂，招用何某某等工人，属于非法用工单位。判决陈某支付何某某赔偿共计222225.44元。

律师分析

现实生活中，一些非法用工单位不是合法用工主体，一旦职工因工作受到伤害，不能按工伤保险规定作工伤认定。为了保障非法用工单位的职工在受到伤害时，能得到相应的医疗救治和经济赔偿，同时也为了惩罚非法用工单位，法律规定非法用工单位需向在其单位务工人员承担不低于工伤保险标准的一次性赔偿，包括因伤产生的一系列费用以及一次性赔偿金。

根据《工伤保险条例》第六十六条的规定，无营业执照单位的职工受到事故伤害的，由该单位向伤残职工给予一次性赔偿，就赔偿数额与单位发生争议的，按照处理劳动争议的有关规定处理。因此，何某某有权要求陈某承担一次性赔偿责任。

根据《非法用工单位伤亡人员一次性赔偿办法》第三条的规定，一次性赔偿包括受到事故伤害或者患职业病的职工或童工在治疗期间的费用和一次性赔偿金。一次性赔偿金数额应当在受到事故伤害或者患职业病的职工或童工死亡或者经劳动能力鉴定后确定。第四条规定，职工或童工受到事故伤害或者患职业病，在劳动能力鉴定之前进行治疗期间的生活费按照统筹地区上年度职工月平均工资标准确定，医疗费、护理费、住院期间的伙食补助费以及所需的交通费等费用按照《工伤保险条例》规定的标准和范围确定，并全部由伤残职工或童工所在单位支付。第五条规定，一次性赔偿金按照以下标准支付：一级伤残的为赔偿基数的16倍，二级伤残的为赔偿基数的14倍，三级伤残的为赔偿基数的12倍，四级伤残的为赔偿基数的10倍，五级伤残的为赔偿基数的8倍，六级伤残的为赔偿基数的6倍，七级伤残的为赔偿基数的4倍，八级伤残的为赔偿基数的3倍，九级伤残的为赔偿基数的2倍，十级伤残的为赔偿基数的1倍。前款所称赔偿基数，是指单位所在工伤保险统筹地区上年度职工年平均工资。根据上述规定，本案中，陈某依法应支付给何某某的一次性赔偿包括了何某某治疗期间的费用即住院期间的伙食补助费544元、交通费300元、生活费30805.44元；以及何某某经鉴定为七级伤残的一次性赔偿金190576元（共计222225.44元）。

实务指南

在非法用工关系中，由于劳动关系不规范，证据的取得和保存难度更大，因此，劳动者在非法用工关系中，要注意取证和保存证据。

关于非法用工的证据。一方面，劳动者要形成良好的证据意识，保管好自己手上的相关证据，确定自己与非法用工单位的用工事实的存在，如劳动合同（协议）、工作牌（证）、工作服、工资条等，以证明自己与用人单位之间存在用工的事实。另一方面，在伤亡事故发生以后，劳动者需要及时确认是否为非法用工行为。劳动者可以到工伤管理部门进行查询，确认用人单位是否具有用工主体资格。目前在全国各地的工伤管理部门，只要劳动者凭身份证原件，都可以查询用人单位的基本工商登记信息。在发生伤亡事故以后，劳动者应及时向有关部门举报，由劳动行政部门对相关单位进行调查。职工在要求一次性赔偿金时，劳动部门的调查报告既可以作为用工关系存在的证据，也可以直接证明伤害事故的发生。

关于伤亡事实的证据。伤亡事实的证据是用来证明劳动者在用人单位因工作原因、在工作时间受伤，因此属于因工受伤，应该享受非法用工一次性赔偿待遇的证据。在事故发生以后，劳动者要积极向医疗机构取得“120”接诊记录、门诊病历、住院病历等就医材料，以证明受伤事故发生的时间、地点。同时要关注事故现场是否有监控视频，及时将监控视频保存，如果有在场的同事，要及时获得证人证言。

关联法规

《工伤保险条例》

第六十六条 无营业执照或者未经依法登记、备案的单位以及被依法吊销营业执照或者撤销登记、备案的单位的职工受到事故伤害或者患职业病的，由该单位向伤残职工或者死亡职工的近亲属给予一次性赔偿，赔偿标准不得低于本条例规定的工伤保险待遇；用人单位不得使用童工，用人单位使用童工造成童工伤残、死亡的，由该单位向童工或者童工的近亲属给予一次性赔偿，赔偿标准不得低于本条例规定的工伤保险待遇。具体办法由国务院社会保险行政部门规定。

前款规定的伤残职工或者死亡职工的近亲属就赔偿数额与单位发生争议的，以及前款规定的童工或者童工的近亲属就赔偿数额与单位发生争议的，按照处理劳动争议的有关规定处理。

《非法用工单位伤亡人员一次性赔偿办法》

第二条 本办法所称非法用工单位伤亡人员，是指无营业执照或者未经依法登记、备案的单位以及被依法吊销营业执照或者撤销登记、备案的单位受到事故伤害或者患职业病的职工，或者用人单位使用童工造成的伤残、死亡童工。

前款所列单位必须按照本办法的规定向伤残职工或者死亡职工的近亲属、伤残童工或者死亡童工的近亲属给予一次性赔偿。

第三条 一次性赔偿包括受到事故伤害或者患职业病的职工或童工在治疗期间的费用和一次性赔偿金。一次性赔偿金数额应当在受到事故伤害或者患职业病的职工或童工死亡或者经劳动能力鉴定后确定。

劳动能力鉴定按照属地原则由单位所在地设区的市级劳动能力鉴定委员会办理。劳动能力鉴定费用由伤亡职工或童工所在单位支付。

第七章　劳动监察与劳动仲裁

本章导读

劳动监察与劳动仲裁是发生劳动争议以后最常见的争议解决途径。读者通过对本章的阅读，可以了解以下要点：

1. 劳动保障监察，是劳动保障行政机关依法对用人单位遵守劳动保障法律法规的情况进行监督检查，发现和纠正违法行为，并对违法行为依法进行行政处理或行政处罚的行政执法活动。任何组织或者个人对违反劳动保障法律、法规或者规章的行为，都有权向人力资源和社会保障行政部门举报。劳动者认为用人单位侵犯其劳动保障合法权益的，有权向劳动保障行政部门投诉。只要用人单位存在非法招用未满十六周岁未成年人的；在招用劳动者时收取保证金、押金等费用或者扣押劳动者证件的；不依法签订劳动合同或者违法解除劳动合同等情形的，任何组织或者个人都有权向人力资源和社会保障行政部门进行举报。

2. 劳动仲裁，是指由劳动人事争议仲裁委员会对当事人申请仲裁的劳动争议居中公断与裁决。在我国，劳动仲裁是劳动争议当事人向人民法院提起诉讼的必经程序。劳动争议的受案范围包括：①因确认劳动关系发生的争议；②因订立、履行、变更、解除和终止劳动合同发生的争议；③因除名、辞退和辞职、离职发生的争议；④因工作时间、休息休假、社会保险、福利、培训以及劳动保护发生的争议；⑤因劳动报酬、工伤医疗费、经济补偿或者赔偿金等发生的争议。劳动争议由劳动合同履行地或者用人单位所在地的劳动人事争议仲裁委员会管辖。

第一节 劳动监察

一、劳动保障监察与劳动保障监察大队

劳动保障监察，是劳动保障行政机关依法对用人单位遵守劳动保障法律法规的情况进行监督检查，发现和纠正违法行为，并对违法行为依法进行行政处理或行政处罚的行政执法活动。实施劳动保障监察对于促进劳动保障法律法规贯彻实施、监控劳动力市场秩序、维护劳动关系双方合法权益以及推动劳动保障部门依法行政都具有十分重要的意义。劳动保障监察具有以下基本属性：

第一，法定性。劳动保障监察的规则都是直接由法律规定的。劳动保障监察的主体必须严格依据法律进行监察执法活动。接受监督检查的单位，根据《劳动法》《社会保险费征缴暂行条例》等法律、法规的规定，包括企业、事业单位、国家机关、社会团体、民办非企业单位、城镇个体工商户（注：指雇工在 7 人以上的）。

第二，行政性。劳动保障监察是行使行政权力的具体行政行为。被监察主体对其作出的行政处理决定或行政处罚决定不服的，可以依法提请行政复议或行政诉讼。

第三，专门性。劳动保障监察是由法定的专门机关对劳动保障法律、法规的实施情况进行的监督检查。

第四，强制性。劳动保障监察是代表政府实施的，具有国家强制力，被监察主体不得拒绝。

劳动保障监察大队是隶属于人力资源和社会保障局的事业单位，是劳动保障行政机关依法对用人单位遵守劳动保障法律、法规的情况进行监督检查，发现和纠正违法行为，并对违法行为依法进行行政处理或行政处罚的行政执法活动。

二、举报投诉的主体

任何组织或者个人对违反劳动保障法律、法规或者规章的行为，都有权向人力资源和社会保障行政部门举报。劳动者认为用人单位侵犯其劳动保障合法权益的，有权向劳动保障行政部门投诉。

人力资源和社会保障行政部门应当为举报人保密；对举报属实，为查处重大违反劳动保障法律、法规或者规章的行为提供主要线索和证据的举报人，应给予奖励。

三、举报投诉的内容

举报投诉的内容包括以下几个方面：

①用人单位非法招用未满十六周岁未成年人的；②用人单位在招用劳动者时收取保证金、押金等费用或者扣押劳动者证件的；③用人单位不依法签订劳动合同或者违法解除劳动合同的；④用人单位强迫劳动者延长工作时间的；⑤用人单位克扣或者无故拖欠劳动者工资的；⑥用人单位拒不支付或者不按标准支付劳动者延长工作时间的工资报酬和节假日工资报酬的；⑦用人单位低于当地最低工资标准支付工资的；⑧用人单位解除劳动合同后，不按照劳动保障法律、法规、规章的规定给予劳动者经济补偿的；⑨用人单位违反女职工、未成年工特殊劳动保护规定的；⑩用人单位使用应当取得而未取得国家职业资格证书的劳动者从事相应技术工种的；⑪用人单位不依法参加社会保险的；⑫职业介绍机构、职业技能培训机构和职业技能鉴定机构违反国家有关职业介绍、职业技能培训和职业技能考核鉴定的规定的；⑬其他违反劳动保障法律、法规、规章的行为。

四、举报投诉的条件

举报投诉应当符合下列条件：

①有明确的被举报投诉单位名称、地址和联系电话等；②有具体的举报投诉请求事项、事实依据或基本线索，如具体的违法时间、违法行为、违法过程和结果等；③未超出 2 年的举报投诉期限；④举报投诉请求事项属于劳动保障监察职权范围；⑤属于本级监察机构管辖范围。

五、举报投诉的途径

劳动者可以采取下列方式举报投诉：

①直接来访，投诉举报的人员可以直接到当地劳动保障监察机构反映情况；②书面来信，按寄信要求，写清收件人的详细情况，以免误投或丢失，包括收件人地址、单位、邮政编码等；③拨打服务热线进行咨询，热线电话

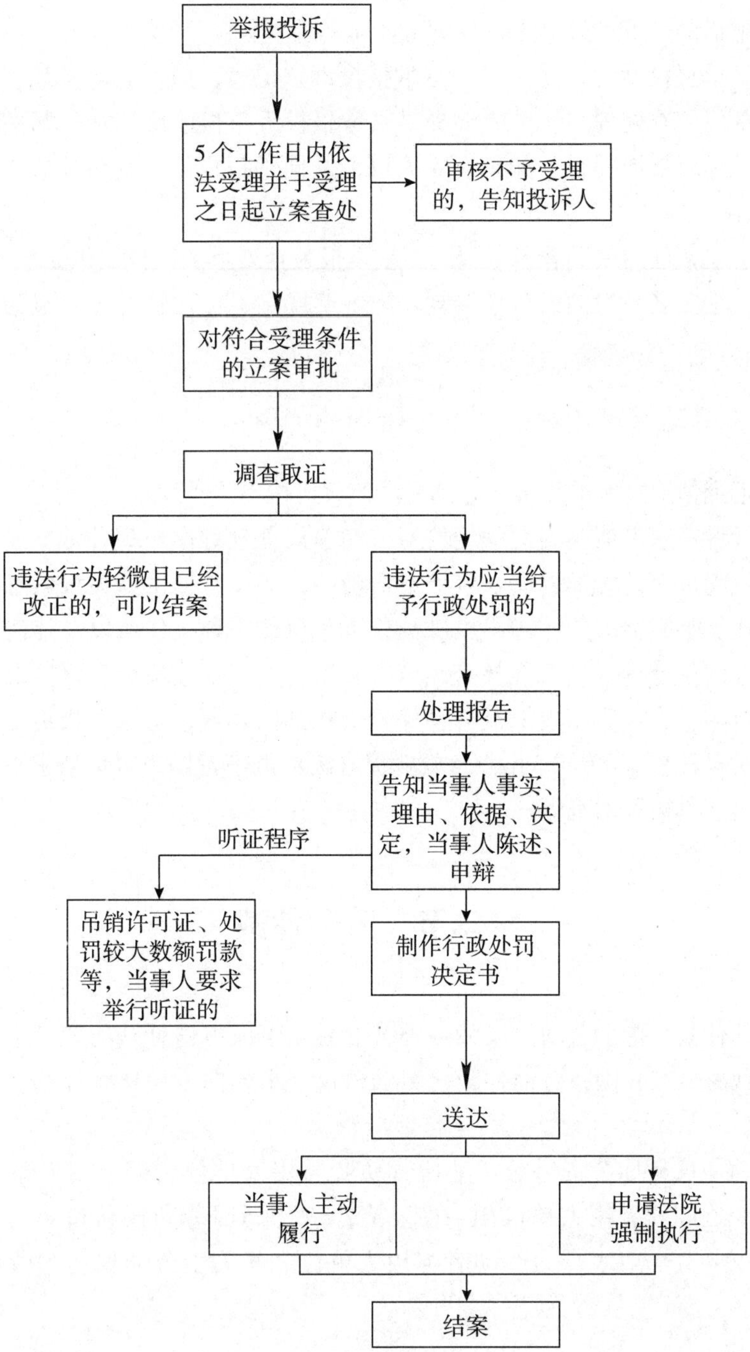
举报投诉
5个工作日内依法受理并于受理之日起立案查处
审核不予受理的，告知投诉人
对符合受理条件的立案审批
调查取证
违法行为轻微且已经改正的，可以结案
违法行为应当给予行政处罚的
处理报告
告知当事人事实、理由、依据、决定，当事人陈述、申辩
听证程序
吊销许可证、处罚较大数额罚款等，当事人要求举行听证的
制作行政处罚决定书
送达
当事人主动履行
申请法院强制执行
结案

劳动监察流程图

为 12333；④来电或传真举报投诉，可以直接拨打当地公布的举报电话，不知道举报电话的，可通过 12333 或 114 查询。

来访举报投诉的，要认真填写举报投诉登记表，确保其真实性，以便劳动监察部门调查处理。如果能够提供被举报投诉单位涉嫌违法的相关证据材料的，请尽可能地提供。如果有 5 人以上共同举报投诉的，请推选 3 人作为代表。

劳动监察部门鼓励署名举报。如果举报为查处重大案件提供了重大线索，还将对首个实名举报的人员按照规定发放奖励金，一次性奖金一般为二百至二千元。

六、劳动保障监察机构不予受理的情形

有下列情形之一的投诉，劳动保障监察机构不予受理：

①投诉请求事项应当或已经按照劳动争议处理程序申请仲裁，或已向人民法院提起诉讼；②投诉请求事项不明确的；③没有提供有关线索且被投诉单位的违法事实不清的；④不提供被投诉单位的名称、住所以及违法事实等基本情况的；⑤投诉内容经核查，与事实不符的；⑥违反劳动保障法律、法规或规章的行为在 2 年内未被劳动保障行政部门发现，也未被投诉的；⑦不属于《劳动法》《劳动合同法》《就业促进法》调整范围或投诉请求事项不属于本级监察机构管辖范围的。

第二节　劳动仲裁

劳动仲裁是指由劳动争议仲裁委员会对当事人申请仲裁的劳动争议居中公断与裁决。在我国，劳动仲裁是劳动争议当事人向人民法院提起诉讼的必经程序。

劳动争议又称劳资纠纷，是指劳动者与用人单位之间、用人单位与劳动者组织之间或者用人单位团与劳动者组织之间因劳动权利和劳动义务发生的争议。其一般表现为劳动者与用人单位之间关于劳动权利和劳动义务的争议。

一、劳动争议案件处理的程序

（一）基本概述

1. 劳动争议的范围

劳动争议的范围在不同国家有不同的规定。根据《劳动争议调解仲裁法》第二条的规定，劳动争议的受案范围包括：

①因确认劳动关系发生的争议；②因订立、履行、变更、解除和终止劳动合同发生的争议；③因除名、辞退和辞职、离职发生的争议；④因工作时间、休息休假、社会保险、福利、培训以及劳动保护发生的争议；⑤因劳动报酬、工伤医疗费、经济补偿或者赔偿金等发生的争议；⑥法律、法规规定的其他劳动争议。

2. 劳动争议的管辖

劳动争议仲裁委员会负责管辖本区域内发生的劳动争议。劳动争议由劳动合同履行地或者用人单位所在地的劳动争议仲裁委员会管辖。双方当事人分别向劳动合同履行地和用人单位所在地的劳动争议仲裁委员会申请仲裁的，由劳动合同履行地的劳动争议仲裁委员会管辖。

发生劳动争议的劳动者和用人单位为劳动争议仲裁案件的双方当事人。劳务派遣单位或者用工单位与劳动者发生劳动争议的，劳务派遣单位和用工单位为共同当事人。

3. 劳动争议的申请（诉讼）时效

劳动争议案件的时效是指劳动争议的仲裁时效和劳动争议的诉讼时效，超过劳动争议案件仲裁时效提起的劳动争议诉讼的胜诉权丧失。根据《劳动争议调解仲裁法》第二十七条的规定，劳动争议申请仲裁的时效期间为一年。仲裁时效期间从当事人知道或者应当知道权利被侵害之日起计算。劳动关系存续期间因拖欠劳动报酬发生争议的，劳动者申请仲裁不受本条第一款规定的仲裁时效期间的限制；但是，劳动关系终止的，应当自劳动关系终止之日起一年内提出。

（二）劳动争议调解

调解是处理企业劳动争议的基本办法或途径之一。事实上，调解可以贯穿于整个劳动争议的解决过程。它既指企业劳动争议进入仲裁或诉讼以后由仲裁委员会或法院所做的调解工作，也指企业劳动争议调解委员会对企业劳动争议所做的调解工作。这里所说的调解指的是后者。企业调解委员会所做的调解工作主要是指，劳动争议调解委员会在接受争议双方当事人调解申请后，首先要查清事实、明确责任，在此基础上根据有关法律和集体合同或劳动合同的规定，通过自己的说服、诱导，最终促使双方当事人在相互让步的前提下自愿达成解决劳动争议的协议。

（三）劳动争议仲裁

仲裁是劳动争议案件处理必经的法律程序：发生劳动争议，当事人不愿调解、调解不成或者达成调解协议后不履行的，可以向劳动争议仲裁委员会申请仲裁。劳动争议发生后，当事人任何一方都可直接向劳动争议仲裁委员会申请仲裁。

1. 劳动者申请

提交有关申诉资料是申请人申请劳动争议仲裁应尽的义务，也是公正进行劳动争议仲裁的必要条件。申请人应在劳动争议发生之日起60天内到劳动争议仲裁委员会申请仲裁。

第一，申请人是劳动者个人的，请提交下列材料：

①劳动争议仲裁申诉登记表。②仲裁申请书（详细陈述申请理由和仲裁请求，按被申请人数提供）。③申请人身份证明复印件。④有委托代理人的，需当面签订并提交授权委托书，并注明委托事项，同时提交受委托代理人的身份证复印件；如委托人的代理人是律师事务所派出的执业律师，应提供执业律师的证件复印件；如委托人的代理人是公民，应提供与委托人签订的不收费代理协议书，以及代理人和委托人之间的关系的法律资料。⑤被申请人工商注册信息资料，可以凭借身份证到企业登记注册地的工伤行政管理部门查询。⑥申请人与被申请人存在劳动关系的证明材料，证明材料包括：劳动合同、暂住证、工作证、厂牌、工卡、工资表、入职登记表、押金收据以及被处罚凭证，被开除、除名、辞退、解除（或终止）劳动关系通知或证明书等。上述证明材料，申请人能提供的应尽量提供，如果一份都没有，则立案室不予受理。申请人提交证明材料时应提交复印件，证据原件要注意保存好，在庭审时需要核对原件。⑦制作提交证据材料清单。

第二，申请人为集体争议集体的，请提交如下材料：

除提交以上①至⑦项材料外，申请人需推荐3—5 名员工代表，并提交员工代表名单以及全体员工签名表。其中属欠薪的员工集体争议案件，申请人还需提交用人单位拖欠员工工资的人员名单和拖欠金额表。

2. 案件受理

劳动争议仲裁委员会收到仲裁申请之日起5日内，认为符合受理条件的，应当受理，并通知申请人；认为不符合受理条件的，应当书面通知申请人不予受理，并说明理由。对劳动争议仲裁委员会不予受理或者逾期未作出决定的，申请人可以就该劳动争议事项向人民法院提起诉讼。

3. 开庭审理

第一，注意仲裁庭的组成。通常由三名仲裁员组成，其中一名为首席仲裁员；对于事实清楚，案情简单，使用法律法规明确的案件，可由仲裁委员会指定一名仲裁员独任仲裁；集体劳动案件的仲裁庭由三名以上单数的仲裁员组成。

第二，是否申请回避。申请回避是当事人享有的一项重要的诉讼权利。仲裁员有下列情形之一，应当回避，当事人也有权以口头或者书面方式提出回避申请：是本案当事人或者当事人、代理人的近亲属的；与本案有利害关系的；与本案当事人、代理人有其他关系，可能影响公正裁决的；私自会见当事人、代理人，或者接受当事人、代理人的请客送礼的。劳动争议仲裁委员会对回避申请应当及时作出决定，并以口头或者书面方式通知当事人。

第三，申请证据保全。证据保全是指在开庭前或在对证据进行调查前，依据申请人、当事人的请求，或依职权对可能灭失或今后难以取得的证据，予以调查收集和固定保存的行为。申请人可以根据自己的情况来决定是否申请证据保全。

第四，申请先予执行。《劳动争议调解仲裁法》第四十四条规定："仲裁庭对追索劳动报酬、工伤医疗费、经济补偿或者赔偿金的案件，根据当事人的申请，可以裁决先予执行，移送人民法院执行。仲裁庭裁决先予执行的，应当符合下列条件：（一）当事人之间权利义务关系明确；（二）不先予执行将严重影响申请人生活。劳动者申请先予执行的，可以不提供担保。"

第五，庭审前调解，属于必备程序。仲裁庭审理劳动争议案件应当先行调解。经调解达成协议的，制作仲裁调解书。调解书经双方当事人签收后，发生法律效力。调解书不适用留置送达，当事人拒绝接收调解书的，即应当认定为反悔。调解不成或者调解书送达前，一方当事人反悔的，仲裁庭会及时作出裁决。

4. 结案

根据《劳动争议调解仲裁法》第四十三条的规定，仲裁庭裁决劳动争议案件，应当自劳动争议仲裁委员会受理仲裁申请之日起45 日内结束。案情复杂需要延期的，经劳动争议仲裁委员会主任批准，可以延期并书面通知当事人，但是延长期限不得超过15 日。

第一，制作仲裁调解书。仲裁庭经调解达成协议的，制作仲裁调解书，仲裁调解书具有法律效力，自送达之日起对当事人具有法律约束力。

第二，领取仲裁裁决书。仲裁庭当庭裁决的，应当在7 日内发送裁决书。定期另庭裁决的，当庭发给裁决书。

5. 裁决

第一，终局裁决。下列劳动争议，除《劳动争议调解仲裁法》另有规定的以外，仲裁裁决为终局裁决，裁决书自作出之日起发生法律效力：

①追索劳动报酬、工伤医疗费、经济补偿或者赔偿金，不超过当地月最低工资标准十二个月金额的争议。②因执行国家的劳动标准，在工作时间、休息休假、社会保险等方面发生的争议。

劳动者对一裁终局的裁决不服的，可以自收到仲裁裁决书之日起15 日内向人民法院提起诉讼。而用人单位对一裁终局的仲裁裁决不能再向法院起诉，也不能申请再次仲裁，但在具备法定情形时，用人单位可以向人民法院申请撤销。

第二，其他裁决。除一裁终局的仲裁裁决以外的其他劳动争议案件的仲裁裁决，当事人不服的，可以自收到仲裁裁决书之日起15 日内向人民法院提起诉讼。期满不起诉的，裁决书发生法律效力。

（四）劳动争议诉讼

人民法院是审理劳动争议案件的司法机构，我国尚未设立劳动法院或者劳动法庭，并由各级人民法院的民事审判庭审理劳动争议案件，其受案范围是属于《劳动合同法》第二条规定的劳动争议。当事人不服劳动争议仲裁委员会作出的裁决，依法向人民法院起诉的，人民法院应当受理。我国法院诉讼和仲裁委员会仲裁的基本程序是大致相似的。

二、劳动争议中的举证

举证责任是指当事人对其提出的主张有收集或提供证据的义务，并有运用该证据证明主张的案件事实成立或有利于其主张的责任，否则将承担其主张不能成立的危险。

在一般证据规则中，“谁主张，谁举证”是举证责任分配的一般原则，而举证责任的倒置则是这一原则的例外。所谓举证责任倒置，是指基于法律规定，将通常情形下本应由提出主张的一方当事人（一般是原告）就某种事由不负担举证责任，而由他方当事人（一般是被告）就某种事实存在或不存在承担举证责任，如果该方当事人不能就此举证证明，则推定原告的事实主张成立的一种举证责任分配制度。

在劳动争议案件中，举证责任存在“谁主张，谁举证”的一般原则，同时也存在举证责任的倒置，这是由劳资双方的法律地位来决定的。

（一）举证责任的一般规定

《劳动争议调解仲裁法》第六条规定，发生劳动争议，当事人对自己提出的主张，有责任提供证据。与争议事项有关的证据属于用人单位掌握管理的，用人单位应当提供；用人单位不提供的，应当承担不利后果。

《最高人民法院关于审理劳动争议案件适用法律若干问题的解释》第十三条规定，因用人单位作出的开除、除名、辞退、解除劳动合同、减少劳动报酬、计算劳动者工作年限等决定而发生的劳动争议，用人单位负举证责任。

《最高人民法院关于审理劳动争议案件适用法律若干问题的解释（三）》第九条规定，劳动者主张加班费的，应当就加班事实的存在承担举证责任。但劳动者有证据证明用人单位掌握加班事实存在的证据，用人单位不提供的，由用人单位承担不利后果。

（二）常见劳动争议案件类型的举证实务

1. 用人单位须对劳动合同的订立承担举证责任

《劳动合同法》规定，用人单位自用工之日起即与劳动者建立劳动关系。建立劳动关系，应当订立书面劳动合同。用人单位自用工之日起超过一个月不满一年未与劳动者订立书面劳动合同的，应当向劳动者每月支付二倍的工资。

劳动争议仲裁委员会或者人民法院在处理这类型纠纷时，一般要求用人单位就是否签订劳动合同承担举证责任，如是否有签订的《劳动合同》。如果用人单位不能提供证据，那么就会被认定为未签订劳动合同，用人单位将会承担双倍支付工资的风险。当然在此之前，须先确定是否存在劳动关系，而是否存在劳动关系大部分由劳动者承担举证责任，但这对劳动者要求相对比较简单，工号牌、名片、公司通信录、工资表等都可以作为存在劳动关系的直接证据。

2. 用人单位须对规章制度的制定程序是否合法承担举证责任

《劳动合同法》第四条规定，用人单位在制定、修改或者决定有关劳动报酬、工作时间、休息休假、劳动安全卫生、保险福利、职工培训、劳动纪律以及劳动定额管理等直接涉及劳动者切身利益的规章制度或者重大事项时，应当经职工代表大会或者全体职工讨论，提出方案和意见，与工会或者职工代表平等协商确定。在规章制度和重大事项决定实施过程中，工会或者职工认为不适当的，有权向用人单位提出，通过协商予以修改完善。用人单位应当将直接涉及劳动者切身利益的规章制度和重大事项决定公示，或者告知劳动者。

3. 用人单位对解除劳动合同是否合法承担举证责任

《劳动合同法》第三十九条、第四十条、第四十一条赋予了用人单位单方解除《劳动合同》的权利，但这些权利同时也对用人单位形成了约束。劳动合同不同于《合同法》上的“合同”，合同条款当事人除须协商一致外，还须遵守《劳动法》《劳动合同法》及相关法律法规的规定。劳动合同的单方解除权以法律的形式固定下来，而不以双方约定为准，即无论劳动合同是否有解除合同的条款，解除劳动合同都须按照《劳动合同法》的规定，如劳动合同约定的解除条件与劳动合同法相冲突的，那么也应以法律规定为准。如果劳动合同中约定的解除情形不在法律规定范围内的，那么将会被认定为无效。用人单位在解除劳动合同时，必须要有法定的情形，且须遵循法定的程序，同时须有相关证据予以证明。

用人单位在解除劳动合同时须提交相应的证据，如为证明“在试用期间被证明不符合录用条件的”，用人单位需提供招聘时的规定详尽的录用条件；为证明“严重违反用人单位的规章制度的”，用人单位需提供规章制度中明确规定哪些情形属于严重的情形，假如设定连续旷工达 7 天或者一年内累计旷工达 20 天的属于严重违反用人单位规章制度的情形，可以解除劳动合同，那么这个过程中用人单位就须提供该名劳动者旷工的相关证据，如考勤表。

用人单位在解除劳动合同时须遵循法定的程序，如用人单位依据《劳动合同法》第四十条第（三）项“劳动合同订立时所依据的客观情况发生重大变化，致使劳动合同无法履行，经用人单位与劳动者协商，未能就变更劳动合同内容达成协议的”之规定解除劳动合同的，用人单位应提交其与劳动者进行协商但未能协商一致的相关证据，否则就不能以此款解除劳动合同，擅自解除的，将承担违法解除劳动合同的法律责任。

4. 用人单位须对减少劳动报酬和计算工作年限承担举证责任

用人单位在用工过程中不能擅自减少劳动报酬，否则劳动者将可按照《劳动合同法》第八十五条的规定追究用人单位的责任。

劳动者工作年限的计算一般由用人单位提供相关证据证明。因为这些证据主要是由用人单位来掌握的，如果用人单位不能提供的，那么劳动者的相关证据将会被仲裁委或者法院认可。

5. 加班事实的举证责任在用人单位与劳动者之间的分摊

《最高人民法院关于审理劳动争议案件适用法律若干问题的解释（三）》对加班事实的举证确定了一个基本原则，即劳动者主张加班费的，应当就加班事实的存在承担举证责任。如劳动者有证据证明用人单位掌握加班事实存在的证据，用人单位不提供的，由用人单位承担不利后果。

举个简单的例子，劳动者提出考勤卡可以看出其加班记录，那么此时用人单位须提供考勤卡以便仲裁委或人民法院查证，如考勤卡显示节假日劳动者有打卡记录而用人单位又没有安排补休的，那么就可以认定劳动者存在加班；如果用人单位拒绝提供相关证据，那么也可以认定劳动者存在加班。

后　记

美国当代著名法理学家罗纳德·德沃金曾言："认真对待权利。"思想没有政治的疆界，它们不因文化的不同而不同，它们没有发明者，也没有所有者。在劳动关系中，劳动者由于固有因素的限制，在劳动争议的处理过程中，往往处于相对弱势的地位。因此，构建和谐劳动关系，我们需要"认真对待职工合法权益"。

随着我国经济新常态的到来，利益诉求多元化，矛盾冲突尖锐化，劳动关系复杂化。表现在劳动争议案件居高不下，职工权益屡被侵害，集体停工等群体性事件时有发生，对社会、企业的影响也越来越大。这一切，使构建和谐劳动关系，职工合法权益的维护，显得十分紧迫。和谐劳动关系的构建，职工权益的维护，在很大程度上取决于劳动争议案件的处理。劳动争议案件虽然不如其他的民事案件那样"显眼"，但是其程序和实体规则却非常复杂，对于处于弱势地位的劳动者来说，在劳动争议案件中败诉，很多情况下是由于没有掌握劳动争议案件处理的一些最基本的诉讼技能。

劳动争议案件的有效处理，需要立法、司法的关注，也需要工会组织的参与。这些年来，工会通过个案促进公平正义的案件很多，在劳动争议案件的处理中，发挥着十分重要的作用。四川省总工会一直把维护职工合法权益、构建促进和谐劳动关系作为工作的重点，推动解决了很多影响重大的劳动争议疑难案件，保障了职工的合法权益。在此情况下，编者在四川省总工会支持下，组织多名公益、法律援助、职工维权律师，编写了本书。美国著名法学家霍姆斯曾言："法律的生命不在于逻辑，而在于经验"，案例研究是实践经验总结的过程。通过对一个个案件进行研究，分析裁判的规则，指出办案的技巧，将法律与案件相结合，能够很好地展现理论与实践相结合的全貌。

本书选取的案例大部分来自编者办理的劳动争议法律援助案件，部分选自近一时期各地法院比较典型的生效判决。将所有的劳动争议疑难问题进行类型化，以此为基础来对案例进行编排。通过通俗化解读，概述基本案情，精选裁判观点，归纳办案技巧，指明法律依据，使事实、焦点、技巧、法律形成相互映照、互相支撑，努力为劳动争议案件的参与者呈现一个案件办理的全态，以期为各位读者勾画一个"理论与实践互动"的图景。

本书在写作过程中，四川各级工会组织、司法行政机关、律师协会、法律援助中心相关领导和专业人士也在本书形成过程中提供了诸多建议，就本书写作思路和体例提出了诸多有益建言，在此一并感谢。学识浅陋，惶恐成书。虽反复思忖，仍不免错讹，诚望读者批评指正。

编者

2017 年 7 月